中国法学会后期资助项目文丛

BOOK SERIES FUNDED BY CHINA LAW SOCIETY

中国法学会审稿责任人

李存捧　孙立军

中国法学会后期资助项目文丛
BOOK SERIES FUNDED BY CHINA LAW SOCIETY

中国民事检察监督制度的改革与完善研究

On the Reform and Improvement of the Civil Procuratorial Supervision System in China

路志强◎著

法律出版社
LAW PRESS·CHINA

学术简历

路志强，男，1957年7月出生，陕西省洋县人，西北大学经济管理学院工商管理学硕士、西安交通大学法学院法律治理学博士，吉林大学、西安交通大学、西北政法大学、西北大学法学院兼职教授。现任海南省人民检察院党组书记、检察长。2006年以来，历任陕西省委政法委副书记、秘书长，陕西省司法厅党组书记、厅长，省监狱管理局第一政委，甘肃省人民检察院党组书记、检察长等职。

先后独著《现代法治语境下检察工作的反思与进路》《检察工作热点问题研究》，主编《“依法治国与检察工作”研讨会优秀论文集》并公开出版，共计80余万字；1993年至今，在《理论导刊》《今日中国论坛》《西南政法大学学报》《兰州大学学报》《中国刑事法杂志》《河北法学》《甘肃社会科学》《人民检察》等刊物上发表学术论文40余篇，获省部级以上奖项8篇。

长期结合司法工作实践从事现代法律治理学研究。2004年，提出“法理情统一”“法治思维”等思想指导榆林市政法工作；2011年，调研报告《从药家鑫案看青少年法制教育现状及对策》刊发于新华社内参，其中关于“在中高考中增加法制知识内容”的建议被教育部采纳。近年来，完成中国法学会重点委托课题、最高人民检察院检察理论研究重点课题、甘肃省哲学社会科学重大规划项目共 8 项，对司法机关监督制约机制、新增检察监督制度实施状况等问题进行深入研究。任全国人大代表 5 年来，提出有关完善检察制度的立法建议 17 条。

序　　言

1932年，胡适在北京大学的一次毕业致辞里告诫人们“总得时时寻一两个值得研究的问题”，发展一点非职业的兴趣，坚守一份信念，方能保持求知的欲望和对理想的追求，避免走向社会后很容易出现的种种“堕落”。这番话对于刚刚毕业的大学生适用，对于毕业多年的社会“资深人士”同样适用。志强的新著《中国民事检察监督制度的改革与完善研究》可以说正是这样一种研究问题的学术自觉与学术爱好的产物。这本书是在其博士学位论文的基础上，结合获得博士学位后从事检察工作面临形势任务的变化和民事检察监督工作的开展进行进一步修改完善的成果。申请博士学位时，志强已经年近六旬，而且也已经走上了比较重要的领导岗位。如果不是因为有这份兴趣与爱好，很难想象他能够有开始这段艰辛历程的决心和信心，更难保证有能够完成学业的毅力和成效。

五年的师生交集，我得以了解到志强在繁忙的政务工作之余，数十年如一日，始终坚持不懈地努力学习，始终坚持理论与实践紧密结合，把理论研究与学术探索作为解决工作难题的有力武器，提出了很多新思路、新举措、新方法来推动工作发展。这本书可以说是他边学习边思考、边实践边研究这种良好习惯的一个侧影。作为他的博士生导师，从酝酿、选题、写作到成稿、修改、答辩，我对他的博士论文进行了全程指导，应当说对本书有较多的了解。概言之，我认为本书具有以下几个亮点：

一是为解决新时代民事检察监督发展难题提供了有益参考。新时代人民群众新的更高需求要求检察机关向社会提供满足人民需求的检察产品；国家监察体制改革、司法体制改革、以审判为中心的诉讼制度改革叠加推进，要求检察机关突出法律监督，深耕主责主业，加强相对刑事检察监督较为薄弱的民事检察监督，实现检察监督全面平衡协调发展。长期以来，民事检察监督存在法律依据原则、法理争议频现、认识分歧较多、“瓶颈”难以突破等问题。本书历史地分析了中华人民共和国成立以来民事检察监督制度的发展状况和特点，探究了民事检察监督的发展规律和内在动因，探明了民事检察监督的发展方向和可行路径；实证辨析了民事检察监督的主要法理争议，得出了明确结论，澄清了模糊认识，矫正了理念偏差，强化了发展信心，辩证剖析了民事检察监督制度的结构性问题及检察改革的得失成败，为解决民事检察监督“瓶颈”问题提出了可行对策建议和实践模型。

二是为完善我国民事检察监督制度体系提供了参考方案。作为一项司法工作，制度依据的完善程度对于工作的开展起着至关重要的作用。本书在客观分析2012年《民事诉讼法》实施后民事检察监督工作面临的困难和挑战的基础上，提出民事检察监督应实现“以抗诉为中心”向“以监督为中心”的转变，设计了层级对应式申诉制度，用以解决当事人多级申诉、检察机关办理抗诉案件职、权、责不相称的问题，以及监督中实际办案期限往往超过法定办案期限较长时间的问题；设计了抗诉案件分流制度，用以减少抗诉再审裁定的拖延现象，解决实践中再审检察建议运用不足且效果不佳的问题，探索再审检察建议的合理运用方式和民事检察监督工作一体化的有效模式；设计了“检法调联合式”民事检察和解制度，用以探索民事领域检法衔接机制的具体内容，以及检察机关参与社会治理的现实路径，为民事检察监督适应法律修订、实现职能转型提供了改革参照方案。本书提出修正当事人申请监督的条件、区分再审与检察监督事由、赋予检察机关独立的出庭地位、保障检察机关知情权、完善检察机关调查权、改进抗诉案件再审模式、健全检察监督内外部监督等立法建议，尤其是为了弥补现行《民事诉讼法》第209条的缺陷，提出了构建选择型民事申诉制度、随案同步监督制度等构想，为完善民事检察监督立法提供了有益参考。

三是分析论证详实，实证特色突出。本书研究和引证了国外研究民事检察监督制度的文献和20世纪90年代至今国内文献、资料，运用G省检察机关1992年至2018年的民事检察监督工作总结、数据和300多个案例，以及最高人民检察院、G省高级人民法院2007年至2018年的相关工作总结、数据，突出运用数据的概括分析和分类比较、典型案例的个案分析和类案比较，调研、访谈情况分析，经验、做法的归纳总结，诉讼流程的图表演示，机制改革实验等实证研究方法，力求全面、客观地对论题进行研究，准确、辩证地得出研究结论，具有鲜明的实证特色。既是同类研究可以参考的详实资料，也为立法完善提供了充分的实践证明。

本书走出以往文献仅研究制度某一方面问题的“常规”模式，放眼制度的历史、现状与未来，探析制度的宏观与微观，理论与实践结合、应然与实然结合，研究内容辐射到抗诉、检察建议、纠正违法意见书、督促和支持起诉、公益诉讼等民事检察监督工作的各个方面，深入办案研究法理争议。通过改革实验探索改革路径，在研究视角、研究内容、研究方法等多方面都具有积极的创新意义。作为导师，我深切地期待，他今后能够继续用“创新”这把“犁”在学术大地上孜孜不倦地深耕，也期待他不断收获累累的硕果，为推动“全面依法治国”战略部署早日实现做出更多的努力和更大的贡献！

是为序。

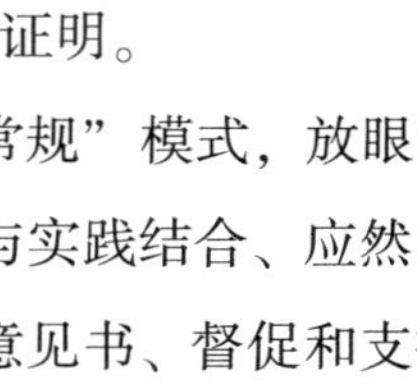

2019年春于西安

前　言

法治是“迄今为止人类能够认识到的最佳治国理政方式”，为法治秩序良性“生长”提供可操作性强的制度方案，是实施依法治国方略进程中实现“良法善治”目标亟须解决的前提性、关键性问题。我国民事检察监督制度自产生以来，围绕应当“存”或“废”、“强化”或“弱化”、如何“强化”或“弱化”监督的争议从未停止，导致制度立法上始终存在理念、内容和结构的矛盾，实施中认识分歧、执法不一，难以满足“法治”的要求和人民群众的期待。党的十八大以来，党中央进一步明确提出了“完善社会主义法律制度体系”“促进公正司法”“加强法律监督”等要求；2012年以来《民事诉讼法》的两次修改对民事检察监督制度的重大变革，给民事检察监督工作带来了新的困难和挑战；检察机关亟须适应监察体制改革、司法体制改革等要求强化法律监督“主责主业”，使民事检察监督制度研究面临更多、更紧迫的理论和实践问题。在此背景下，本书以G省民事检察监督工作实践为窗口，对我国民事检察监督制度进行历史探究、现状对比、法理辨析和改革实验分析，以期在实现制度创新、解决制度实施难题的同时，以民事检察监督制度为“样本”，探寻当代中国法治建设中“良法”与“善治”的标准以及二者之间协调共进的规律，从而为依法治国方略实施进程中如何科学运用法律治理实现国家、社会治理目标提供一定的参考。

本书主要运用数据、案例的概括分析和比较分析、调研访谈情况的综合分析、经验做法的归纳总结及诉讼流程的图表演示等实证研究方法，兼采文献、历史分析等方法，从历史、现状、未来发展三个维度对我国民事检察监督制度进行了全方位、较为系统和深入的研究。

一是总结了我国民事检察监督制度的发展历程。本书系统梳理了中华人民共和国成立以来我国民事检察监督制度的发展阶段、发展特点、发展规律，归纳了制度发展的矛盾性特征及其内在动因，发现了主张取消或限缩民事检察监督制度早已不合时宜。而要渐进和强化民事检察监督，就必须对长期存在的有关民事检察监督制度的法理争议作出确定性回答，夯实制度的理论基础；必须紧密结合实践，探索民事检察监督活动蕴含的司法规律，加强制度完善方案与实践的契合性；必须加强改革探索，为制度设计提供更多可行的现实样本，提出推动制度科学发展与完善的总体思路。

二是辨析了我国民事检察监督制度的法理争议。本书从司法实务的视角剖析了民事检察监督实践中检察权与审判权、检察权与当事人诉讼权利如何发生联系并相互作用，以及检察机关内部监督制约机制的运作机理。本书还对民事检察监督的内涵，监督与审判权独立、司法终局性、当事人私权处分、当事人平等行使诉讼权利的关系，“监督者由谁来监督”等问题，尝试作出确定性回答。此外，笔者发现只要检察权依法行使，检察监督就不会干涉审判权的独立行使和侵犯当事人合法权利行使，也不会影响当事人诉讼权利平等行使，提出了加强检察机关内外部监督以保证检察权依法行使的主张，力图澄清长期以来理论界和实务界对于民事检察监督制度的模糊认识。

三是梳理了我国民事检察监督制度的立法、司法现状和G省检察机关1992年以来探索民事检察监督新职能和实施试点改革的情况。本书以G省检察机关1992年至2018年的工作实践为实证分析基础，总结了民事检察监督制度在理念基础、权力配置、主要内容与审判监督制度中相关程序的关系等方面的优势与不足，归纳了制度实施的特点和影响，对比了制度的立法和司法状况，探究了二者存在差距的原因，探明了制度完善的努力方向。本书介绍和分析了G省检察机关探索民事检察监督新职能和实施试点改革的情况，分析了2012年以后两次《民事诉讼法》修订给监督工作带来的风险与挑战，通过总结、分析G省检察机关探索执行监督、检察和解等新增职能和实施机制改革实验的得失，比较典型地展现了我国民事检察监督实践的普遍特点。此外，本书还发现了制度在立法上存在理念矛盾、权能配置缺失、程序不科学、检察监督与审判机关内部监督职能混同、监督的内外部监督机制不健全等“先天不足”是制度在实践中认识理解不一、操作依据不足、监督效果不佳的根本原因，而检察机关的政策性规定和内部改革只是解决上述问题的权宜之计。对此，笔者提出了回归宪法关于检察监督的本位、坚持检察监督的“独立”价值、完善检察监督的运行程序、健全检察监督的内外部监督机制等、完善制度立法的对策和建议，从如何解决现行制度立法的内在矛盾及检察监督与审判制度功能混同等问题，加强民事检察监督的内、外部监督制约，提升检察司法的品质等方面提出了完善制度的具体构想。

本书在研究民事检察监督制度本身的存与废、利与弊、改革与完善的同时，也探究法律治理技术的科学运用，研究内容辐射民事检察监督的范围、对象、模式、方式、格局、环境、能力及与民事检察监督相关的民事申诉、审判机关内部监督程序等诸多方面。

本书研究着眼于解决民事检察监督制度发展和实践中的基础性问题和重大问题，创造性地提出了民事检察监督包含“权力制约”“权力保障”“公益守护”三方面的内涵，指出“权力制约”内涵要求检察监督是有限监督，但有限监督在于“控权”而不在于“限权”，“控权”的要义在于形成监督者与被监督者在程序内部的双向、同步、过程的刚性约束；“权力保障”和“公益守护”内涵要求检察监督是救济性的监督，但救济监督是防止当事人合法权益免受司法不公侵害的保障性救济，而不是与审判职能同样地直接介入民事诉讼处理民事纠纷的直接性救济，解决了制度改革和完善中的理念困惑和方向问题。本书还设计了层级对应式申诉制度、抗诉案件分流制度、“检法调”联合式和解制度，提出构建选择型申诉制度、随案同步监督制度，通过区分再审制度与检察监督制度的性质和功能区分再审与检察监督事由等设想，为完善民事检察监督制度体系、促进检察机关适应新形势、新任务需要实现职能转型提供解决方案和对策参考。

目　　录

Contents

第一章　绪　　论

中国的法治化进程中，一直以来盛行以理想化的法律制度与法律理念为核心的法治理想主义。[①] 然而，事实上，一个看似完美的法律制度运行在鲜活的司法实践中，往往呈现出不同样态，其中不乏偏离制度原意者、与实践难以融合者，制度的实施效果往往不尽如立法预期。在此情况下，如何从法治现实出发，为法治秩序的良性"生长"提供可操作性强的制度方案，成为我们推进"依法治国"基本方略实施进程中实现"良法善治"目标亟须解决的前提性、关键性问题。

检察机关是我国的法律监督机关，具有独特的宪法地位。检察机关依法对民事诉讼活动进行法律监督，是检察机关围绕自身宪法定位，发挥检察监督职能的重要方面。构建科学、有序、完整的民事检察监督制度体系，对于检察机关公正、规范、有效地履行民事检察监督职能，从而维护司法公正，保障当事人合法权益，保证国家法律统一正确实施具有重要意义。同时，司法始终是国家法律治理的集中体现，司法的效果检验了国家法律治理的效果。民事检察监督制度是我国最具特色的检察制度，深入司法实践研究民事检察监督制度如何契合司法规律、运行环境和形势需要，

---

① 参见杨迎泽、薛伟宏主编：《诉讼监督研究——中国检察诉讼监督视角》，法律出版社 2012 年版，第 229 页。

也有助于探寻当代中国法治建设中“良法”与“善治”的标准以及二者之间协同共进的规律，从而为“依法治国”方略实施进程中如何科学运用法律制度实现国家、社会治理目标提供启发和参考。

党的十八大以来，党中央进一步明确提出了“完善社会主义法律制度体系”“促进公正司法”“加强法律监督”“全面深化司法改革”等要求，全国人大常委会赋予了检察机关开展公益诉讼的重要职责，检察机关面临着职务犯罪侦防部门转隶、诉讼职能加强等重大变革。2012 年《民事诉讼法》修改引发的民事检察监督制度的重大变革，更是给监督工作带来了新的困难和挑战，制度研究面临更多、更紧迫的理论和实践问题。在此背景下，本书以“中国民事检察监督制度的改革与完善研究”为题，从理论层面研究如何在立法上构建一个符合中国国情的、能够满足中国法治建设需要和人民群众期待的合宪的、完善的、可操作性强的民事检察监督制度体系，从实践层面上研究如何健全制度实施机制，破解制度实施中的难题。这在理论和现实上，不仅十分具有必要性，也十分具有紧迫性。

本书选取“中国民事检察监督制度的改革与完善研究”为题，源于在中国推进“依法治国”基本方略全面实施背景下，民事检察监督制度作为一项最具中国特色的检察制度，其“生长”过程典型地代表了当代中国法律制度的“生长”过程。对之进行研究，不仅有助于理解其本身的立法思想和内在法理，也有助于透视当代中国法律的思想内涵和思维特征，从而帮助我们准确理解立法内容，统一、正确地实施法律。

本书以“中国民事检察监督制度实证研究”为题进行研究，具有以下三方面意义。

1. 为完善民事检察监督制度体系提供参考。自 1991 年《民事诉讼法》正式颁行、我国民事检察监督制度开始实施以来，有关民事检察监督应当“存”或“废”、“强化”或“削弱”、如何“强化”或如何“削弱”的争议从未停止，影响了立法关于民事检察监督制度的方向、理念和内容，导致司法实践中认识分歧，民事检察监督工作困难重重。本书历史地分析了我国民事检察监督制度的发展方向、发展规律、发展特点和内在动因，实证辨析了制度的法理争议并得出确定性结论，辩证剖析了制度的结构性问题及检察改革应对此问题的得失成败。此外，笔者还提出了完善制度的对策和建议，希望为结束理论争议，明确制度发展方向和路径，健全制度体系提供理论参照和实践证据，以期民事检察监督能够依据科学完善的立法有效发挥功能。

2. 为解决民事检察监督制度实施难题提供参考。“司法公正是社会公平正义的最后一道防线。”当前社会转型时期，随着经济的快速发展，社会矛盾复杂化、多元化，检察机关维护司法公正的任务越来越艰巨。由于立法的局限、理论的争议、监督环境的制约等原因，民事检察监督的现状不能完全满足“法治”的要求和人民群众的期待。在等待立法完善的漫长过程中，本书对2012年《民事诉讼法》的立法要求和司法现状进行了对比分析，寻找二者之间的差距和原因；对G省检察机关实施新职能、进行改革实验的状况进行了实证研究，探索了检察机关克服立法缺陷、应对形势挑战的可行路径；为检察机关破解民事检察监督制度实施中的难题，依法深化检察改革探明了方向和路径，提供了可资参照的模型。

3. 为科学运用法律治理技术推进“依法治国”方略提供参考。司法始终是国家法律治理的集中体现，司法的效果检验了国家法律治理的效果。中国民事检察监督制度自产生以来，关于它的理论争议深刻影响了立法的立场、态度和内容，导致制度在实践中运行样态、效果不一，反过来又影响了立法，折射出理论、立法、司法之间的互动过程。本书既是对民事检察监督制度本身的研究，也是对民事检察监督制度如何契合司法规律、运行环境和实践需要的研究，有助于为“依法治国”方略实施进程中如何科学运用法律制度实现国家治理、社会治理目标提供启发和参考。

当然，司法始终是国家法律治理的集中体现，[①] 司法的效果检验了国家法律治理的效果。就中国民事检察监督制度而言，立法者显然希望通过该制度促进司法公正，防治司法腐败。但1982年《民事诉讼法》实施以来，民事检察监督制度虽然持续健全，却始终存在理论争议和实施阻碍，表明构建完善的民事检察监督制度体系仍有很长的路要走。本书以“中国民事检察监督制度的改革与完善研究”为题，历史分析中国民事检察监督制度的发展方向、发展规律、发展特点和内在动因，实证辨析制度的法理内核并得出确定性结论，辩证剖析制度的结构性问题并提出完善思路，实践探索现行立法规定下民事检察监督克服实践困难的解决方案。不仅可以为“依法治国”方略实施进程中如何科学运用法律制度实现国家治理、社会治理目标提供启发和参考，对于澄清有关民事检察监督制度的认识误区，校正异化民事检察监督功能的做法，解决民事检察监督工作发展中的难题，完善中国民事检察监督制度体系本身，更具有现实意义。

本书按照确立基本前提——明确基本立场——探明主要方向——探查主要问题——探究解决路径——提出对策方案的研究思路，以G省检察机关民事检察监督实践为窗口，一是梳理了我国民事检察监督制度的发展历程，探明了制度发展的方向；二是实证分析了影响制度发展的重要法理争议，明确了本书研究的理论前提；三是分析了1992年至2017年制度的立法、司法现状，研究了包括抗诉、检察建议、纠正违法意见书、督促和支持起诉、公益诉讼在内的监督机制改革，探究了制度存在的问题及其形成原因。

本书综合运用实证研究方法、文献分析方法、历史分析方法和比较分析方法等研究方法进行了研究。在多种研究方法中，尤其突出运用了实证研究方法，如数据的概括分析和分类比较，典型案例的个案分析和类案比

---

① 参见汤维建：《民事检察法理研究》，中国检察出版社2014年版，第101页。

较，以及调研、访谈情况的综合分析，经验做法的归纳总结，诉讼流程的图表演示等。

本书在研究立意上，力求突破以往文献仅研究民事检察监督制度本身的发展、完善和实施的局限。既研究制度的存与废、利与弊、改革与完善，也探究制度中法律治理技术的科学运用；在研究视野上，走出以往文献仅研究制度某一方面问题的“常规”模式，放眼制度的历史、现状与未来，探析制度的宏观与微观，理论与实践结合、应然与实然结合，研究内容辐射到民事检察监督的各个方面；在研究方法上，突出问题意识，着眼于解决实际问题，如检察机关如何应对2012年《民事诉讼法》修改实现职能转型等，促进本书研究实现了以下三方面的理论创新和制度创新。

1. 首次尝试运用实证研究方法辨析了民事检察监督中的重要法理争议。相较以往文献，本书首次提出民事检察监督包含“权力制约”、“权力保障”和“公益守护”三方面的内涵。“权力制约”内涵要求民事检察监督是有限监督，但有限监督在于“控权”而不在于“限权”，“控权”的要义在于形成监督者与被监督者在程序内部的双向、同步、过程的刚性约束，而非外在、单向、事后、结果的弹性督促；“权力保障”和“公益守护”内涵要求民事检察监督是救济性的监督，但救济监督是防止司法不公侵害当事人合法权益的保障性救济，而不是直接介入民事诉讼、处理民事纠纷的直接性救济，校正了长期以来影响制度立法的基础性理论认识误区。

2. 通过改革试点实验的方法，首次尝试提出了民事检察监督职能转型的系统改革方案。本书客观分析了2012年《民事诉讼法》实施后民事检察监督工作面临的困难和挑战，首次提出民事检察监督的理念应实现“以抗诉为中心”向“以监督为中心”的转变，设计了以下三项制度，并在G省六个地区检察机关进行试点，试图通过此三项制度的配套实施，促进各级检察院在依法行使检察权的前提下各司其职、优势相长，合力实现法律实施目标。

一是层级对应式申诉制度。该项制度下，有抗诉权的检察院直接作出抗诉决定或不支持监督申请，抗诉案件一般不再经过提请抗诉环节，没有抗诉权的检察院审查特定案件并作出处理决定，须经有抗诉权的检察院授权，解决了检察机关办理抗诉案件职、权、责不相称的问题，以及监督中实际办案期限往往超过法定办案期限 3 个月的问题，减少了涉检信访，促进了检察权依法行使，强化了监督的整体效能，提升了监督的效益。

二是抗诉案件分流制度。该制度下，符合《民事诉讼法》第 200 条第 1 款第 1 项至第 5 项监督事由的抗诉案件不再经过法院对抗诉材料形式审查的 30 天期间，减少了抗诉再审裁定的拖延现象；上级检察院对案件进行实质审查后才分流，分流的同时，对需要由下级检察院提出再审检察建议的案件提出审查意见，向法院发出《建议采纳再审检察建议书》，解决了实践中再审检察建议运用不足且效果不佳的问题，探索了再审检察建议的合理运用方式和民事检察监督工作一体化的有效模式，探索了提高检察监督案件再审效率的有效途径。

三是"检法调联合式"民事检察和解制度。该制度下，由检察机关对当事人有和解意愿且有达成和解可能的申请监督案件主持和解，和解协议达成时，案件已进入执行程序的，邀请法院执行人员在和解协议上签字，督促法院及时作出执行裁定，促成当事人及时履行，解决了民事检察和解效果不佳的问题，探索了民事检察和解的合理模式和检法衔接机制的具体内容，以及检察机关参与社会治理的现实路径。

3．提出了完善民事检察监督制度的具体措施。本书提出了修正当事人申请监督的条件、区分再审与检察监督事由、赋予检察机关独立的出庭地位、保障检察机关知情权、完善检察机关调查权、改进抗诉案件再审模式、健全检察内外部监督等多种完善民事检察监督制度的具体措施。尤其是为了弥补现行《民事诉讼法》第209条的缺陷，首次提出了选择型民事申诉制度构想，建议立法规定当事人可以选择直接向检察机关申请监督。但当事人选择了申请检察监督，就不能再向法院申请再审，且一般以一次为限，体现了当事人自由选择审查案件主体处分民事纠纷中其合法私权的“意思自治”，有利于防止诉权滥用导致的多头申诉、重复申诉。本书还首次提出了随案同步监督制度的设想，建议立法对涉及国家利益、社会公共利益的案件和法院通报要求检察机关监督的案件，规定检察机关必须随案监督，对于当事人申请随案监督的案件，检察机关经审查决定可以随案监督。以此保障检察机关能够及时知晓审判权运行的状况，及时履行监督职责，保证监督对于审判权的制约功能及时实现。

本书初稿完成后，修改达40余次。尽管如此，本书仍然存在以下问题：一是囿于某些问题在现阶段解决的非现实性，目前，本书写作和修改只能力求运用现有资料为本书支持的立场提供更有力的论据。例如，对于“如何在制度设计上处理好民事检察监督与当事人私权的关系”，关于立法存在多处空白的民事检察监督探索性职能的正当性，在学术界争论多年，至今难有定论。二是限于篇幅，本书对于如何优化制度运行的环境，如何促进监督能力提高等制度在实施中取得良好效果的基础性问题未作深入探索；对于实践中一些正在尝试，但尚未彰显效果的机制改革也未一一介绍，有待今后进一步深入研究和思考。

第二章　关键术语的界定与厘清

本书研究的中国民事检察监督制度是一个争议颇多的论题，有必要在正式开展研究前，对有关该制度的关键术语作一界定，避免研究过程中概念的混淆，以及对本书研究内容不恰当的扩展或限缩的理解。

一、民事检察监督

民事检察监督是本书的基础概念，一般是指检察机关依照法律规定对民事诉讼活动进行的专门性的法律监督活动。

（一）立法特征

根据我国《民事诉讼法》第14条、第208条至第213条的规定，民事检察监督在立法上具有以下特征：

1. 监督行为的法定性。公权力具有天然的扩张功能，为防止公权机关越权、滥权、侵权，现代法治国家普遍遵守职权法定原则，即国家机关行使职权，必须有法律的授权，依照法律规定的方式、手段和程序。《民事诉讼法》第208条至第213条明确规定了民事检察监督的法定监督模式、方式、事由、程序、后果，检察机关必须以这些法律为依据履行职能，否则，将承担违法行使权力的法律责任。

2. 监督主体的专属性。亦即，民事检察监督职能是检察机关的专属职能。这意味着其他机关、团体、个人不得行使此职权，检察机关对此具有职责的法定性和监督的专业技术性。检察机关不但必须履行民事检察监督职责，而且必须运用抗诉、检察建议、调查取证等法定监督方式和手段，通过对人民法院适用法律方面的分析说理履行职责，体现了检察机关监督民事诉讼活动的专门性。[①]

3. 监督范围的特定性。检察机关对于民事活动中适用法律的监督以“民事诉讼”为边界，即检察机关对于人民法院、当事人和其他诉讼参与人在民事诉讼活动中适用法律的情况进行监督。民事纠纷的解决方式还有当事人自决、和解、人民调解、行政机关调解、仲裁等其他机制，在这些机制中，纠纷解决主体也可能依据法律处理争议。但只要未进入民事诉讼程序，在我国立法上便不属于民事检察监督的范围，体现了检察机关在民事诉讼中评价法律适用的特定话语权。

4. 监督对象的公权性。《民事诉讼法》第 208 条规定检察机关有权对法院已生效的民事判决、裁定、调解书和审判程序中的违法行为进行监督，表明检察监督的对象是法院在民事诉讼活动中行使公权力的行为。虽然在民事诉讼活动中当事人提供证据等行为对法官裁断纠纷有直接或间接的影响，故而检察机关监督法院行使公权力的行为，不可避免地要将当事人是否遵守法律纳入视野。但《民事诉讼法》经两次修订，迄今没有规定检察机关直接监督当事人在民事诉讼活动中的违法行为，只是将生效裁判采信伪造的证据作为检察机关提出抗诉的主要事由之一，说明民事检察监督对于当事人行为适法性的审查，只是监督法院行使公权力状况的手段，具有间接性和附带性。

5. 监督功能的终局性。《民事诉讼法》规定民事检察监督制度的重要国情背景是针对民事诉讼活动中的司法不公行为需要检察监督发挥遏制作用，

---

① 参见孙加瑞：《民事检察制度新论》，中国检察出版社 2013 年版，第 3 页。

给当事人多一种救济手段。[①] 因此，对当事人实现权利救济是立法对于民事检察监督的功能要求。现行《民事诉讼法》第209条规定了民事检察监督在审判监督程序中的位次。根据该条规定，当事人向人民法院申请再审是其向人民检察院申请抗诉或检察建议的前置程序，且当事人申请检察监督以一次为限，这使民事检察监督在通常情况下成为救济当事人权利的终局途径。

6. 监督效力的程序性。现行《民事诉讼法》第200条规定的抗诉再审事由大多属程序事项。同时，在现行法律框架下，抗诉、检察建议只是一种程序建议权，抗诉书或检察建议书中的意见只是法官审查案件的参考，案件纠错、裁判的权力仍属于法院，民事检察监督在法律效力上具有鲜明的“程序性”。

（二）实践理解

以上是我国《民事诉讼法》对于民事检察监督的要求。司法实践中，由于理论上对法律监督的内涵、检察机关的法律地位和检察权的性质、检察监督与审判权独立行使、当事人诉讼地位平等的关系等问题存在争议，加之检察院、法院对于各自利益的维护，以及我国民事检察监督制度改革先行于立法的传统，导致对于民事检察监督的内涵产生了不同于立法要求的理解。

1. 限缩性理解。主要以法院人员为代表，认为民事检察监督就是指《民事诉讼法》分则规定的检察机关对于民事审判活动、民事执行活动的监督，不包括对审判监督活动、法院处理非讼案件的审判活动的监督，对于检察机关创新运用的检察和解，督促、支持起诉，公益诉讼等，不予认可或有限认可。这表现在自1995年8月10日至2000年12月13日，最高人民法院相继下发了9个司法解释，规定人民法院不得受理人民检察院对于执行裁定、先予执行裁定、诉前保全裁定、诉讼费负担的裁定等8种裁

---

① 参见江必新主编：《民事诉讼新制度讲义》，法律出版社2013年版，第350页。

定和民事调解书的抗诉，不得接受人民检察院在办理抗诉案件中提出的暂缓执行建议；2012 年《民事诉讼法》修订将检察建议规定为法定的民事检察监督方式，最高人民法院出台司法解释，规定下级人民法院因采纳再审检察建议裁定再审，须请示上级人民法院同意；2015 年全国人大常委会通过最高人民检察院试点公益诉讼的决定，最高人民检察院在全国 13 个省、市试点公益诉讼，最高人民法院又出台相应工作规定对检察机关提起公益诉讼的案件范围、方式、程序等作出限制。

2. 扩大性理解。主要从强化民事检察监督的立场和监督的改革实践出发，认为既然《民事诉讼法》规定监督的范围是民事诉讼活动，检察机关在民事诉讼活动中就可以既监督人民法院的行为，也监督当事人的行为；既监督法院审理民事争讼案件，也监督法院审理民事非讼案件及其他由民事诉讼法律调整的非民事案件；[①] 既监督民事审判活动（包括审判监督活动）、民事调解活动，也监督民事执行活动。在检察工作实践中，民事检察监督既包括检察机关对法院处理争讼案件的审判、调解、执行活动进行监督，也包括检察机关对当事人虚假诉讼活动进行监督，还包括检察机关运用和解、督促、支持起诉、督促履职、公益诉讼等创新、拓展方式维护国家利益、社会公共利益和保护公民合法权益的活动，以及运用息诉等方式维护司法权威的活动。

（三）本书的应用

本书的研究目的是厘清民事检察监督及其制度的理论、实践争议，明确其应然内涵，为我国民事检察监督制度改革和完善提供一条可行的现实进路，为立法、司法中科学运用法律治理技术提供充分、客观、可靠的实证依

---

① 全国人大常委会法律工作委员会民法室编：《〈中华人民共和国民事诉讼法〉条文说明、立法理由及相关规定》，北京大学出版社 2012 年版，第 342 页。

据和参考。因此，全面、深入地考察、思辨有关我国民事检察监督的立法规定、理论思考和实践表现，是本书实现研究目标的根本保障。

同时，我国《宪法》将检察机关定位为法律监督机关，《民事诉讼法》第14条规定人民检察院对民事诉讼活动进行监督，表明在我国，检察机关在民事诉讼中的核心任务就是履行法律监督职能，其创新、探索任何工作方式都是为了完成这一核心任务。因此，本书认为，我国民事检察监督不仅包括立法明确规定的抗诉监督、检察建议监督，也包括立法尚未确认的检察机关在实践中创新、拓展的检察和解，督促、支持起诉，督促履职，民事违法调查和公益诉讼。本书将以实证的方法研究这些创新监督方式的运用情况，探讨如何使方式既契合检察机关的法律监督属性，又有利于保留、发挥其实践运行的积极效果。

另外，本书涉及对诸多个案的陈述、分析，对此，本书沿用了检察工作实践中的普遍做法，也将“民事检察监督”概念普遍运用于对具体个案处理结果的统称，如“检察机关对某案件进行了监督”等，表示检察监督中的具体行为。

二、民事检察监督制度

民事检察监督制度是本书的核心概念，在我国，广义上的民事检察监督制度是指《宪法》、《人民检察院组织法》、《检察官法》、《民事诉讼法》、最高人民法院和最高人民检察院（以下简称“两高”）司法解释和工作规定、政策及各级人民法院、人民检察院内部工作规范（包括检法两院会签的文件，检察机关试点改革的制度、方案等）规定的关于民事检察监督的性质、任务、组织机构、活动规则、内部要素作用方式等一系列制度的总和，包括民事检察监督诉讼活动规则、民事检察监督体制和民事检察监督机制；狭义上的民事检察监督制度主要指民事检察监督诉讼活动规则，即我国《民事诉讼法》及其司法解释具体规范我国民事检察监督的范围、对象、方式、手段、程序、功能、效力等方面的立法规定，不包括实然的各级检察院、法院关于民事检察监督的内部工作规定和试行的工作机制，民事检察监督体制问题也不是其重点内容。

本书以广义的中国民事检察监督制度为研究范围。同时，从学习借鉴外国立法经验、法律治理手段出发，对外国民事检察监督制度的立法思想、立法内容与运行状况也适当涉及。

（一）民事检察监督诉讼活动规则

根据我国《民事诉讼法》、最高人民检察院《人民检察院民事诉讼监督规则》（以下简称《民事诉讼监督规则》）、“两高”《关于民事执行活动法律监督若干问题的规定》（以下简称《民事执行监督规定》）、最高人民法院相关司法解释和《人民法院审理人民检察院提起公益诉讼案件试点工作实施办法》等工作规定，我国民事检察监督诉讼规则的主要内容包括以下方面：

1. 民事检察监督范围，即监督中检察权的运行区域和应遵守的权力边界。根据我国《民事诉讼法》第 14 条“人民检察院有权对民事诉讼实行法律监督”的规定，结合该法第 235 条和学界关于“民事诉讼”的通常定义，民事检察监督的范围应既包括争讼案件，也包括非讼案件；既包括审判活动，也包括执行活动。

2. 民事检察监督模式。当前，关于何为民事检察监督模式并无定论。笔者认为，民事检察监督模式是指在一定价值观支配下从民事检察监督结构和过程状态中简化、抽象而来的反映民事检察监督本质特征的标准样式。[①] 现行《民事诉讼法》第 208 条规定，人民检察院主要对已生效的民

---

① 关于民事检察监督模式，目前文献并未见对其概念的权威概括，本书参照《现代汉语词典》中对“模式”的定义和宋双的博士学位论文《我国司法监督制度研究——一种监督模式的构建》等现有文献内容对民事检察监督模式进行定义。

事判决、裁定、调解书和审判违法行为进行监督，只是明确规定了检察机关依当事人申请进行监督，表明民事检察监督的模式主要是一种事后模式、外在模式。本书研究民事检察监督模式，旨在为构建科学合理的民事检察监督结构关系提供参考思路，便于民事检察监督系统协调、有效运行。

3. 民事检察监督对象，即检察机关履行民事检察监督职能指向的“人”或“事”。根据现行《民事诉讼法》第208条的规定，民事检察监督的对象是人民法院已经发生法律效力的判决、裁定、调解书和审判程序中审判人员的违法行为。根据《民事诉讼法》第200条的规定，民事检察监督既是对判决、裁定、调解书中法院认定的基本事实、采信的证据内容等实体事项的监督，也是对法院收集、采信证据，合议庭组成方式，以及保障当事人行使诉讼权利情况等程序事项的监督；既是对民事诉讼结果的监督，也是对民事诉讼过程的监督；既包括对法院作出和执行判决、裁定、调解书的行为的监督，也包括对审判人员职务廉洁性、公正性的监督。

4. 民事检察监督方式，即检察机关履行民事检察监督职能的方法和形式。根据现行《民事诉讼法》的规定，“抗诉”和“检察建议”是主要的监督方式。“检察建议”包括“再审检察建议”和“一般检察建议”，前者用于依照《民事诉讼法》第200条的事由向法院提出再审建议，后者用于建议法院纠正审判程序中审判人员的违法行为，或者建议企事业单位、行业主管部门改进工作。此外，最高人民法院、最高人民检察院、公安部、国家安全部、司法部《关于对司法工作人员在诉讼活动中的渎职行为加强法律监督的若干规定（试行）》还规定了纠正违法通知书的监督方式，《民事诉讼监督规则》确认了检察和解、督促、支持起诉、督促履职等方式，党的十八届四中全会决定又明确赋予检察机关进行公益诉讼的任务。本书研究民事检察监督方式的适用范围、启动条件、实现机制、效力保障等内容，旨在探索有利于发挥民事检察监督制度功能的科学监督方式，保障和提升监督效率、效果，提升监督公信力。

5. 民事检察监督手段，即检察机关履行民事检察监督职能运用的具体措施，是民事检察监督方式发挥功能的保障。目前《民事诉讼法》规定的法定的民事检察监督手段有两种：一是调查取证核实。《民事诉讼法》第210条规定，“人民检察院因履行法律监督职责提出检察建议或抗诉需要，可以向当事人或者案外人调查取证核实有关情况”。二是出席再审法庭。《民事诉讼法》第213条规定：“人民检察院提出抗诉的案件，人民法院再审时，应当通知人民检察院派员出席法庭。”本书对民事检察监督手段的内容、形式、效力保障等方面进行研究，期望能够澄清对于民事检察监督中检察权能性质、内容的认识，助益于民事检察监督中检察权的立法完善。

6. 民事检察监督程序，即检察机关履行民事检察监督职能的程式和步骤。《民事诉讼法》第208条、第209条规定了民事检察监督的受案程序、监督程序，《民事诉讼监督规则》对其中一些程序作了细化和补充，主要内容包括：当事人在人民法院驳回其再审申请，或者逾期未对其再审申请作出裁定，或者法院再审判决、裁定有明显错误的情形下，可以向人民检察院申请检察建议或者抗诉，检察机关对当事人的申请应当在3个月内进行审查，作出提出或者不予提出检察建议或者抗诉的决定。当事人不得再次向人民检察院申请检察建议或者抗诉。最高人民检察院对各级人民法院已经发生法律效力的判决、裁定、调解书，上级人民检察院对下级人民法院已经发生法律效力的判决、裁定、调解书，运用抗诉方式进行监督。地方各级人民检察院对同级人民法院已经发生法律效力的判决、裁定、调解书及审判监督程序以外的其他审判程序中审判人员行为，向同级法院提出检察建议进行监督，也可以提请上级检察院向其同级人民法院提出抗诉进行监督。监督程序是检察权行使是否规范的外在表现，是监督效力、效率和效果的保障。本书对之进行研究，重点在于强化民事检察监督程序的体系性和科学性，促进检察机关公平、公正司法，维护社会公平正义。

7. 民事检察监督效力，即民事检察监督对哪些人、哪些事能够发生作用。《民事诉讼法》对于民事检察监督效力的规定主要体现在两方面：一是当事人申请监督，只要检察机关已经受理审查的，或者已经作出支持或不支持监督决定的，当事人便不得再次向检察机关申请监督；二是接受抗诉的人民法院应当自收到抗诉书之日起30日内作出再审裁定，这意味着与当事人申请再审不同，检察机关抗诉必然引起再审程序的发生，人民法院只要接到人民检察院的抗诉，就应当裁定案件进入再审。监督效力是监督效果的保障，但目前立法中有关民事检察监督的效力规定并未满足保障监督效果的需要，使民事检察监督在很多方面虚化、形式化，是本书研究须重点解决的问题。

（二）民事检察监督体制

“体制”是指国家机关、企事业单位在机构设置、隶属关系和管理权限划分等方面的组织制度。[①] 检察监督体制，是指为保证检察机关全面、正确、有效地履行民事检察监督职能，规范检察机关与党的领导、权力机关、审判机关之间，上下级人民检察机关之间，检察机关内设机构之间，以及检察人员之间权限划分和相互关系的组织制度。[②] 实践中检法两院与上下级人民检察院之间的权限划分和相互关系对于民事检察监督制度的运行有着重要而直接的影响。因此，本书重点研究规范这两类关系的体制性制度。

1. 检法两院的关系。我国的检察机关与审判机关具有同等的宪法地

---

① 参见中国社会科学院语言研究所词典编辑室编：《现代汉语词典》，商务印书馆1998年版，第581页。

② 参见王鸿翼：《民事行政检察工作的发展历程》，载《人民检察》2008年第20期。

位，同为国家司法机关，在民事审判监督程序中是不同的监督主体，具有不同的职能分工、监督位序，检察机关与审判机关如何既恪守各自职能权限，又互动配合、功能互补，对于实现民事审判监督制度的价值功能具有重要意义。与此同时，民事检察监督制度的设立，天然是为了防止审判权的滥用，从而最大限度地维护司法公正和司法权威；作为监督者与被监督者，检法两院在监督中的对立统一关系，又决定了检察机关需要与审判机关协同配合，共同保障监督权能配置的预期效果。因此，科学处理检察机关与审判机关在监督工作中的权限划分、相互关系、功能衔接，对于实现民事检察监督制度功能价值具有现实意义。

2. 上下级人民检察院的关系。《宪法》第137条第2款、《人民检察院组织法》第10条第2款规定检察机关组织系统中上下级人民检察院是领导与被领导的关系。《民事诉讼法》第208条规定了民事检察监督中各级人民检察院的职能分工和职责内容。《民事诉讼监督规则》进一步细化了各级人民检察院管辖民事检察监督案件的范围。如何在监督中既保证各级检察院集中、统一、正确、独立行使检察权，又实现各级检察院力量的优化组合，是提升监督效能需要解决的重要问题。

（三）民事检察监督机制

"机制"原指机器的构造和运作原理，有机体的构造、功能和相互关系，以及某些自然现象的物理、化学规律，泛指一个工作系统的组织或部分之间相互作用的过程和方式。[①] 检察监督机制是指监督系统内部各构成要素相互作用的关系及其运行过程和方式。相比于监督体制和监督诉讼活动规则，监督机制更具有动态性，更强调内部监督主体按照监督体制和监督诉讼活动规则的要求，在一定的动力支配下如何与监督对象相互联系，

① 参见中国社会科学院语言研究所词典编辑室编：《现代汉语词典》，商务印书馆1988年版，第1130页。

作用于监督客体（民事检察监督调整的社会关系），实现监督的功能价值，是监督内在规律的集中体现。

一般认为，民事检察监督工作机制包括案件管理机制、办案工作机制和队伍建设工作机制。囿于本书的研究目的和篇幅，本书重点研究民事检察监督办案工作机制，通过对实践中检察机关已广泛运用的办案工作机制进行研究，改革实验的方法，探索适应 2012 年《民事诉讼法》要求的新机制，为检察机关在法治轨道上规范开展监督工作机制改革提供理论和实践参考；通过总结改革的经验、教训，为科学完善民事检察监督制度提供方向指引。

三、民事检察监督与民事申诉制度

民事诉讼中的民事申诉是一种司法申诉，特指民事案件当事人或其法定代理人根据我国《民事诉讼法》第 199 条、第 201 条和第 209 条的规定，对人民法院生效的民事判决、裁定、调解书向人民法院或人民检察院提出申请，请求人民法院依照再审程序对案件重新审理，或请求人民检察院向人民法院提出抗诉、检察建议的行为。民事申诉制度是民事诉讼法律规范民事申诉主体、范围、对象、条件、期限、次数、程序等一系列民事申诉活动规则的总称。《民事诉讼法》中，民事申诉制度的内容主要规定在第十六章“民事审判监督程序”中，《民事诉讼监督规则》对民事检察监督中的民事申诉制度进行了细化、补充。本书从系统论的视角研究民事检察监督制度，将重点围绕这些规定对民事申诉制度与民事检察监督制度的应然关系进行研究，以便为本书提出的完善民事检察监督制度的方案与民事审判监督制度乃至民事诉讼制度的应然要求提供更加协调、契合、坚实的理论基础。

（一）民事申诉与民事检察监督的程序关系

民事申诉作为一种诉讼性质的司法申诉，根据《民事诉讼法》第199条、第201条、第209条的规定，是指民事诉讼当事人或其法定代理人对于人民法院生效的民事判决、裁定、调解书，向人民法院提出再审申请，或向人民检察院提出监督申请，请求抗诉或提出检察建议的行为。根据《民事诉讼法》第14条、第208条、第235条的规定，民事检察监督是指检察机关依法对人民法院已生效的判决、裁定、调解书和参与的其他民事诉讼活动进行监督的行为。民事申诉与民事检察监督的程序关系主要体现在以下四个方面：

1. 民事申诉是民事检察监督的案源。根据《民事诉讼法》第209条和最高人民检察院2013年9月23日开始实施的《民事诉讼监督规则》第23条的规定，检察机关受理民事检察监督案件的途径包括当事人向人民检察院申请监督，当事人以外的公民、法人和其他组织向人民检察院控告、举报，以及人民检察院依职权发现。《民事诉讼监督规则》进一步规定，当事人可以在下列情形下申请检察监督：（1）已经发生法律效力的民事判决、裁定、调解书符合《民事诉讼法》第209条第1款规定；（2）当事人认为民事审判程序中审判人员存在违法行为；（3）当事人认为民事执行活动存在违法情形。实践中，由于《民事诉讼监督规则》对检察机关依职权发现监督线索设置了较严格的限制条件，当事人申诉成为民事检察监督发现监督线索的主要途径。

2. 民事申诉是民事检察监督的指引。《民事诉讼监督规则》第47条规定，人民检察院审查民事诉讼监督案件，应当围绕申请人的申请监督请求以及发现的其他情形，对人民法院民事诉讼活动是否合法进行审查；其他当事人也申请监督的，应当将其列为申请人，对其申请监督请求一并审查。《民事诉讼监督规则》第75条第1款第2项、第3项规定，申请人撤回监督申请或者当事人达成和解协议，且不损害国家利益、社会公共利益或者他人合法权益的；申请监督的自然人死亡，没有继承人或者继承人放弃申请，且没有发现其他应当监督的违法情形的，人民检察院应当终结审查。这意味着在检察机关依申诉申请履行民事检察监督职能时，申诉的内容是民事检察监督审查的切入点，指引着审查的方向。检察机关审查案件期间，当事人对于申诉要求监督的申请的处理方式，影响着检察机关对案件的审查处理态度，引导着案件办理的进程。

3. 民事检察监督是民事申诉救济权益的终极公力救济途径。2012 年修订的《民事诉讼法》实施前，当事人向人民法院申诉与当事人向人民检察院申诉实行并轨制，当事人可以选择向检法两院任一机关申诉，也可以选择同时或先后向检法两院申诉，当事人向人民法院申诉与当事人向人民检察院申诉并没有程序上的关系。2012 年修订的《民事诉讼法》第 209 条规定，当事人只有向人民法院申诉申请再审，人民法院驳回再审申请的，或者逾期不答复的，或者再审判决、裁定确有错误的，当事人才可再向人民检察院申诉申请检察监督，且当事人申请检察监督以一次为限，民事检察监督由此成为通过民事申诉救济其权益的终极公力救济途径。

4. 民事申诉不必然引起民事检察监督的法律后果。根据《民事诉讼监督规则》第 93 条、第 101 条、第 104 条的规定，如果检察机关受理当事人监督申请后，经审查认为当事人申请监督的人民法院生效判决、裁定或调解书不符合应当抗诉或提出检察建议的法定事由，或者当事人申请监督的审判人员行为、民事执行活动不存在或不构成违法情形的，检察机关有权作出不支持监督申请的决定，民事申诉不必然引起民事抗诉或检察机关提出检察建议的法律后果，当事人申诉具有一定的风险，即使监督申请不被检察机关支持，也不能以其申诉权对抗检察机关的监督权。

（二）民事申诉制度影响民事检察监督的几个误区

民事检察监督制度是独具中国特色的一项检察制度，自诞生以来，有关它的争议如影随形，而《民事诉讼法》几次修订中始终没有对民事检察监督的性质、职权行使模式是否与当事人意思自治原则相冲突、是否与当事人的处分权相冲突等深层次问题明确态度，① 导致实践中民事检察监督往往以与其紧密相关的立法较明确的民事申诉制度内容作为解决争议问题的“标杆”，由此引发了一系列问题和误区。

1. 民事检察监督的启动模式：以当事人主义为根本。《民事诉讼法》第208条、第209条分别规定了检察机关“依职权发现”和“依当事人申诉申请监督”两种监督途径，但《民事诉讼法》对于检察机关“依职权发现”的条件、途径等无细化规定，《民事诉讼法》第209条则明确规定了当事人申诉申请监督的条件、范围、程序，由此在实践中产生了民事检察监督的模式应当以“依职权发现”为主还是应当以“依当事人申诉申请”为主的争议。主张民事检察监督应当以“依职权发现”为主的理由主要包括：我国民事检察监督的模式应与与我国职权主义相近的民事诉讼模式相对应，民事检察监督的直接任务是惩治违法，维护司法公正，而不是权利救济。民事检察监督作为制约和督促审判权公正行使的公权力，具有相对能动性，强度至少不应小于审判权，“依职权发现”应成为主要的民事检察监督启动模式。② 主张民事检察监督应当“依当事人申请监督”启动为主的观点则认为，如果允许人民检察院不受限制地肆意启动再审程序，不仅侵害了当事人的处分权，在当事人已服判息诉的情况下重新挑起纠纷，

---

① 参见韩静茹：《错位与回归：民事再审制度之反思——以民事程序体系的新发展为背景》，载《现代法学》2013年第2期。

② 参见孙加瑞：《民事检察制度新论》，中国检察出版社2013年版，第221页。

而且与民事诉讼以解决纠纷为目的的初衷背道而驰，民事检察监督依职权启动应当以“公益”为范围，一般应以当事人申诉作为审查案件、提出检察的前提和基础，以此体现民事检察监督中检察机关与民事申诉当事人的适度关系。[①]《民事诉讼监督规则》第 41 条吸纳了后一观点，对检察机关“依职权发现”启动监督采取了保守态度，规定人民检察院只有在发现已生效的判决、裁定、调解书内容损害国家利益或者社会公共利益，或者发现审判、执行人员有贪污受贿、徇私舞弊、枉法裁判等行为，或者依照有关规定需要跟进监督时，才可依职权启动监督。实践中，检察机关较少通过“依职权发现”途径启动民事检察监督，当事人申诉申请监督成为民事检察监督受理案件的主要来源，导致不少当事人由此认为，民事检察监督的主要功能和法院一样，就是裁断纠纷，只不过检察机关是“法官之上的法官”，即人们对检察机关在民事检察监督中的定位、职能产生了一定程度的误解。

2. 民事检察监督的职能目标：以权利救济为中心。《民事诉讼法》第 14 条规定，人民检察院对民事诉讼活动进行监督，第 200 条规定的民事检察监督的 13 个事由都属于审判行为违法情形。但是，《民事诉讼法》第 209 条同时规定，当事人只有在向人民法院申请再审被驳回申请、未经处理或再审结果仍确有错误的情况下才可向人民检察院申诉，使理论界和实务界对于民事检察监督的职能目标产生了如下几种主要观点：一是认为民事检察监督主要通过监察和督导活动制约违法审判行为；[②] 二是认为民事检察监督主要通过纠正错误生效判决、裁定维护私法秩序；[③] 三是认为民

---

① 参见扈纪华：《关于民事诉讼中的检察监督问题》，载《河南社会科学》2011 年第 1 期。

② 参见王德玲：《民事检察监督制度研究》，中国法制出版社 2006 年版，第 12 页。

③ 参见王莉：《民事诉讼与检察监督》，中国检察出版社 2012 年版，第 198 页。

事检察监督主要对民事诉讼当事人合法的诉讼权利和实体权利进行救济。[①]民事检察监督制度具有多元的价值追求，决定了民事检察监督职责的内容也丰富多元，难点在于当民事检察监督制度的多元价值冲突时，检察机关如何对这些价值功能进行排序、取舍？由于《民事诉讼法》第199条和第209条规定了当事人向人民法院申请再审和向人民检察院申请抗诉或检察建议引起再审的“两元”模式，第208条规定人民法院依当事人申请再审和检察院依当事人申请抗诉或提出再审检察建议的条件完全相同。实践中，检察机关办案人员在提出审查意见和作出审查决定时往往将能否救济当事人实体权益和定分止争作为首要的考量因素，过于重视实体抗诉标准，普遍将抗诉再审后能否改变原判决作为抗诉效果的重要参照，以定分止争的效果考量采取何种监督方式，导致民事检察监督忽略违法行为监督，偏离职能定位和工作重心，不利于民事检察监督的可持续发展。

3. 民事检察监督介入民事诉讼的程度：过度强调有限监督与谦抑监督。《民事诉讼法》规定检察机关可以对包括民事审判活动、民事执行活动在内的民事诉讼活动进行监督，监督的对象可以是已经生效的判决、裁定、调解书和审判机关的违法行为，表明检察机关的监督虽然具有“事后”的特性，但对于民事诉讼活动中一切审判机关行使公权力的行为都可以监督。与此同时，《民事诉讼法》又限定了民事检察监督的事由，依当事人申诉申请监督的条件、次数等，表明民事检察监督介入民事诉讼活动的范围虽然广阔，但民事检察监督介入民事诉讼活动的程度则是有限的，且以必要为原则，导致实践中对于民事检察监督如何实现介入范围的广泛性与介入程度的有限性、谦抑性的统一存在争议。主张全面监督的观点认为，审判机关违法行使权力可能存在于民事诉讼各个阶段，民事检察监督

---

① 参见平安、张妮：《民事检察权刍议》，载陈桂明、王鸿翼主编：《司法改革与民事诉讼监督制度完善》（上卷），厦门大学出版社2010年版，第3页。

的手段和时间应当形成一个“开放性”的体系，以避免监督的真空地带；主张民事检察监督应“不告不理”的观点认为，民事检察监督仍应以维护当事人私权自治为基点，如此才能防止检察权扩张对于当事人处分权的损害和对于审判独立性和裁判既判力、稳定性的损害。《民事诉讼监督规则》要求当事人穷尽其他公力救济途径后方可申请检察监督，实践中对于标的较小、情节较轻、仅涉及程序违法的案件一般不支持监督申请，使民事检察监督过于克制，导致民事检察监督职能被人为弱化，造成了选择性执法，不利于适用法律平等性原则的贯彻，有损民事检察监督的公信力。

（三）民事申诉制度影响民事检察监督的问题评析

弗里德曼曾言：“法典背后有强大的思想运动。”[①] 反思民事申诉制度影响民事检察监督的内容和误区，其实反映了立法者如何处理民事检察监督性质、程序设计、制度要素之间关系等诸多问题的迷茫和困惑。这不但导致民事检察监督权设置的力度不够、内容空泛、监督措施缺失等民事检察监督制度的结构性问题，[②] 而且影响了民事申诉制度有关民事检察监督内容的设计。

1. 基于私法自治要求的有限监督：限权还是控权。出于民事检察权与民事审判权的价值平衡，以及民事审判活动的功能、效率保障的考虑，2012 年《民事诉讼法》修订中民事申诉制度的相关内容表明了民事检察监督有限监督的立场，但对于有限监督的“限制”手段始终模糊不清。虽然学者们普遍认为应通过权力制衡的方法使诉权、审判权、民事检察权保持适度的张力，但对于如何实现制衡，迄今为止仍无定论。[③] 中华人民共和

① 参见［美］弗里德曼：《法律制度》，李琼英、林欣译，中国政法大学出版社 1994 年版，第 241 页。

② 参见邹建章：《论民事检察监督法律关系》，载《中国法学》1997 年第 6 期。

③ 参见张文志：《民事诉讼检察监督论》，法律出版社 2007 年版，第 67 页。

国成立之初的民事检察监督制度是对苏联和东欧国家民事检察监督制度的全面效仿，按照列宁的观点，“必须扩大国家对‘私法’关系的干预，扩大国家废除‘私’契约的权力，把我们的革命的法律意识运用到民事法律关系上去”。[①] 检察机关被赋予全面的民事起诉权、民事参诉权和民事抗诉权，检察权对于审判权、诉权的监督涉及民事诉讼活动的各个方面，而审判权对于检察权的约束主要通过独立审判，独立作出裁决实现。检察权由于其权力行使范围广泛、权力行使方式多样，因而与具有强大裁断权的审判权基本能够实现平衡。与此同时，检察权对于诉权的介入范围也是广泛的，而诉权对于检察权的制约则并无明显体现。这是因为在计划经济体制下，突出的是法院的主动性和积极性，民事实体权利的范围和权利主体行使权利的自由极其有限。[②] 因此，这样的权力运行模式有利于最大限度地发挥民事检察监督效用，保障国家民商事法律在民事诉讼领域的贯彻执行。

自 20 世纪 80 年代起，随着社会主义市场经济的逐步建立，私法自治要求在民事诉讼领域逐渐凸显，1991 年以来《民事诉讼法》三次修订，一方面，逐渐扩大了民事检察监督的范围，意图以此保障诉权尽可能不受审判权侵害；另一方面，又限定了民事检察监督程序启动条件、当事人申请监督的对象和当事人申请监督的次数，以防止检察机关介入民事诉讼，不当干涉当事人的处分权，破坏民事诉讼中双方当事人在诉讼结构中的平等地位，侵害公民合法权益，使民事检察监督被赋予保障诉权的职责却不具备实现保障功能的权能和手段。然而，民事检察监督的对象是人民法院的审判行为而非当事人之间的具体争议内容，检察机关介入民事诉讼不以申诉理由为限，亦不以帮助当事人抗诉成功为目的，而是为了推动因不公正

① 参见《列宁全集》（第 36 卷），人民出版社 1977 年版，第 578 页。

② 张卫平：《论民事诉讼的契约化——完善我国民事诉讼法的基本作业》，载《中国法学》2004 年第 3 期。

审判而失衡的诉讼结构回归本位，是为了实现民事诉讼双方当事人的平等，而非破坏这种平等；检察机关提出抗诉或检察建议只具有启动或建议启动再审程序的效力，而非直接对当事人的权利、义务重新确定，对其责任重新划分。因此，除非检察机关滥用职权，否则，民事检察权在依法行使条件下，本身并不会不当干涉当事人的处分权，破坏民事诉讼中双方当事人在诉讼结构中的平等地位，侵害公民合法权益。

目前，民事检察在立法上的确缺乏有效的外部监督、制约体系，容易被滥用。因此，有限监督的“限制”手段应重在“控权”，而不在“限权”，即通过诉讼制约的方法使“法官与检察官彼此监督节制，保障司法权限行使的客观性与合理性”。[①]“就一般情况来说，没有界限和不受制约的权力对社会造成危害的可能性极大；而软弱无力的权力也无法维护自由和正义”，[②] 一味地削减民事检察权，限制其行使范围和力度，只会使相对于强大的审判权本就羸弱的民事检察权更加难以满足履行职能的需要，当然也难以通过维护司法公正回应当事人申请监督的诉求。

2. 基于私权保障要求的权利救济：直接救济还是间接救济。1991 年《民事诉讼法》修订以来近三十年，由于法律对民事检察监督规定得过于原则、单一，“纠错”成为民事检察监督的基础性功能。2001 年，在全国检察机关第一次民事行政检察工作会议中，明确了民事行政检察监督“维护司法公正，维护司法权威”的职责；2012 年《民事诉讼法》将当事人申诉申请再审作为当事人申请检察监督的前置程序，使民事检察监督的救济功能被提升到显著位置，引起了理论界和实务界对民事检察监督性质更多的争论。一些检察机关甚至把解决民事申诉当事人纠纷，维护当事人实体权益作为民事检察监督的主要任务，而对于民事诉讼活动的违法监督职

---

① 林钰雄：《检察官论》，台北，学林文化事业有限公司 2000 年版，第 16 ~17 页。

② 张文显：《法哲学范畴研究》，中国政法大学出版社 2001 年版，第 396 页。

责退而求其次。

然而，公权机关对于民事申诉当事人的权利救济过程，是确定民事责任的过程，前提是该公权机关对于当事人纠纷有裁断权，而检察机关的监督从目前立法来看，只是从旁“监视”“督促”，只是一种程序建议权，检察机关的检察建议不必然被监督对象采纳，甚至不被答复。检察机关的抗诉虽可引起再审程序，但检察机关并不参与确定民事责任的过程，并无直接的权能确定民事权利和民事义务的归属，决定如何恢复、补偿受侵害者的权利。因此，民事检察监督并不具有权利救济的权能和性质。权利救济职能只是就其促进民事诉讼制度整体功能的实现而言的，而且具有间接性和不确定性的特点，只能通过建议督促人民法院公正履行职责。

3. 基于维护审判制度价值要求的谦抑监督：终局监督主义的合理性质疑。《民事诉讼法》第 209 条规定了当事人申请再审的前置程序，体现了监督谦抑原则下的诉权救济、审判监督和检察监督在制度构建和适用上的递进关系。[①]《民事诉讼监督规则》据此将当事人向人民检察院申请抗诉或检察建议的条件进一步限缩，即当事人无规定事由未上诉、复议、复查或提出法律规定的诉讼的，不得申请检察监督，使民事检察监督程序在事实上成为审判监督程序的补充程序、救济程序。这不仅与《宪法》和《民事诉讼法》关于民事检察监督的定位相矛盾，也在实践中因民事检察监督仅是一种程序建议权，其职权、功能无法达到如此高的定位要求而引起更多的负面效应。事实上，就民事申诉制度关于民事检察监督“终局性”规定的合理性而言，有学者提出该规定符合程序穷尽主义和先审判机关内部监督后检察机关外部监督的法律逻辑顺序。然而，就审判机关内部监督程序和民事检察监督的程序价值而言，两者虽都属于民事审判监督程序，但目

① 汤维建：《民事检察监督制度的定位——以民事诉讼法新修改为基准》，载《国家检察官学院学报》2013 年第 2 期。

的和重点不同。因此，遵从先内部监督后外部监督的法律逻辑顺序非但没有必要，还可能因先进行审判机关内部监督程序导致一些损害司法公正的事实被掩盖、证据被销毁。另外，程序穷尽主义也非一概而言，民事检察监督与审判程序不同，并不是当事人的权利救济程序，其更主要的职能在于维护司法公正、维护法制的统一，而“迟来的正义非正义”。现行《民事诉讼法》本就将民事检察监督规定为一种事后监督，如果直至当事人将所有的公力权利救济程序都用尽再启动民事检察监督，就许多案件而言，不仅不再具有维护司法公正的意义，检察机关也将因证据灭失等原因失去维护司法公正的依据。

综上所述，民事申诉制度与民事检察监督制度虽然在程序上相互关联，在运行中相互影响，在效果上相互制约，但它们仍然是民事审判监督制度体系内两个独立的制度，具有不同的程序价值。应从系统论的要求出发，对民事申诉制度与民事检察监督制度的整体架构深入思考，予以改良，保障民事申诉制度与民事检察监督制度在性质上相互独立，法理上相互融通，结构上相互协调，功能上相互补充。如此才能实现民事申诉制度与民事检察监督制度的良性发展，促进民事申诉制度与民事检察监督制度在实现各自独立的制度功能的同时，共同实现民事审判监督制度的整体价值目标。

第三章　中国民事检察监督制度的发展沿革

当前，我国在全面推进“依法治国”方略实施背景下，正经历着国家治理方式和技术的转型变革，诸多相关“法治”的概念和观点被赋予了新的时代意义，不少具体的法律制度都被以新的视角重新审视，民事检察监督制度就是其中见微知著式的突出表现。然而，任何法律制度都并非立法者单纯从其所处时代出发从理论上抽象的产物，而是浸染了不同历史阶段国家政治制度和国情背景影响下的文化与理念，是各个历史时期社会发展变化的复杂反映。

就民事检察监督制度而言，中华人民共和国成立以来，从最初构建社会主义法律制度体系时期对苏联、东欧国家的简单模仿，到“文化大革命”中的全面废止，再到“文化大革命”后重新被立法确认，直至改革开放后逐步完善，深刻反映了国家法律治理本身的要求与不同历史阶段国家和社会生活实然需要的调和，反映了不同阶层、不同群体从不同立场出发的价值观的博弈。其变迁轨迹凸显了中国特色法律制度生成的典型特征，演示了民事检察监督制度的发展规律和发展方向，是完善民事检察监督制度的历史参考和依据，也是司法机关准确把握民事检察监督制度内核、完成立法使命的实践指南。

一、中国民事检察监督制度发展历程

我国检察机关介入民事诉讼始于清末修律。之后，无论是南京临时政府、北洋政府还是南京国民政府，检察机关都一直被赋予代表公益或特定案件当事人提起诉讼、参与民事诉讼、监督民事审判活动的权力。新民主主义时期《陕甘宁边区暂行检察条例》等法律规定同样赋予检察机关提起民事公益诉讼、参与民事诉讼、监督审判活动以及支持当事人起诉的广泛权力，新中国成立之初的民事检察监督制度几乎完全沿袭了这一做法。然而，经历“文化大革命”期间的全面破坏，民事检察监督制度被1982年《民事诉讼法（试行)》重新确立后曲折发展，展现了一项法律制度重生后被重新审视而艰难发展的历程。

（一）初建、肇始阶段（新民主主义时期至20世纪50年代末）

这一时期，根据《中央人民政府最高人民检察署试行组织条例》(1949年12月）第3条，《中华人民共和国诉讼程序试行通则（草案)》(1950年）第36条、第56条第2款、第77条、第78条、第80条和《人民检察院组织法》（1954年）第40条的规定，检察机关有权提起民事诉讼，有权以国家代表人和公益代表人身份参与民事诉讼，在审判监督程序、上诉审程序中，有权以抗诉形式对法院民事裁判进行检察监督，我国民事检察监督制度初具雏形。

（二）破坏、否定阶段（20世纪50年代后期至20世纪80年代初）

1957年“反右斗争”和无产阶级“文化大革命”开始，新生的民事检察监督制度遭到了毁灭性打击；1975年《宪法》规定，检察机关的职权由公安机关行使。民事检察监督职能因检察机关被取缔而被全盘否定。伴随检察机关恢复重建，1979年《人民检察院组织法》出台，但仅详细规定了刑事检察的内容，没有关于民事检察监督的规定，致使民事诉讼活动处于无专门机关法律监督的境地。

（三）停滞、重建阶段（1982 年至 1988 年）

这一阶段，一方面，根据 1982 年《宪法》第 129 条第 1 款关于“中华人民共和国人民检察院是国家的法律监督机关”的规定和 1982 年《民事诉讼法（试行）》第 12 条关于“人民检察院有权对人民法院的民事审判活动实行法律监督”的规定，民事检察监督制度重新被立法确认；另一方面，仍然没有任何法律对检察机关如何履行民事法律监督职能作任何具体规定，民事检察监督工作长期处于停滞状态。

（四）争论、发展阶段（1988 年至 2007 年）

1988 年，最高人民检察院设立了民事行政检察机构，之后各地各级检察院先后设立了民事行政检察处（科）；最高人民检察院在四川、河南、天津、吉林、广东、湖北等省（市）开展民事、行政诉讼监督试点工作，推动 1991 年《民事诉讼法》正式颁布时，重新确认 1982 年《民事诉讼法》第 12 条的规定，并明确规定检察机关按照审判监督程序，根据该法以列举方式界定的抗诉法定事由提起抗诉。自此以后，民事检察监督工作在全国逐步开展，办案数量逐年增多。与此同时，从 1995 年 8 月 10 日至 2000 年 12 月 13 日，最高人民法院先后下发了 9 个司法解释，规定人民法院不得受理人民检察院对于执行裁定、诉前保全裁定等八种裁定和民事调解书的抗诉，不得接受人民检察院在办理抗诉案件中提出的暂缓执行建议，对人民检察院抗诉再审后再次就同一案件提出抗诉设置限制条件。检察机关对于其他判决、裁定的抗诉，也出现了调卷审查难、改判难等问题。自 2000 年 5 月开始，最高人民法院、最高人民检察院分别以《人民法院报》《检察日报》为阵地上演了一场关于民事检察监督制度“存”还是

“废”的大论战，并迅速蔓延至整个学术界。2001 年 8 月，最高人民检察院召开全国民事行政检察工作会议，提出了“维护司法公正、维护司法权威”的执法核心思想。自 2001 年开始，最高人民检察院先后下发了《民事行政抗诉案件办案规则》等多个规范性文件，各地方检察院也制定了本辖区的民事行政检察监督办案规范。2002 年至 2007 年，全国检察机关向人民法院提出民事行政抗诉案件 76, 864 件，对 24, 782 起案件（绝大部分是民事案件）制发再审检察建议书，回答了各界对民事检察监督制度的质疑，促进了法律监督职能在民事诉讼领域的落实。

（五）明确、强化阶段（2007 年至今）

2007 年，《民事诉讼法》进行了第一次修订，细化和增加了监督事由，完善了民事抗诉制度的运作机制。2011 年 3 月，最高人民法院、最高人民检察院下发了《关于对民事审判活动与行政诉讼实行法律监督的若干意见（试行）》（以下简称《法律监督意见》），明确了检察机关有权进行民事执行监督、民事诉讼违法行为监督，检察机关对损害国家、社会、公共利益的调解书也可以进行监督，规定了检察机关提出再审检察建议的程序和后果。2012 年，《民事诉讼法》第二次修改则明确了检察机关对民事诉讼（而非民事审判）实行法律监督的原则，检察机关对民事调解书、民事审判程序中审判人员违法行为、执行活动的监督职权正式被立法确认，检察建议也成为抗诉之外又一法定的监督方式……民事检察监督制度的内涵从多个方面得以明确和丰富。2015 年 7 月，全国人大常委会通过了《关于授权最高人民检察院在部分地区开展公益诉讼试点工作的决定》，赋予了检察机关提起公益诉讼的权力，随后最高人民检察院制定了《检察机关提起公益诉讼试点方案》，最高人民法院制定了《人民法院审理人民检察院提起公益诉讼案件试点工作实施办法》，对检察机关提起公益诉讼的范围、程序和试点实施内容进行了规范。2016 年 12 月 19 日，最高人民法院、最高人民检察院联合发布《民事执行规定》，进一步对民事执行检察监督的原则、范围、方式、效力、审查期限、管辖、受理程序和实践中容易产生争议的问题予以细化规范，建立了检法两院相关工作机制，推动制度向着全面强化、完善的方向发展。2017 年 6 月 27 日，第十二届全国人大常委会第二十八次会议表决通过了《关于修改〈中华人民共和国民事诉讼法〉和〈中华人民共和国行政诉讼法〉的决定》（以下简称《决定》），从 7 月 1 日起，试点近两年的检察机关提起公益诉讼制度被写入这两部法律。根据《决定》，《民事诉讼法》第 55 条增加一款规定：人民检察院在履行职责中发现破坏生态环境和资源保护、食品药品安全领域侵害众多消费者合法权益等损害社会公共利益的行为，在没有前款规定的机关和组织或者前款规定的机关和组织不提起诉讼的情况下，可以向人民法院提起诉讼。前款规定的机关或者组织提起诉讼的，人民检察院可以支持起诉。

二、中国民事检察监督制度发展规律

规律，是指事物之间的内在的必然联系。这种联系是不断重复出现的，在一定条件下经常起作用，并且决定着事物向着某种方向发展。“任何事情的发生都不是没有自觉的意图，没有预期的目的。对社会历史的研究不能改变这样一个事实：历史进程是受内在的一般规律支配的。”① 同样，我国民事检察监督制度的发展演化也呈现出一定的规律，总结和概括发展规律，有助于指引我国民事检察监督制度朝着理性的方向发展，并对民事检察监督的司法实践提供科学的检验标准，从而有助于保障司法公正、提升司法权威，由此推动我国特色民事检察监督制度不断趋于完善。

① 中共中央马克思、恩格斯、列宁、斯大林著作编译局编：《马克思恩格斯选集》（第 1 卷），人民出版社 1995 年版，第 247 页。

（一）监督理念日趋现代化

监督理念是民事检察监督制度的核心，民事检察监督制度的现代化关键在于民事检察监督理念的现代化。在我国，民事检察监督理念经历了从传统型向现代型转变的历史过程，这集中表现在以下两个方面的转变：

1. 从“重刑轻民”到“刑民并重”。在我国的司法理念中，重刑轻民的传统司法理念仍然占据着重要地位。民事法律作为部门法，在我国只有一百年的历史，而民众的民事法律意识更是薄弱。即使在改革开放后检察机关恢复重建的初期，先是1979年《人民检察院组织法》没有规定民事检察监督的内容，后是1981年《民事诉讼法（试行）》中也只有一条有关民事检察监督的原则性规定。在这一理念的支配下，在我国过去的检察工作中，占据中心地位的无疑是打击刑事犯罪、查办贪污贿赂案件和渎职侵权案件等国家机关工作人员犯罪，诉讼监督工作则被放在次要位置。而在诉讼监督工作中，民事诉讼监督的重要性又被排在侦查监督、刑事诉讼监督之后。可见，在检察机关的工作序列中，刑事优先的思想可谓根深蒂固，民事检察监督工作始终处于边缘地位，民事检察部门在检察机关内部的人员配备和办案保障上长期得不到有力支持，甚至一些检察机关的工作人员对民事检察监督的职能不甚了解。由此可见，检察机关这种“重刑轻民”的理念和工作格局已经远远滞后于司法实践的需求。为了破解这一困境，改变传统“重刑轻民”理念的束缚，转变陈旧观念已经迫在眉睫。因此，我们不但要在学术上加强对民事检察监督制度的探索和研究，而且要在实践中调整和均衡检察工作的重心，提升民事检察监督工作的质量和水平，加强对民事检察部门的人才配备，将民事检察监督确立为检察机关关注民生的重要窗口。

2. 从“对立监督”到“协同监督”。对立监督理念是一种监督者本位的理念，其基于对审判权的不信任而进行监察和纠错。在司法实践中，监督者和被监督者在监督过程中大多处于独立和矛盾的状态，其对立性大于统一性，使被监督者对监督者的监督持抵触或冲突情绪。与“对立监督”理念相对应的是“协同监督”理念。笔者认为，“协同理念”应当从两个角度进行全面理解：一是检法协同。它是指从监督者和被监督者的关系出发，检法两院虽对民事纠纷的化解功能有别，但二者都致力于维护司法公正和司法效率，以及实现国家法律统一实施，二者的合作大于对立。事实上，民事检察监督权只是一种提议权或者说程序的启动权，而非决定案件实体结果的权力。它通过对诉讼过程及诉讼结果提出建议、意见，从而启动程序，使民事案件得以由有关审判机关重新审理。从某种意义上来讲，民事检察监督是促进审判机关更好地行使审判权，作出正确判决的推进器。二是检察机关内部协同。从横向上来看，民事检察监督职能的有效发挥，需要检察机关内部其他业务部门的积极配合和工作衔接。

（二）监督范围日趋全面化

民事检察监督范围是指民事检察权发挥作用的领域，也是规制民事检察权行使的边界。从应然的角度来看，民事检察监督的范围包括诉前监督、诉中监督和诉后监督，即所谓的“全面监督”。从监督的对象来看，应及于全部诉讼主体，既要监督法院的审判活动，又要监督当事人的诉讼活动。从诉讼过程来看，检察机关的监督范围包括从起诉前到裁判后的执行，即对起诉前当事人是否正当行使诉权进行监督；审理过程中对当事人是否滥用诉权，对法院是否严格遵守程序规范，认定事实是否有根据，适用法律是否正确，审判人员是否有贪污贿赂、徇私舞弊、枉法裁判行为实行监督；对裁判中认定事实和适用法律是否存在错误实行监督；对当事人拒不履行法院生效文书、对法院执行人员在执行过程中是否有违法行为实行监督。[①] 从实然的角度来看，我国民事检察监督制度从建立之初，在充分考虑我国特殊的国情以及司法资源的有限性等因素的基础上，在司法实践中，检察机关行使民事监督权时带有谦抑性。民事检察监督的重点放在了损害国家利益和社会利益以及严重司法不公、社会反响强烈的案件上，没有事无巨细、案无大小地过度干涉民事诉讼活动。[②] 所以，立法机关在制定《民事诉讼法》时，结合《宪法》对检察机关的定性，从现实的状况出发，框定了民事检察监督的范围，导致了我国民事检察监督范围在实然状态的缺陷。2012 年《民事诉讼法》修改之前，该法在总则中原则性地规定了检察机关有权对“民事审判行为”进行监督，而在分则中规定了检察机关对已经发生效力的法院裁判进行抗诉。这些规定表明检察机关在民事诉讼中是一种“事后监督”或者“结果监督”，其与原则部分的规定不相协调。其造成的一个矛盾就是，检察机关如果按照总则规定实施全面监督，而分则没有具体的法律依据；如果按照分则规定仅仅履行事后监督职责，其又未尽职责。面对这个问题，2012 年《民事诉讼法》修改后，将总则第 14 条修改为“检察机关有权对民事诉讼活动进行监督”，并在分则中体现了从诉后监督向诉中监督的转变，从裁判监督向调解监督的扩展，从实体监督向程序监督的扩张。由此可见，我国民事检察监督范围的发展呈现出循序渐进的过程、逐渐扩展的态势。

（三）监督方式日趋多元化

民事检察监督方式是指检察机关实现对民事诉讼活动的具体途径和方法，其作为民事检察监督制度的重要组成部分，设置得是否科学、合理直接影响民事检察监督制度效果能否实现。我国民事检察监督方式与监督范

---

① 参见江伟、李浩：《民事诉讼检察监督若干问题探讨》，载《人民检察》1995 年第 5 期。

② 参见龙宗智：《检察制度教程》，中国检察出版社 2006 年版，第 228 页。

围类似，其发展过程都存在一定的规律性，即一个从无到有、由点到面的过程。以我国《民事诉讼法》的相关规定为例，1982 年《民事诉讼法（试行）》中没有规定民事检察监督的方式；到 1991 年，《民事诉讼法》增设了抗诉这种监督形式，据此，对存在法定抗诉事由的法院裁判，检察机关可以采用抗诉的形式向有管辖权的法院提出，从而启动再审程序。2007 年《民事诉讼法》修改，依然没有改变检察机关在民事诉讼中的“一元”监督局面，法律只赋予检察机关抗诉这种刚性的监督方式，这与民事法律监督范围的广泛性、内容的多元性及复杂性不相符合。

随着我国民事检察监督制度的深入发展，这种监督方式上的单一性弊端逐渐显现：一是检察机关在法院生效裁判产生之前缺乏有效的监督方式；二是检察机关的监督对象只局限于法院的生效裁判，对一些虽有一定瑕疵但尚未达到抗诉条件的生效裁判以及非诉裁判，检察机关显得力不从心。为克服这种弊端，最高人民检察院考虑了现实的需求，创设了新型的监督方式，明确了多元化的监督格局：第一，在不同的诉讼阶段采用不同的监督方式。诉前监督，检察机关可以采用督促起诉和支持起诉的方式；诉中监督，检察机关可以提起检察建议和纠正违法通知书；诉后监督，除了抗诉之外，还有再审检察建议。第二，针对不同的监督对象，采用不同的监督方式。对于实体性裁判结果，采用抗诉和再审检察建议两种方式；而对于程序性裁判结果，一般采用检察建议、纠正违法通知书等方式。第三，针对不同的违法程序，采用不同的监督方式。对重大违法情形，如实体上和程序上存在严重错误的裁判，检察机关可以采用立法规定的力度较大的监督方式，如抗诉等；对一般违法情形，如法庭应当向当事人释明权利而没有释明，应当公开开庭而没有公开的，检察机关可以抗诉，也可以提出再审检察建议。

（四）监督客体日趋程序化

民事检察监督的客体是指在民事诉讼中检察机关的权力义务所指向的对象，其主要是指人民法院违反法律规定的行为和活动。有学者认为，“法律监督客体问题关系到法律监督范围问题”。[①] 民事检察监督的客体可分为两个方面：首先，实体监督。人民法院基于其享有的程序事项裁决权和实体争议裁决权对案件的程序问题和实体问题作出权威性的判断，直接影响当事人的权利义务，裁判行为是否合法直接关系法律能否被正确实施和司法能否公正。因此，人民法院的裁判认定事实是否正确、适用法律是否准确、自由裁量权是否滥用等问题都是民事检察监督的重点。其次，程序监督。检察机关依法对人民法院在民事诉讼中的审理行为、执行行为等活动是否合法进行监督，如受理案件是否合法、审理程序是否合法、执行行为是否合法、审判人员的行为是否合法都属于民事检察监督的范围。

长期以来，我国民事检察监督偏重于对实体性结果的监督，而相对忽视对程序性行为的监督，以至于民事检察监督工作在实践中出现种种现实困境，造成了检法两院在民事申诉案件中出现对实体裁判结果的事实认定出现分歧，甚至产生矛盾和冲突，影响了民事检察监督的效果。“实体性监督应当依附于程序性监督，正是在程序性监督中，实体性监督才能寻找到坚实的基础和依据，才更有说服力，并最终转化为显性的监督效能”。[②] 所以，检察机关在民事诉讼活动中加强对程序性事项的监督，将监督的触角延伸到法院实体性裁判产生的各个阶段，将法院裁判行为中存在的程序性违法因素与实体性错误因素相结合，可以兼具监督的合法性和合理性，

---

① 李桂茂、邹建章、张国吉：《我国法律监督制度的改革与完善——论“监督法律关系”》，载《中国社会科学》1997 年第 2 期。

② 汤维建：《论中国民事行政检察监督制度的发展规律》，载《政治与法律》2010 年第 4 期。

提高法院对检察机关提出意见的可接受性，从而有助于节约司法资源，维护司法权威。2012 年修改后的《民事诉讼法》强化了检察机关对程序性事项的监督力度，增加了对人民法院调解行为、执行行为以及审判行为程序性违法的监督事由，实现了民事检察监督从实体本位到程序本位的转变。

三、中国民事检察监督制度发展特点

西谚云："上帝的磨盘转得很慢，但是磨得很细。"借此形容中华人民共和国成立以来民事检察监督制度的发展历程颇为贴切。总体来看，我国民事检察监督制度的发展历程具有以下特点。

（一）制度方向始终明确而对策不明

自清末修律我国开始建立民事诉讼制度以来，民事检察监督制度始终是民事诉讼制度的组成部分。新民主主义时期和新中国成立伊始，检察机关曾被赋予提起民事公益诉讼、参与民事诉讼和对民事审判活动提出抗诉等广泛的职权。"文化大革命"中，随着检察机关被撤销，民事检察监督制度遭到全面破坏，但"文化大革命"后第一部民事诉讼法（1982 年《民事诉讼法（试行)》）重新确认了民事检察监督的基本原则。此后，1991 年《民事诉讼法》正式颁行，后经三次修订，逐渐确定、增加了民事检察监督的方式、手段，明确了监督事由，扩大了监督范围，增强了监督效力，完善了监督程序，表明了我国立法始终坚持并逐渐强化民事检察监督制度的明确立场。与此同时，我国民事检察监督制度强化、完善的过程也是缓慢的、曲折的。有些制度内容如抗诉制度，从确立抗诉为法定的监督方式，到抗诉程序的操作规程得以明确，直至赋予抗诉必然引起再审的效力，明确检察机关可以对调解书进行抗诉，从 1991 年《民事诉讼法》正式颁行，历经二十多年发展、三次修订才得以完善。即使如此，学者们一直诟病的抗诉制度与诉讼经济原则冲突等问题迄今为止仍未解决；有些制度内容目前仍然存在结构性矛盾，如对于民事检察监督的范围，《民事诉讼法》总则与分则规定不一致。还有些制度内容仍残缺不全，如2012年《民事诉讼法》将检察建议确定为法定的监督方式，但对检察建议的效力却未予规定；规定了检察机关可以对民事执行活动进行监督，但对执行监督的方式、手段、后果却未予明确。这说明，立法虽然拓展了民事检察监督的范围，但监督范围的边界仍不明确；虽然指明了监督对象，但对于一些监督对象尚不明确应当以何种方式进行监督；虽然丰富了监督方式和监督手段，但对于这些监督方式、手段依照立法原意发挥监督积极效能的程序设置尚缺乏科学思路。关于民事检察监督制度如何实现“强化”的对策仍然不明确。

（二）制度功能逐渐多元而矛盾叠生

检察机关是《宪法》规定的专门法律监督机关，维护司法公正和法制统一是民事检察监督制度的基本功能。同时，作为民事审判监督制度的一部分，通过外部监督为当事人合法权益提供裁判生效后的公力补救途径，也是民事检察监督制度的应然功能，突出表现在1991年正式颁行的《民事诉讼法》和2007年、2012年两次修订的《民事诉讼法》都将人民检察院发现人民法院已经生效的判决、裁定“确有错误”作为抗诉的核心条件。随着转型时期人民群众对司法功能的需求日益多样化，2012年、2017年《民事诉讼法》对民事检察监督制度赋予了更加多元的功能期待，主要表现在：明确规定检察机关有权对损害国家利益、社会公共利益的调解书抗诉或者提出检察建议，确认了民事检察监督中检察机关的公益代表人地位，强化了民事检察监督在审判监督程序中救济法院审判程序和当事人合法权益的功能，扩大了民事检察监督范围，增加了民事检察监督方式和手段，强化了检察机关对审判程序违法行为的监督，要求检察机关在更大范围内、更大力度上维护司法公正。与此同时，自 1991 年《民事诉讼法》正式颁行以来经三次修订，民事检察监督制度被赋予的救济功能不断强化，恰恰与我国《宪法》赋予检察机关“专门法律监督机关”的定位不一致；《民事诉讼法》将民事检察监督中的检察权定位为一种程序建议权，这种权力的效力和强度也难以保障民事检察监督救济功能真正实现；2012 年、2017 年《民事诉讼法》赋予检察机关保护公益的职能，但立法对于检察机关该项职能的规定概括范围狭窄，难以保障该项职能功效的充分发挥，表现出制度功能多元化趋势下部分功能与检察监督的法律定位、权能、手段、范围的不匹配，成为民事检察监督制度发展中需要解决的又一难题。

（三）制度内容逐渐确定而并不明确具体

自 1982 年《民事诉讼法（试行）》重新确立民事检察监督制度以来，监督范围由“民事审判活动”扩大到“民事诉讼活动”；监督对象由“已生效的判决、裁定”扩展到“已生效的判决、裁定、调解书”，以及审判程序中的违法行为；监督事由由以实体事由为主发展到实体、程序事由并重；事后监督、上级检察院抗诉下级法院已生效法律文书的抗诉程序，以及“法院生效法律文书必须确有错误”是监督的主导条件，在每次《民事诉讼法》修订中均予以保留，民事检察监督制度的内容已逐渐确定，减少了司法实践中的认识分歧，有利于监督工作规范开展。与此同时，《民事诉讼法》在修订、完善中也存在只是增加规定相关内容而不具体明确该部分内涵的问题。例如，2012 年《民事诉讼法》在总则中将民事检察监督的范围确定为“民事诉讼”，但未列明“民事诉讼”的范围，在分则仅对检察机关监督民事审判活动和民事执行活动进行规定的情况下，产生了检察监督是否包括对当事人参与民事诉讼活动的适法性进行监督，以及是否包括检察机关对非讼案件的监督等认识分歧，影响了司法的统一，也导致一些制度内容虽经立法多次增设，但由于不具体、不明确，难以在司法实践中得到落实。

（四）制度体系逐渐完善而结构性问题突出

健全的民事检察监督制度体系应不仅是指制度具有完整的内容，制度各部分之间既相互独立又协调统一，也包括制度与其相邻制度按照司法规律的要求，在民事诉讼结构中各守其位、功能互补、有机协调。民事检察监督制度从1982年《民事诉讼法（试行）》被重新确立至今，历经三十余年的发展，制度内容不断完善、制度要素不断健全。2012年《民事诉讼法》更是通过规定当事人申请法院再审和申请检察监督的位序、不同条件，调整了民事检察监督制度与民事申诉制度、审判机关内部监督制度之间的关系，意图使检察监督制度与民事诉讼中其他制度更加协调，检察机关在民事诉讼中与审判机关、当事人保持张弛有度的关系，民事检察监督制度体系不断发展完善。与此同时，在有关民事检察监督制度的诸多法理问题未得到确定性回答、制度与相关诉讼制度的法理关系未真正厘清、检察机关在民事诉讼结构中的定位不清晰的情形下，制度内容越丰富，其要素相互之间、内部要素与外部要素之间实现合理配置的难度便越大。就制度发展到目前的状况而言，一方面，立法对制度有了更多的功能期待；另一方面，却通过将当事人申请法院再审设置为当事人申请检察监督的方式限制监督的入口，也没有赋予检察监督用以实现功能的完整的权能和监督方式的效力，诸如此类，使制度的结构性问题逐渐突出，是制度完善和发展必须突破的障碍。

四、成因分析

民事检察监督制度的发展是理论争鸣、检法博弈、形势需要等诸多因素合力推动的结果。在此过程中，民事检察监督活动的内在规律逐渐显现并清晰，促进了立法对符合当代国家法律治理要求的民事检察监督制度应然样貌的认识。

（一）理论争议的影响

民事检察监督制度是我国检察制度的一朵奇葩，西方国家几乎没有与之相似的制度架构。正因如此，理论争议存在于我国民事检察监督制度的各个阶段。总体来看，从1991年《民事诉讼法》正式颁行，民事行政检察机构开始组建，民事检察监督工作开始在实践中开展，至2007年、2012年、2017年《民事诉讼法》的三次修订，这期间，一方面，民事检察监督制度的实施效果证明了我国构建该制度的合理性和必要性；另一方面，学者们从不同立场、不同视角，对于民事检察监督的性质、法律定位、内涵、手段，以及民事检察监督对于诉讼结构、审判权独立行使、两审终审审判制度、裁判既判力、司法权威、当事人意思自治和自由处分权、当事人诉讼地位平等的影响、监督者由谁来监督等问题进行了思辨，提出了不同的见解。[①] 由于这些见解立场相左，始终没有在论证

---

① 例如，在民事检察监督制度如何因循国外立法例方面，主张取消民事检察监督制度的学者们认为，国外的民事诉讼中没有类似的监督制度，即国外检察机关没有或很少有监督民事诉讼的职权，即使是苏联或法国的民事诉讼法也对此项权力的行使作出严格限定。而主张保留民事检察监督制度的学者则认为，无论是在大陆法系国家还是在英美法系国家，都规定了检察机关在起诉和参与民事诉讼中，享有上诉权利（或者抗诉、抗告权），中国检察机关仅有的抗诉权在审判监督之中是十分有限的。因此，与各国检察机关对民事诉讼的监督权力相比较，中国的民事行政检察监督制度规定不是太宽，而是太窄，应当大大加强，才符合世界立法的潮流。在检察机关介入民事诉讼是否会造成一系列冲突、有损司法公正方面，主张取消民事检察监督制度的学者们认为，检察机关对民事裁判提出抗诉，会破坏当事人的处分权，打破民事诉讼等腰三角形的平衡结构，破坏当事人完全平等的格局，干预审判权独立行使，冲击“两审终审制”，违反诉讼经济原则，有悖基本诉讼原理，陷入一个案件只有一个正确裁判的错误理念等；主张保留民事检察监督制度的学者则从民事检察监督的性质、功能、定位、数量和法院裁判不可避免存在错误的现实出发，对上述观点进行了反驳。

其观点逻辑起点正确性的基础上达到价值观和理念的统一，[①] 彼此都难以说服对方，影响了立法关于民事检察监督制度的理念和方向，从而影响了立法关于制度发展的进程，使民事检察监督制度在发展过程中既顺应历史、现实的要求，总体上趋于强化，又有限渐进，在监督权能、手段、效力等诸多方面或采取折中态度，或留有立法空白、谨慎保留的理论根源。

（二）检法关系的影响

监督者天然会受到被监督者的排斥和抵触，而受审判中心主义的影响，民事检察监督无论怎样进行，监督的顺利开展仍在很大程度上依赖于被监督者即法院的认同和配合，这使检法关系成为影响民事检察监督制度的重要因素。从20世纪90年代中期开始，检察监督与审判权独立公正行使相对立的思维主导着检法两院的认知。20世纪末至21世纪初短短几年内，最高人民法院运用其司法解释权，对检察监督的范围作出了限缩解释，检法之间关于民事检察监督理念、做法的冲突，是自1991年《民事诉讼法》正式颁行到2007年《民事诉讼法》修订之前近二十年间，民事检察监督制度发展缓慢、主要依靠检察机关内部力量推动的重要原因。近年来，转型时期人民群众对司法公正有了更高、更强烈的期待，民事检察监督的成效有力证明了检察机关外部监督对于审判机关强化自身建设的重要意义。检察机关大量的服判息诉工作和检察和解工作不仅促进了司法公信力的提高，在很大程度上还解决了法院的缠访缠诉和执行难等问题。在

---

① 例如，在争议民事检察监督制度如何因循国外立法例方面，首先要判别在我国设立一种法律制度究竟应当在何种条件下借鉴外国立法例；在争议民事检察监督是否与我国民事诉讼相关制度、原则相冲突方面，首先应当解决“监督”是否与“干预”“参与”等同、民事检察监督中检察机关是否介入了民事诉讼结构、检察机关纠正错误裁判是否等同于检察机关通过抗诉迫使审判机关改变正确裁判、一个案件可能存在两个以上正确裁判与案件存在错误裁判是否在一个概念范畴等问题。

此情况下，检法两院逐渐转变观念，强化协作，促进建立共同的司法价值观，着力实现功能配合、互补。各级、各地检察院与同级法院就民行检察工作有关问题联合发文，以定期或不定期的工作联席会议、互邀列席业务工作会议、类案、个案沟通协调等形式，及时沟通、研究解决工作中遇到的各类具体问题，消解认识分歧。2012 年《民事诉讼法》第 209 条也顺应检法关系从对立、紧张到缓和、协作的转向，规定了民事审判监督程序中审判机关内部监督和民事检察监督的位序和分工，意在优化司法资源，使检法两院加强分工协作，合力提升民事审判监督程序的效率。

（三）检察机关改革探索的影响

理论先行、试点先行是民事检察监督制度立法的典型特征。早在 1986 年，最高人民检察院和一些地方人民检察院就开始了一定规模的民事检察监督试点工作，并取得了一定进展。2002 年开始，检察机关实践探索成型的再审检察建议监督方式开始形成规模。全国检察机关提出再审检察建议案件数与抗诉案件数的比例从 2002 年的 28.8% 快速上升到 2009 年的 58.1%、2010 年的 82.6%、2011 年的 77.2%，为 2012 年《民事诉讼法》将检察建议确认为法定的监督方式提供了充分的实践依据。此外，全国各地检察机关还根据立法原意广泛试行检察和解，督促、支持起诉，公益诉讼，民事违法调查等监督方式，为探索民事检察监督的性质、应然的价值功能和发展的方向、路径，以及解决一些法理上的争议问题提供了实践参考。当然，这些改革探索终究是在没有明确立法依据情况下的检察机关内部改革，这使这些探索实验往往难以得到被监督者的积极回应，① 在实践

① 例如，2012 年最高人民法院、最高人民检察院出台的《关于对民事审判活动与行政诉讼实行法律监督的若干规定（试行）》在最终形成定稿时，根据最高人民法院的建议，删去了关于督促起诉、支持起诉的内容。

中也缺乏刚性效力。

五、中国民事检察监督制度改革方向

理念决定思维轨迹，决定推理判断，是指导制度设计和具体操作的理论基础。[①] 反思现行民事检察监督制度仍然存在的上述结构性问题，实则反映了民事检察监督应有理念在立法发展中的缺失和异化以及新、旧理念及其背后势力的博弈，导致民事检察监督权在中国遇到了不应有的错位，“当人们用法律监督权来理解和实践中国检察制度的时候，发现与法律监督相适应的规范和机制严重缺乏，而法律监督权也根本难以有效地实施”。[②] 未来中国民事检察监督制度的改革要保持正确的方向，必须首先解决民事检察监督的理念问题，才能找到突破民事检察监督现实困境的根本途径。

（一）强化“制约”理念，促进诉权、审判权、检察权“合力”优化

“创设检察官制度的最重要目的之一，在于通过诉讼分权模式，以法官与检察官彼此监督节制的方法，保障司法权限行使的客观性与合理性。”[③] 诉讼制约有诸多优点：一是以权力制约权力，正如汉密尔顿所说，“野心必须用野心来对抗”；[④] 二是具有对抗性，有助于增强约束力度，遏制司法腐败，促进司法公正；三是即时性，被制约方同意或不同意，自觉或不自觉都不影响制约的效能。当然，要实现有效的制约，权力在强度和

① 参见王鸿翼、杨明刚：《论民事行政检察的执法理念》，载最高人民检察院民事行政检察厅编：《民事行政检察指导与研究》（总第2集），法律出版社2005年版。

② 蒋德海：《法律权威与中国检察权的宪法复归》，载《国家检察官学院学报》2005年第1期。

③ 林钰雄：《检察官论》，台北，学林文化事业有限公司2000年版，第16~17页。

④ ［美］汉密尔顿、［美］杰伊、［美］麦迪逊：《联邦党人文集》，程逢如、在汉、舒逊译，商务印书馆1995年版，第264页。

内容上的对等性是基础。民事检察监督的天然使命是防止审判权的无限扩张和滥用，使民事诉讼秩序中失衡的审判权与诉权回复平衡，推动其发展和变革的理念因素必然是如何实现民事检察权与审判权、民事检察权与诉权的平衡和优化，以保证民事检察监督在实现预期价值目标的同时，能够最大限度地促进审判权的公正行使和诉权的充分行使。现行《民事诉讼法》中，抗诉只能启动再审程序，不必然引起改判；虽可以提出检察建议，但检察建议不必然被采纳，甚至可能不被回复；对于法院无理拒绝采纳检察机关监督意见的行为，除非法官涉嫌职务犯罪，否则检察机关并无相应权力对抗审判机关无理维持原判的行为。检察监督权并不具有与审判权对等甚至高于审判权的“制约权”的强度，更难谈得上对审判权形成有效制约，民事检察监督权在民事诉讼中更多地含有“监视”“督促”等含义，对审判权的违法行使实质上并起不到“牵制”“约束”的作用。为此，首先要充实民事检察监督权的内容，赋予检察机关得以知晓审判违法行为的诉中监督权、使检察监督顺利行使的保障权以及约束审判违法行为的制裁权，使民事检察监督权的强度和内容达到宪法的应然要求，有能力与审判权相互制衡。

在此基础上，一是要加强检察权和审判权的相互制衡以促进审判权的公正行使。公正审判权是公民在审判过程中享有法院对案件进行公正审理和裁判的权利,[①] 包括合法的审判组织、正当的法律程序和公正的法律适用三方面内容。只有公正审判权义务主体的行为能够受到有效规制，当事人的公正审判权才能得到很好实现。[②] 应强化民事检察监督与审判权行使的同步性，加强民事检察监督权对于不公正审判的防范功能；应强化民事检察监督对于审判违法行为的制裁性，明确规定审判机关审查、回复检察

---

① 朱立恒：《公正审判权研究》，中国人民公安大学出版社 2007 年版，第 28 页。

② 韩成军：《民事行政检察监督与公平审判权的实现》，载《国家检察官学院学报》2012 年第 6 期。

建议的程序及对于有确凿证据证实审判机关不采纳检察机关正确抗诉意见和检察建议的法律后果；应加强民事检察接受外部监督的诉讼制约，明确规定监督检察机关正确行使民事检察监督权的法定机关及其滥用民事检察监督权的法律后果。

二是要通过检察权与审判权的相互制衡来保障诉权的充分行使。民事诉讼法律关系与民事法律关系是两个不同的概念和范畴，民事检察监督权介入民事诉讼法律关系与审判权介入民事诉讼法律关系一样，不会造成民事法律关系双方当事人的失衡，反而会防止当事人的诉讼权利在审判机关行使审查、裁断权时被忽视或剥夺，从而保障诉权的依法行使、充分行使。应进一步规范和细化检察权介入民事诉讼法律关系的时限、方式和内容，保证民事检察监督权的行使符合民事诉讼的基本原理和基本工作规律；应强化对检察机关公正行使监督权的监督，防止检察机关以监督权代行法院裁断权，干涉审判权的独立行使，加重诉讼负担，打破当事人主体之间的平等地位，加长司法腐败“链条”。

（二）强化“效益”理念，促进民事检察监督程序优化司法资源配置

波斯纳说：“正义的第二种意义，简单地说来，就是效益。”[①] 司法效益是指以最少的司法资源获得最大的司法效能和司法效率，其实质是司法资源的优化配置和司法资源的有效利用。司法效益最优化是司法制度不懈的追求，而科学设置司法程序，是实现司法效益最优化的重要途径。[②] 针对目前民事检察监督程序中存在的失调问题，应从强化民事诉讼结构的平衡性和稳定性出发，校正检察机关在民事诉讼中的角色定位，理顺检察机关在民事诉讼结构中与其他民事诉讼法律关系主体的关系。因为，民事诉

① 参见姚莉：《司法效率：理论分析与制度构建》，载《法商研究》2006 年第 3 期。

② 参见景汉朝主编：《司法成本与司法效率实证研究》，中国政法大学出版社 2010 年版，第 74 ~77 页。

讼结构规定和体现着诉讼主体之间的地位及其相互关系。检察机关基于不同的参讼目的参与到民事诉讼中必然要成为民事诉讼法律关系的主体，甚至成为诉讼的主体，因而要受到民事诉讼基本结构的制约。[①]

首先，应理顺民事再审程序中民事检察监督程序与民事申诉程序和法院内部审判监督程序之间的关系，实现审判资源、检察资源的合理配置，最大限度地减少当事人申诉成本，最大化实现民事再审程序的程序价值。现行《民事诉讼法》较之修改前的《民事诉讼法》，在程序上最大的变化是第209条对检察监督中的民事申诉制度作出调整，目的是减少民事审判监督二元主体结构下的多头申诉、重复申诉现象，进一步合理配置司法资源。但事实上，由于“左手取右手之疮痍”的自我监督纠正的艰难，由于实践中法院普遍存在超负荷办案的状况，法院对于已由本院审理过的民事申诉申请再审案件，大多裁定驳回再审申请，导致在2007年《民事诉讼法》规定下，当事人基于对法院的不信赖和申诉申请法院再审案件制度公正性的怀疑，直接选择向检察机关申诉申请抗诉再审。在新法实施后，当事人不得不怀着消极的思想向法院先行申诉，既延长了这类案件的纠错流程，加大了当事人申诉成本，也在事实上增多了重复申诉，加大了司法资源的浪费。由于此种情况下当事人申诉成本加大又未获得相应的回报，法院的司法公信力也受到了负面影响。由此，应在厘清民事再审程序价值功能和审判机关内部监督程序、民事申诉程序、民事检察监督在民事再审程序中的地位和作用、运行机理以及三者之间的关系的基础上，思考如何科学设置民事申诉制度，使制度既能充分保护当事人的诉权，又能防止当事人滥用诉权造成司法资源浪费，既不违反民事审判监督的谦抑性，又能符合法院、检察院的工作实际，不会造成检法两院怠于履行职责。

---

① 参见王福华：《民事诉讼基本结构——诉权与审判权的对峙与调和》，中国检察出版社2002年版，第4页。

其次，要理顺检察机关内部案件审查程序。要通过调整检察机关内部的监督结构，使各级检察院的工作重点和工作内容能够对应《民事诉讼法》赋予的职权范围，各级检察院的人力资源能够匹配其所承担的民事检察监督工作任务；使各级检察机关在民事检察监督中既能够各司其职，又能够协作一体，通过优化合力保证民事检察监督权的正确、充分行使。一是要始终坚持依法履行检察权的基本原则，使各级检察院在民事检察监督程序中能够依据《民事诉讼法》赋予的职权依法办案，各负其责。当前，应改变检察机关内部下级检察院根据最高人民检察院民事行政检察厅内部工作规定，越权审查属于上级检察院审查范围案件的做法，加强各级检察院与《民事诉讼法》规定的检察权的职能对应。二是要坚持责、权、利相统一原则，使有权的检察机关能够真正履行法定职责义务，承担履行职责的法律后果。三是要优化监督程序流程，通过减少重复审查，形成监督各个环节的有序衔接，提高监督的质量，简化监督的流程，提升监督的效率。

（三）强化“系统”理念，促进民事检察监督制度整体效能实现

从应然层面来讲，在民事检察监督制度体系中，民事检察监督基本原则与民事检察监督具体内容是一个系统，民事检察监督权各项权能是一个系统，民事检察监督权与民事检察监督程序、民事检察监督标准也是一个系统，各项民事检察监督具体制度如抗诉制度内部各个要素之间又是一个系统。应按照系统论要素有用、要素相互联系、要素有序、要素服务于系统统一功能等系统论的要求，科学完善民事检察监督制度，只有如此，才能使民事检察监督制度内部诸要素之间相互促进、相互增益，以制度体系各要素之合力最大限度地实现民事检察监督制度整体效能。[①] 针对现行

---

① 冯中华：《检察管理论》，中国检察出版社2010年版，第50~58页。

《民事诉讼法》关于民事检察监督制度的规定与“系统”理念的差距，首先，应完善和明确分则中关于民事检察监督制度的具体内容，使《民事诉讼法》分则中有关民事检察监督制度的内容与总则中规定的民事检察监督制度基本原则一致，消除执法中理解的歧义，促进法制的统一。其次，应完善有关抗诉制度，检察建议制度，民事执行监督制度，民事和解监督、审判行为违法行为调查的范围、手段、监督标准、法律后果、保障措施等方面的规定，促进这些具体制度要素的协调、匹配，促进各项制度之间的协调、匹配，使各项民事检察监督制度内部要素配备完善，能够促进该项制度的整体效能发挥，各项民事检察监督制度之间协调有序，各司其职，能够促进民事检察监督制度整体功能的发挥。例如，既然民事抗诉和再审检察建议作为不同的监督方式，在民事检察监督体系中发挥不同的功能，就应有不同的监督范围和监督标准，现行立法使二者的范围、标准保持一致，既使民事检察监督制度内部要素重复，也可能造成选择性执法导致的司法不公。另外，针对当前民事检察监督实践中普遍以法院再审抗诉案件改变率和再审检察建议采纳率衡量民事检察监督质量的现状，有不少实务机关普遍提出“只管依法履行抗诉职能，抗诉再审结果与再审检察结果与抗诉案件、再审检察建议案件质量无关”的观点。笔者认为，将抗诉再审后审判机关是否改变原判，提出再审检察建议后审判机关是否采纳检察建议启动再审作为是否启动抗诉监督、再审检察建议监督的决定性因素，固然有违民事检察监督职能的目的，但如果只考虑监督的启动，而不考虑监督的结果，同样有违“系统”理念的要求。因为就民事检察监督制度发挥功能的方式来看，“敢抗”使审判违法行为受到威慑，而“抗准”则不仅是衡量是否“会抗”的标准，也是监督威慑力贯穿始终的保障，是监督发挥实际效果的重要表现。

六、中国民事检察监督制度发展思路启示

上述我国民事检察监督制度的发展历程、特点表明，民事检察监督制度是我国立法继承历史传统、结合基本国情、历经多次修法反复淬炼的理性选择，是国家法律治理思想贯彻到民事诉讼领域的必然体现。主张取消或限缩民事检察监督制度早已不合时宜，渐进强化民事检察监督制度是制度发展的必然趋势。同时，作为一项探索性较强的颇具中国特色的检察制度，对照立法的初衷，民事检察监督制度仍然存在这样或那样的问题，需要不断深入研究论证，促进制度的科学发展与完善。

（一）完善制度理论体系

党的十八届四中全会提出“完善社会主义法律体系”的要求。吸取以往理论争议长期阻滞制度发展的教训，当前，完善民事检察监督制度理论体系，亟须加强对争议问题中影响制度内容的核心问题的研究，作出确定性回答，夯实制度的理论基础。例如，对检察权的宪法定位和法律属性作出回答，明确“监督”的内涵，界定检察权的边界，解决检察权应设置哪些内容、配置哪些权能的问题；对检察监督与相关诉讼原则的关系作出确定性回答，厘清检察监督与审判权独立、司法权威提升、生效裁判既判力以及程序安定性、当事人平等诉讼地位及意思自治、处分权之间的关系，明确检察机关介入民事诉讼的维度、方式、程度以及监督的内容等；对民事检察监督制度内部各要素及其与相邻诉讼制度的关系作出确定性回答，解决民事检察监督制度的结构性问题，实现制度内部要素之间、制度要素与相邻制度要素之间的优化配置，实现制度的科学化；对民事检察监督中“监督者由谁来监督”的问题作出回答，消除监督不公可能导致无法维护司法公正等疑虑，消除监督者如何以监督公正保障司法公正，以监督权威保障监督效果等疑虑。

（二）夯实制度实践基础

美国大法官霍姆斯说：“法律的生命中从不是逻辑，而是经验。”① 也就是说，立法、司法并不能等同或局限于逻辑推理，实践才是决定法律发展的根本力量。② 只有将纸面上的理论预设的民事检察监督制度放置于活生生的司法实践中，才能发现制度中哪些部分具有实践生命力，应该保留；哪些部分与实践脱节，应该改进和完善。民事检察监督制度强化的趋势实际也顺应了社会转型时期要求民事检察监督在更广阔空间、以更强大力度、通过更公正的程序发挥功用的需求。当前，民事检察监督活动蕴含的司法规律还需在实践中继续探索，制度完善的方向和内容还需结合国情背景、司法环境、制度运行的现实条件等因素去考量。不止步于对制度理论依据、语义、结构等“纸面”上的分析，而是“从实践中来，到实践中去”，不仅是制度完善方案的客观性、可靠性保证，也是强化方案可操作性、实用性的必要保障。

（三）坚持制度改革探索

检察改革的实质是要对引发检察权脱离司法规律要求的因素予以修正和变革，对检察权配置和运行中不符合司法规律要求的职能和机制实施重组和完善。③ 我国民事检察监督制度的发展历程表明，在缺乏立法经验可循的情况下，检察改革可为制度的完善积累经验，探明方向；在关于制度的法理争论不休，无法通过理论推导证明谁是谁非时，检察改革能够客观展现理论争议对象的实然样貌，有助于对争议问题作出确定性回答，终结

---

① Olive Wendell Holmes，*The Common Law*，Boston：little，Brown，1881，pp. 1 –2.

② 参见赵泽君主编：《民事诉讼快速解决机制的立法研究》，中国检察出版社 2011 年版，第 128 页。

③ 参见［美］弗里德曼：《法律制度》，李琼英、林欣译，中国政法大学出版社 1994 年版，第 241 页。

争论。当前民事检察监督立法仍然存在不少监督盲区，在社会利益多元对权力制约和平衡要求越来越高的形势下，检察改革在民事检察监督制度走向科学化、现代化进程中，必将为制度设计提供更多可行的现实样本，发挥更加强有力的推动作用。

第四章　中国民事检察监督制度的现状分析

作为不同于刑事检察制度、检察机关职务犯罪侦查制度等传统检察制度的一项极具中国特色的检察监督制度创举,[①] 中华人民共和国成立至今，民事检察监督制度虽有了长足的发展，但与国家法律治理目标对于民事检察监督制度的要求还存在一定距离。本章对制度的现状深刻剖析，期望在"依法治国"方略全面实施、司法改革逐步深入的形势下，对探索民事检察监督制度的完善路径，探究民事检察监督改革的有益举措有所裨益，促进我国民事检察监督制度早日达到"良法善治"的法律治理目标。

一、立法状况

我国《宪法》第 134 条、第 136 条、第 137 条和《人民检察院组织法》第 21 条、第 22 条关于检察机关性质，检察权行使原则，上下级检察院之间领导关系，以及检察院监督法院判决、裁定的规定，是我国民事检察监督体制的基本法律依据。在这样的体制框架下，《民事诉讼法》第 14 条、第 200 条、第 208 条至第 213 条、第 235 条具体规定了民事检察监督的基本原则、监督范围、对象、模式、方式、手段、程序、法律后果等，

---

① 参见李浩:《法官素质与民事诉讼模式的选择》，载《法学研究》1998 年第 3 期。

是民事检察监督活动的具体依据和程序规则。此外，最高人民检察院2013年11月25日以高检发释字〔2013〕3号颁行了《民事诉讼监督规则》，对检察机关履行民事检察监督职能的目标、原则、管辖、受理、审查及监督程序等进一步细化规定，是指导检察机关办理民事检察监督案件的司法解释。最高人民检察院《人民检察院检察建议工作规定（试行）》（高检发〔2009〕24号，以下简称《检察建议规定》），最高人民法院、最高人民检察院《关于人民检察院检察长列席人民法院审判委员会会议的实施意见》（法发〔2010〕4号，以下简称《检察长列席审委会会议意见》），《法律监督意见》，《民事执行监督规定》，最高人民法院办公厅、最高人民检察院办公厅《关于调阅诉讼卷宗有关问题的通知》（法办〔2010〕255号，以下简称《调阅卷宗通知》），最高人民法院《人民法院审理人民检察院提起公益诉讼案件试点工作实施办法》，最高人民法院、最高人民检察院、公安部、国家安全部、司法部《关于对司法工作人员在诉讼活动中的渎职行为加强法律监督的若干规定（试行）》（高检会〔2010〕4号，以下简称《渎职行为法律监督规定》）对于民事检察监督中检察建议的运用、公益诉讼的试点实施、民事执行监督的范围、程序及检察机关与审判机关、公安机关、国家安全等机关协作配合等事宜作了具体规定，是指导民事检察监督工作的具体工作规定。总体来看，这些在不同范围内对不同对象有强制效力的立法规定和工作规定使民事检察监督制度基本形成了一个体系，为民事检察监督工作提供了基本的法律保障。与此同时，这些规范也存在不明确、不协调、随意性大、效力不稳定、缺乏保障措施等诸多问题，是民事检察监督工作在实践中困难重重、步履维艰的重要根源。

（一）现行制度的理念基础

理念决定思维轨迹，决定推理判断，是指导制度设计和具体操作的理论基础。[1] 我国民事检察监督制度自产生以来，几乎从宏观到微观的每一个方面和每一个环节都存在争论，[2] 反映了转型时期学者们面对司法权成长的价值诉求和权利保障的社会期待，徘徊在司法独立性、裁判稳定性与司法正当性需求之间的矛盾，以及民事检察监督以维护司法公正、保障权利实现为出发点，客观上却不可避免地产生偏向一方当事人的监督结果时，如何处理监督目标与监督结果之间冲突的思辨。由于这些理论争议中的焦点问题始终未得到确定性回答，历次《民事诉讼法》修订均采取了概括、模糊、折中或回避态度，使民事检察监督理念在立法上呈现出融合、交错等特点。

1. “制约”性监督与“救济”性监督交错。由于“法律监督”本身含义的模糊，一直以来，对于民事检察监督的内涵是“干预”“监视”“制约”还是“救济”“保障”争论不休。现行立法采取了折中态度。一方面，以《宪法》授予的法律监督权力和《人民检察院组织法》规定的检察机关组织制度为基础，在《民事诉讼法》第 14 条、第 208 条、第 235 条规定了检察机关对审判机关确有错误的已生效的民事判决、裁定、调解书、审判程序中的违法行为，以及执行活动中的违法行为，通过抗诉、检察建议等监督方式进行监督，从而撤销其法律效力，加强检察权对于审判权的制约；设置当事人依意思自治原则行使申诉权利的界域（不得损害国家利益、社会公共利益），凸显民事检察监督“督促”审判权、当事人诉讼权利正当行使的功能；另一方面，又在《民事诉讼法》第 209 条规定当事人已经向法院申请再审，法院驳回申请或对当事人再审申请不予答复，或法院再审判决仍确有错误的，才可以申请检察监督。《民事诉讼监督规则》第 32 条进一步将当事人依据《民事诉讼法》第 209 条申请检察监督

① 参见傅郁林：《我国民事检察权的权能与程序配置》，载《法律科学（西北政法大学学报）》2012 年第 6 期。

② 参见王鸿翼：《积极拓宽监督渠道　切实提升民行检察监督实效》，载《人民检察》2010 年第 3 期。

的条件限制在不服二审生效裁判的范围内（除非当事人未上诉且具有《民事诉讼监督规则》第32条列明的7项事由），表明只有在当事人穷尽了法院救济途径后申请检察监督的，检察监督才会启动，民事检察监督程序在现行立法中实际是审判程序的救济程序，体现了现行立法对于民事检察监督“制约”与“救济”理念的交错。

2. 多元监督与有限监督并行。现行立法规定下，民事检察监督的对象包括法院裁定、判决、调解书、审判行为，贯穿审判活动（包括审判监督活动）、执行活动，可以运用抗诉、检察建议、督促履职、支持起诉、检察和解、诉讼违法调查等多种方式监督，具有纠正法院确有错误的生效裁判的“纠错”功能、监督违反审判程序行为的程序保障功能、公益代表的功能和体现现代社会司法制度“适当延伸司法职能”的共性特征[①]的优化社会管理职能，多元监督理念贯穿制度各个方面。与此同时，为回应学者们对监督影响民事诉讼结构平衡、审判权独立行使、裁判终局性以及当事人私权处分的担忧，现行民事检察监督制度也贯彻了有限监督的理念，集中体现在《民事诉讼法》第209条和《民事诉讼监督规则》第32条对于当事人申请检察监督条件的限缩规定中，以防止随意监督对裁判的既判力、程序的安定性及司法的权威性造成过度损害。

3. 全面监督与“事后”监督交融。社会转型时期，强化检察监督、遏制司法不公的社会呼唤此起彼伏，而不少学者们却始终对强化民事检察监督怀有疑虑。在此情形下，立法应贯彻全面监督与事后监督交融的理念，一方面规定检察机关有权对审判机关作出的已生效的判决、裁定、调解书等所有主要法律文书和所有审判程序中的违法行为进行监督。另一方面又规定必须是在判决、裁定、调解书已经生效、审判人员违法行为已经发生

---

① 王鸿翼、杨明刚：《论民事行政检察的执法理念》，载《民事行政检察指导与研究》（总第2集），法律出版社2005年版。

的情形下才可启动监督，必须是当事人已经向法院申请再审后才可以受理当事人监督申请，对检察机关介入民事诉讼的时间、条件进行限制。《民事诉讼法》第200条规定的13项监督事由也几乎全部是程序事由，以此凸显监督对于司法程序的保障作用，防范监督深入法官的内在思维，对法官作出实体判断形成实质性干涉，试图通过扩大监督的“广”度，限制监督的“深”度、效力的做法，在民事检察监督制度的利弊之间找到平衡点，体现了全面监督与有限监督交融的理念。

（二）现行制度中的检察权配置

权力就是根据自己的目的去影响他人行为的能力。权力是一种力量，依靠这种力量可以造成某种特定的局面或结果，即使他人的行为符合自己的目的性。新中国成立初期，我国检察机关为了履行民事检察监督职能，享有起诉权、参诉权、抗诉权；1991年《民事诉讼法》正式颁行后，《民事诉讼法》历经三次修改，形成了目前以生效法律文书监督权、违法行为监督权、提起公益诉讼权、支持起诉权以及保障这些权力实施的保障性权力为主要内容的监督权能配置模式。

1. 生效法律文书监督权。生效法律文书监督权是现行民事检察监督制度赋予检察机关的核心权力。根据《人民检察院组织法》第21条、第22条和《民事诉讼法》第208条至第213条的规定，民事检察监督中，检察机关有权依职权、依当事人申请启动对法院已生效的民事判决、裁定和调解书进行监督；监督的形式主要是抗诉和（再审）检察建议，其中，抗诉的主体只能是最高人民检察院和作出生效法律文书的法院的上级检察院，（再审）检察建议的主体是作出生效法律文书的法院的同级检察院，检察院运用这两种监督方式必须制作《抗诉书》或《检察建议书》；监督必须依据法定的事由，即监督的生效判决、裁定必须具有《民事诉讼法》第200条规定的13种情形之一；监督的调解书必须违反自愿、合法原则或损害国家利益、社会公共利益；检察机关对法院生效民事法律文书提出抗诉必然产生法院再审案件的法律后果，法院在审理抗诉案件时有义务通知检察院派员出庭。生效法律文书监督权是民事检察监督中最完整的权力。

2. 违法行为监督权。违法行为监督权是指民事检察监督中检察机关对于审判程序和执行程序中审判人员一般违法行为的监督权。根据《民事诉讼法》第 208 条第 3 款，人民检察院对审判监督程序以外的其他审判程序中审判人员的违法行为，有权向同级人民法院提出检察建议；根据《民事诉讼法》第 209 条的规定，检察机关根据当事人的申请，对包含一审、二审和法院依当事人申请、依职权再审生效的判决、裁定进行监督，而确定该类再审判决、裁定是否“确有错误”，必然包含对再审审判程序是否“确有错误”的审查。此外，《民事诉讼法》第 235 条赋予检察机关对民事执行活动的监督权，当然也包含检察机关对民事执行行为中审判违法行为的监督权。同时，根据《民事诉讼法》第 213 条关于法院有义务通知检察院出席再审法庭的规定，检察机关监督的审判程序也应包括检察机关抗诉引起的再审审判程序，否则检察机关出席再审法庭只是宣读抗诉书，便过于形式化而失去了检察机关作为法律监督机关出席法庭的意义。当然，检察机关对审判程序中违法行为的监督是指对审判程序中一般违法行为的监督。亦即，凡是法院审判程序中审判人员存在《民事诉讼法》第 200 条所列 13 项违法情形的，由检察机关行使生效法律文书监督权予以监督，其他违法行为的行为性质虽然达不到检察机关抗诉的程度，但同样危害司法公正的，由发生违法行为的法院的同级检察院行使违法行为监督权予以规制。

3. 提起公益诉讼权。我国 1982 年《民事诉讼法》起草过程中对于检察院提起和参与民事诉讼不仅进行过讨论，而且写入了第一稿，但在第二稿中被删除了。[1] 2012 年《民事诉讼法》第 55 条“对污染环境、侵害众多消费者合法权益等损害社会公共利益的行为，法律规定的机关、社会团体可以向人民法院提起诉讼”的新增规定，使检察机关作为公益代表介入民事诉讼行使公益诉讼权有了明确的法律依据。党的十八届四中全会进一步要求“探索建立检察机关提起公益诉讼制度”，使检察机关行使民事公益诉讼权力有了政策依据。2015 年 7 月，全国人大常委会发布决定，最高人民检察院制定试点方案，最高人民法院制定审理检察机关试点公益诉讼案件的实施办法，对检察机关提起公益诉讼的案件范围、程序和试点实施内容进行了规范。2017 年 6 月 27 日，第十二届全国人大常委会第二十八次会议表决通过了《关于修改〈中华人民共和国民事诉讼法〉和〈中华人民共和国行政诉讼法〉的决定》，将检察机关提起公益诉讼明确写入这两部法律，这标志着我国以立法形式正式确立了检察机关提起公益诉讼制度。这些规定仅仅是打开了检察机关开展公益诉讼工作的“大门”，关于公益的内涵、检察院支持或协助公益诉讼中的证明责任、公益诉讼的诉讼费用和成本分担、公益诉讼与利害关系人的私益诉讼之间的关系和程序安排等均未涉及；对于检察机关如何处理对同一事件提起的公益诉讼与非公益诉讼之间的关系，保障私权免受在公益名义下的种种公权力强迫代言甚至侵害等问题，也没有通过相关权能和程序的具体配置予以解决。现有权力配置的完整性远远难以满足公益诉讼实践操作的需要。

4. 支持起诉权。检察机关支持起诉权是指检察机关为维护国家、社会和公民民事权益而参加民事诉讼并对其中的一方当事人提供支持的行为。我国《民事诉讼法》第 15 条规定：“机关、社会团体、企业事业单位对损害国家、集体或者个人民事权益的行为，可以支持受损害的单位或者个人向人民法院起诉。”这是民事诉讼中检察机关支持起诉权的直接法律依据。

---

① 参见汤维建：《民行检察监督制度发展的新动向》，载《河南社会科学》2011 年第 1 期。

与检察机关提起公益诉讼权类似，《民事诉讼法》并未直接规定检察机关是有权支持起诉的机关，也未规定机关、社会团体、企业事业单位支持起诉的具体范围、程序、方式等，使实践中检察机关行使支持起诉权力缺乏明确的操作规范。

5. 保障性权力。上述生效法律文书监督权、违法行为监督权、提起公益诉讼权、支持起诉权是民事检察监督中检察权的基础性内容和基本表现方式。为保障这些权力的落实，《民事诉讼法》第 210 条赋予了检察机关为抗诉或提出检察建议需要向当事人和案外人调查核实有关事实的权力；《检察长列席审委会会议意见》《调阅卷宗通知》《渎职行为法律监督规定》规定了检察机关在抗诉监督中有检察长列席讨论抗诉案件的审判委员会会议的权力，办理抗诉案件有调阅诉讼卷宗的权力，在法律监督活动中发现司法人员有渎职嫌疑的，有调查核实相关事实的权力。这些工作规定为检察机关行使各项民事检察监督权力提供了保障，但同时也因不具有法律效力，在实践中难以得到审判机关和审判人员广泛、完全的遵循。

（三）现行制度内容的主要特点

权力总是通过一定的手段发挥作用，而权力配置中所谓手段，实际上是指为实现权力设置目的而设定的权力运行的模式、方式、程序等具体内容。[①] 根据《民事诉讼法》和《民事诉讼监督规则》的规定，现行民事检察监督制度为实现民事检察监督目的，在内容方面具有以下特点：

1. 监督范围广泛而原则。《民事诉讼法》第 14 条规定人民检察院有权对民事诉讼进行监督；第 208 条、第 235 条同时规定人民检察院可以对法院审判活动、调解活动、执行活动进行监督。较之现行《民事诉讼法》修

---

① 参见汤维建：《民行检察监督制度发展的新动向》，载《河南社会科学》2011 年第 1 期。

订前对“民事审判活动”的监督范围广泛得多。然而，民事诉讼的参加者不仅仅是法院，法院在民事诉讼中的活动也不仅仅限于审判、调解、执行，《民事诉讼法》总则对于民事检察监督范围的原则规定与分则对于民事检察监督范围的具体规定的不一致，使理论界和实务界对于监督范围的理解产生了诸多分歧。法院实务工作者普遍认为，既然《民事诉讼法》只对检察机关监督审判活动、调解活动、执行活动进行了规范，那么，民事检察监督理应以此为范围，检察机关对法院以外的主体在民事诉讼活动中的行为及法院审判、调解、执行以外的民事诉讼活动进行监督无法律依据。相反，对民事检察监督范围持广义理解的学者则认为民事检察监督的范围应以《民事诉讼法》总则为纲，除民事审判活动、调解活动和执行活动外，还包括法院立案审查活动；对于审判活动的监督，也不应仅仅限于对法院审理争讼案件活动的监督，还应包括对法院审理非讼案件的活动和法院处理选民资格案件等其他可由民事诉讼解决的事项的活动的监督。[①]有学者还认为，检察机关甚至应该对当事人参加民事诉讼活动进行监督。当然，对于当事人的监督，应限于其违法行使诉讼权利，如进行虚假诉讼，损害国家利益、社会公共利益和他人合法权益的情形。[②] 实践中各地做法不一，取决于法院对民事检察监督范围的理解和检法两院关系协调的程度。例如，G省审判机关普遍认为根据最高人民法院司法解释，宣告死亡、破产等非讼案件不属于检察监督的对象，因此多年来对此类抗诉案件不予受理，而山东、天津、深圳等地区则有此类案件监督成功的案例。[③]

2. 监督对象多元而概括。现行《民事诉讼法》规定了法院生效判决、裁定、调解书、审判程序中违法行为、公益事件都是民事检察监督的对

---

① 参见张智辉：《检察权优化配置研究》，中国检察出版社2014年版，第52页。

② 参见吴明童：《检察机关提起或参与民事诉讼立法过程回顾》，载《现代法学》2004年第1期。

③ 参见吴明童：《检察机关提起或参与民事诉讼立法过程回顾》，载《现代法学》2004年第1期。

象。同时，立法对于民事检察监督对象的规定也具有概括性的特点。例如，社会转型期间国家机关、企事业单位性质复杂化、资产属性多元化，立法规定检察机关提起民事公益诉讼、支持起诉，以及对调解书的监督均以“国家利益”或“社会公共利益”为限制条件，但对于何为“国家利益”“社会公共利益”却未界定，实践中因认识不统一导致执法不统一，有时检察机关还会遭遇监督不被审判机关受理的尴尬情形。例如，G省检察机关于2010年5月开始在全省试点督促起诉、支持起诉，探索公益诉讼，但不少检察机关将非国有公司因正常经营活动而产生的债权债务也作为督促、支持起诉对象，导致该项工作开展初期，大量的督促起诉、支持起诉意见不被采纳甚至不被回复。2012年修订的《民事诉讼法》实施后，G省某市检察院2013年针对调解书抗诉21件，法院全部不予受理，原因是法院以最高人民法院业务培训中强调“国家利益、社会公共利益必须是法律明确列明的”为由，认为此21件调解案件不存在“损害国家利益、社会公共利益”的情形。

3. 监督模式外在而严格。根据《民事诉讼法》第208条的规定，检察机关并非像在我国刑事诉讼中那样，以公诉人的身份参与其中，也并非像国外检察机关一样，以起诉人、参诉人的身份在民事诉讼中发挥功能，而是以外部监督者的角色，在法院审判行为、执行行为已经发生的情形下才介入民事诉讼。检察机关提出的抗诉和检察建议，只具有启动再审的作用，检察机关在民事诉讼中不享有诉讼权利，监督意见也不会对法院产生强制影响力，表明民事检察监督是一种外在型监督。民事检察监督外在型的特点使检察机关及时获得监督信息与客观、全面了解案件真实的难度增加，削弱了监督的效果。即使如此，现行立法对民事检察监督的案源、条件也作出了严格限制，突出表现在《民事诉讼法》第209条的规定中，《民事诉讼监督规则》第32条进一步对当事人不服一审生效裁判申请监督的条件严格限定，使2012年修订的《民事诉讼法》实施后，民事检察监督的受理“门槛”增高，成案率降低。G省案件数据统计报表显示，2013年度，该省检察机关提出民事抗诉和再审检察建议数比2012年下降了19.8%。

4. 监督方式两元而交错。现行《民事诉讼法》规定了抗诉和检察建议两种民事检察监督方式。同时，并未区分抗诉和（再审）检察建议的事由。实践中，检察机关一般对标的物价值小、标的物是赡养费、抚养费等需要即时履行的，涉及邻里关系、亲戚关系的案件适用（再审）检察建议监督方式；反之，尤其是一些检察机关与同级法院意见分歧大的、社会影响大的案件则适用抗诉监督方式，但这种区分只是检察机关办案时所作的内部区分，没有法律上的强制力。对于当事人来说，其所看到的是检察机关对于同类案件，有的适用刚性较强、必然引起再审的抗诉方式，有的则适用“柔性”的、可能不被审判机关采纳从而启动再审的再审检察建议方式。抗诉事由与再审检察建议事由的同一，还造成实践中普遍地对同一案件先运用再审检察建议方式，当再审检察建议不被审判机关采纳时，又采用抗诉方式“跟踪监督”。“两元”的监督方式交错适用构成了我国民事检察监督的鲜明特色。

5. 监督手段单一而笼统。现行《民事诉讼法》仅规定了调查取证一种监督手段。然而，现行《民事诉讼法》、立法解释或者对检法两院具有通行效力的司法解释并未具体界定检察机关调查取证权行使的范围、程序和调查取证获得的证据的效力，也没有规定当事人或者案外人拒绝检察机关调查的法律后果，同时未规定检察机关可以向法官核实有关情况，使实践中检察机关行使调查取证权仍存在诸多障碍和困难。

6. 监督事由特定而模糊。现行《民事诉讼法》规定抗诉和（再审）检察建议的监督事由是已生效的判决、裁定具有《民事诉讼法》第200条规定情形之一，已生效的民事调解书损害国家利益、社会公共利益，违反自愿、合法原则；（违法行为）检察建议的监督事由是发现审判人员在审判程序中违法，表明民事检察监督事由是特定的，即如果法院已生效的民事判决、裁定、调解书不具备上述特定情形，检察机关不可以对其进行抗诉监督或运用检察建议监督；审判人员在审判程序中的合法但不合理的行为不能引起检察机关向同级审判机关提出检察建议，对民事检察监督发动的条件作了严格限定。然而，深究这些监督事由的内容，由于法律规定的概括与模糊，立法意图通过将民事检察监督事由特定化从而实现民事检察监督有限化的目的并不能完全如预期。原因在于，当《民事诉讼法》第200条中“主要证据”“客观条件”，第208条中“国家利益”“社会公共利益”等关键词并未得到立法明确界定时，民事检察监督的启动条件实际弹性化了。如果检察机关对此作扩大理解并被法院所接受，那么民事检察监督的界域实际延展了，与监督的“有限性”相抵触；如果审判机关对此作限缩解释且以此拒绝检察监督，那么民事检察监督必将弱化甚至在某些法定范围内（如对于调解书的监督）“名存实亡”，这与立法坚持的以检察监督存在并强化为前提的“有限性”原则也是相冲突的。

7. 监督程序被动而疏略。民事检察监督程序的疏略性表现在：只是在《民事诉讼法》第208条模糊表现检察机关可以依职权主动启动民事检察监督，却未规定民事检察监督依职权监督的条件；在《民事诉讼法》第209条第1款第2项、第3项规定人民法院逾期未对当事人再审申请答复时，检察机关可以依当事人申请进行监督，却未明确“逾期”的具体标准；规定当事人可以在再审判决、裁定确有错误时申请检察监督，却未明确检察机关是针对再审判决、裁定监督还是针对原审生效裁判监督。第209条第2款对于检察机关审查民事检察监督案件的3个月期限，未明确是每一级检察院审结案件以3个月为限，还是各级检察院对同一案件审查期限的总和不得超过3个月；对于当事人申请检察监督以一次为限的规定，未明确是仅指检察机关作出审查决定的案件以一次为限，还是对于检察机关未予受理的案件也以一次为限。另外，在《民事诉讼法》第213条关于检察机关出席再审程序的规定中，未明确检察机关出庭的任务，导致实践中认识分歧、操作不一。与此同时，现行民事检察监督程序也体现出一定程度上的被动性，主要表现在：《民事诉讼法》对于检察机关依职权发现监督线索的途径没有规定，却在第209条专门规定了当事人申请检察监督的具体条件，由此导致实践中因当事人申请检察监督有明确的规范利于实际操作，而使检察机关受理的大部分案件源于当事人申请，案件受理程序呈现出被动性特点。审查程序和审结程序方面，《民事诉讼监督规则》第47条明确规定，“人民检察院审查民事诉讼监督案件，应当围绕申请人的申请监督请求以及发现的其他情形，对人民法院民事诉讼活动是否合法进行审查……”第75条第1款第2项规定，“申请人撤回监督申请或者当事人达成和解协议，且不损害国家利益、社会公共利益或者他人合法权益的”，检察机关终结审查。亦即，民事检察监督一般遵循“不告不理”的原则，监督进程和审查方向很大程度上受当事人申请监督意愿及监督请求的引导，在形式上弱化了检察机关的“监督”角色，很容易使当事人混同检法两院的职能，是实践中检察机关受理的民事案件中始终存在相当数量的缠访缠诉案件的重要制度原因。

8. 监督效力弹性并断裂。现行《民事诉讼法》对于抗诉监督，规定了抗诉引起再审的法律后果，但再审是否改变原判，仍由法院决定，使抗诉再审的法律后果可能是改判，也可能是调解结案，还可能是维持原判，呈现出一定的弹性。对于检察建议的运用和调查取证权的行使，则未规定法律后果，在效力上呈现断裂性，导致实践中检察机关通过调查取证了解的情况往往不被法院所认同，检察建议经常不被采纳，甚至不被回复，监督结果呈现出突出的不确定性。

（四）民事检察监督与审判监督中其他程序的关系

申诉程序、审判机关内部监督程序与检察监督程序同为我国现行《民事诉讼法》规定的审判监督程序的重要组成部分，三者在审判监督程序中有各自的定位、作用方式，检察监督程序与申诉程序、审判机关内部监督程序的协调程度，是其是否符合民事审判监督程序系统整体要求、是否科学完善的重要标志。

1. 与民事申诉程序的关系

民事检察监督程序与民事申诉程序之间的关系主要体现在《民事诉讼法》第209条中，《民事诉讼监督规则》对其进行了细化、补充。分析这些规定，民事申诉与民事检察监督的关系主要体现在以下四个方面：

第一，目标的统一性。

民事申诉与民事检察监督是我国现行《民事诉讼法》规定的民事审判监督程序的重要组成部分，二者的程序价值目标统一于民事审判监督程序追求的公正、效率、秩序安定等共同价值中。

（1）共同实现“权利救济”。民事申诉的直接目的是请求人民法院或申请人民检察院履行监督职能，促使人民法院启动再审程序，纠正当事人认识中的“错误”裁判，救济其在该“错误”裁判中未能得到司法确认的合法权益，获得实体法上的具体法律地位或具体法律效果，请求权利保护和权利救济是其本质属性和出发点。民事检察监督的直接目的虽然是防止司法腐败，维护司法公正，保障国家法律的统一实施，但《民事诉讼法》规定民事检察监督制度的背景是近年来民事审判活动中存在金钱案、人情案、关系案，需要借助检察机关外部监督机制，在一定程度上遏制司法不公现象，给当事人多一种救济手段。因此，对应当事人权利救济的请求，实现权利救济也是民事检察监督的价值追求。

（2）共同寻求裁判真实。现行民事诉讼制度下，民事申诉意欲救济的实体利益和保障的法律地位须通过启动再审，使原生效裁判认定的案件事实回归“真相”来实现；民事检察监督维护司法公正，维护司法权威，维护国家法律的统一实施，须通过确定生效裁判所依据的案件事实是否“真实”，判断审判权是否公正来决定监督与否、如何监督。《民事诉讼法》规定当事人申请监督和民事检察监督启动的实质核心条件都是“已生效的判决、裁定确有错误”，恰恰体现了民事申诉与民事检察监督追求裁判真实，保障裁判“正确性”的一致性。

（3）共同追求“司法效率”。司法效率是民事申诉与民事检察监督同为司法程序所体现的程序正义应然的价值追求。《民事诉讼法》第209条规定当事人已经向人民法院申诉申请再审，为向人民检察院申诉申请再审的前置条件；当事人向人民检察院申诉申请抗诉或提出检察建议，已经检察机关审查处理的，不得再次向人民检察院申请抗诉或提出检察建议；检察机关审查监督申请必须在3个月内作出决定，充分体现了民事申诉与民事检察监督对于“司法效率”的共同追求，目的是防止重复申诉和审查监督申请久拖不决，使当事人向人民法院申诉与当事人向人民检察院申请监督等民事申诉各个环节更加有机衔接，司法资源尽可能优化配置、有效利用。

（4）共同维护司法公正。我国民事诉讼制度规定民事申诉制度，是基于当事人的公平审判权受到侵害的事实。从民事裁判的角度来说，公平审判权具体包括两方面的内容：一是诉诸人民法院的权利，即任何人在其民事权利受到侵害或与他人发生争执时，有请求独立的合格的司法机关予以司法救济的权利；二是公正审判请求权，即当事人在其权利受到侵害或与他人发生争执时有获得公平审判的权利，包括获得公正程序审判的权利和获得公正结果的权利。换言之，如果审判机关能够公正执法，平等对待当事人，保障双方当事人充分行使各项诉讼权利，保证裁判的公正、合理，就无需构建民事申诉制度。由此，维护司法公正不仅是民事检察监督制度设立的基础和基本价值目标，也是民事申诉制度不懈的价值追求，是当事人请求救济的合法权益得以实现的根本保障。当然，由于民事申诉或民事检察监督引起的民事再审是一种非通常性、非普适性、事后性的特殊救济渠道，民事申诉只能在有限纠错观主导下请求司法机关维护司法公正，民事检察监督也只能在有限范围内维护司法公正，否则将会对裁判的确定性、程序的安定性、司法的终局性、程序的高效性等价值或原则造成过度损害，损害司法权威，破坏社会法治信仰。

第二，程序的关联性。

（1）民事申诉是检察监督的案源。根据《民事诉讼法》第208条、第209条和《民事诉讼监督规则》第23条的规定，民事检察监督的案源包括当事人向人民检察院申请监督，当事人以外的公民、法人和其他组织向人民检察院控告、举报，以及人民检察院依职权发现。《民事诉讼监督规则》进一步规定，当事人可以在下列情形下申请检察监督：一是已经发生法律效力的民事判决、裁定、调解书符合《民事诉讼法》第209条第1款规定；二是认为民事审判程序中审判人员存在违法行为；三是认为民事执行活动存在违法情形。当事人申请监督是民事检察监督的重要案源。

（2）检察监督是申诉请求实现的途径。在2012年修订的《民事诉讼法》实施前，当事人向人民法院申诉与当事人向人民检察院申诉实行并轨制，当事人可以选择向检法两院任一机关申诉，也可以选择同时或先后向检法两院申诉，当事人向人民法院申诉与当事人向人民检察院申诉并没有程序上的关系。2012年修订的《民事诉讼法》第209条规定，当事人只有向人民法院申诉申请再审，人民法院驳回再审申请的，或者逾期不答复的，或者再审判决、裁定确有错误的，当事人才可再向人民检察院申诉申请检察监督，且当事人申请检察监督以一次为限，当事人申诉申请检察监督由此成为当事人寻求公力救济的终极途径。

第三，功能的互补性。

（1）权能上相互补充。为进一步畅通民事申诉渠道，现行《民事诉讼法》第199条、第201条规定，当事人认为有错误的已生效判决、裁定，提出证据证明已生效的调解书，不属于解除婚姻关系的，都可以向人民法院申诉申请再审。但民事审判监督制度之所以产生，很大程度上就是为弥补非正当行使的审判权对民事起诉权、民事上诉权等民事诉权的侵害，当事人申请人民法院再审，也同样不能排除因审判权在再审申请审查活动中非正当行使受到侵害。此外，自我纠错毕竟是艰难的，法官受知识基础、认识水平、能力限制等影响，也不可能使所有必须纠正的错误裁判得到纠正，民事检察监督程序的设置则为这些情形的发生提供了补救的途径。当事人申请人民法院再审后，如果人民法院审查再审申请是合法的，自我纠错机制发挥了作用，纠正了确有错误也有必要纠正的裁判，则民事检察监督是“旁观”的、“默然”的。反之，当事人可以申请检察监督，检察监督将发挥补救功能，尽可能保障申诉权得到公正对待。民事申诉对于民事检察监督权能的运行，也具有相似的补充性。根据《民事诉讼法》第 208 条的规定，民事检察监督是一种事后监督，这就决定了检察机关对于审判权的行使状况和民事诉讼活动没有直接的知悉渠道。《民事诉讼法》第 209 条有关当事人向检察机关申请监督的规定为民事检察监督履行职能提供了线索，在一定程度上弥补了民事检察监督知悉权能的立法缺失，减轻了由此导致的监督功能实现障碍。

（2）民事申诉引导着检察机关办案的方向。《民事诉讼监督规则》第 47 条规定，人民检察院审查民事诉讼监督案件，应当围绕申诉人的申请监督请求以及发现的其他情形，对人民法院民事诉讼活动是否合法进行审查；其他当事人也申请监督的，应当将其列为申请人，对其申请监督请求一并审查。《民事诉讼监督规则》第 75 条第 1 款第 2 项规定，申请人撤回监督申请或者当事人达成和解协议，且不损害国家利益、社会公共利益或者他人合法权益的，申请监督的自然人死亡，没有继承人或者继承人放弃申请，且没有发现其他应当监督的违法情形的，人民检察院应当终结审查。这意味着在检察机关依申诉申请履行民事检察监督职能时，当事人申请监督的内容是民事检察监督审查的切入点，指引着审查的方向；当事人在检察机关审查案件期间，对于监督申请的处理方式，影响着检察机关对案件的审查处理态度，指引着案件办理的进程。另外，检察机关对于大部分民事申诉案件作息诉处理，民事申诉的内容使检察机关得以了解当事人进行民事诉讼的真正目的，从而制定服判息诉工作策略，找到恰当的切入点，采取适当的方式，有效达到息诉服判工作目的。

第四，法律后果的独立性。

民事申诉与民事检察监督具有不同的性质，民事申诉是一种请求司法机关审查监督的权利，民事检察监督的对象是民事诉讼活动中的审判权，二者在民事审判监督程序中具有独立的价值，引起的法律后果具有相对独立性。

（1）申诉不必然启动监督。当事人申诉申请检察监督仅是引起民事检察监督程序启动的渠道之一。根据《民事诉讼监督规则》第 93 条、第 101 条、第 104 条的规定，如果检察机关受理当事人监督申请后，经审查认为当事人申请监督的人民法院生效判决、裁定或调解书不符合应当抗诉或提出检察建议的法定事由，或者当事人申请监督的审判人员行为、民事执行活动不存在或不构成违法情形的，检察机关有权作出不支持监督申请的决定。当事人申请检察监督不必然引起民事抗诉或检察机关提出检察建议的法律后果，当事人申诉具有一定的风险，即使监督申请不被检察机关支持，也不能以其申诉权对抗检察机关的监督权。

（2）申诉事由不必然是监督事由。依当事人申请启动的民事检察监督事由不必然是申请监督的事由。根据《民事诉讼监督规则》第 47 条的规定，人民检察院审查民事诉讼监督案件，应当围绕申请人的申请监督请求以及发现的其他情形进行，但审查的直接对象仍是民事诉讼活动。亦即，检察机关审查当事人申请监督请求是否成立，目的是判断人民法院审判权是否合法行使，仍然是对民事诉讼活动中的审判权进行监督制约。因此，检察机关审查申请监督请求是一种中立和积极的审查，审查内容和审查结果具有独立性，不应局限于当事人的申诉理由。即使检察机关作出的不支持监督申请或抗诉、提出检察建议的决定不利于当事人，即使检察机关抗诉或提出检察建议的理由与当事人申请监督理由不一致，检察机关亦应当以监督职能为先，否则仅考虑当事人利益则难逃混淆自身职责定位之嫌。

（3）申诉撤回不必然影响监督进程。实践中，当事人向检察机关提出监督申请后，在检察机关审查案件期间，常出现撤回监督申请，以与申诉对方当事人达成和解协议等方式使申请检察监督没有必要继续进行的情形，有时也会出现申请监督的自然人死亡，没有继承人或者继承人放弃申请等情形。对此，《民事诉讼监督规则》第75条第1款规定，只有当以上情形不损害国家利益、社会公共利益或者他人合法权益，且检察机关在审查期间没有发现其他应当监督的违法情形时，人民检察院才应当终结审查。可见，当事人对监督申请的撤回、变更、放弃，虽然对民事检察监督的进程有一定影响，但不必然产生人民检察院终结审查的法律后果。

民事申诉与民事检察监督的关系表明了现行民事检察监督制度对于检察机关与当事人之间关系的立场，即民事检察监督于当事人而言是以诉权保障为目的的权利救济。这使民事检察监督对于诉权的平等保障发生在审判权已经对诉权平等行使造成了侵害并通过生效法律文书造成了后果，对于诉权的守法保障也发生在当事人滥用诉权已经对司法权威造成损害，对司法资源造成浪费的情形下。民事检察监督对于诉权保障只能发挥一般预防功能，而对于个案的诉权行使，则难以从事前、事中的维度防患于未然。有些案件即使通过检察监督引起再审纠错，当事人因不公裁判受损的权益也难以得到挽回，破损的社会关系也难以得到修复，再审法院因此维持原判或难以执行，如罗某与邹某某、卢某某返还原物纠纷案，① 张某某与赵某某返还原物纠纷案。②

---

① 2004年2月16日，邹某某与其当时所在单位签订《房屋买卖合同书》，并根据G省经济适用房的出售政策和相关规定，购买了该房屋，并付清了全部购房款。2004年8月，邹某某将该房（未办理产权登记）交付卢某某使用，卢某某向邹某某支付了22万元购房款。2005年10月，卢某某将该房屋又以15万元的价格转让给罗某，转让时将该房的付款凭证一并交付罗某，同时将房屋交付罗某使用。2006年6月，因卢某某涉嫌诈骗，邹某某按照公安部门的要求，向公安部门上缴了卢某某付给其的房款22万元，之后，公安部门将该款退还卢某某诈骗案被害人。2006年8月，邹某某要求卢某某退回房产，发现房屋已由罗某占有使用，双方遂起纠纷。2008年12月，邹某某取得了涉案房屋的所有权证，遂向法院起诉，请求判令罗某停止侵占，归还其房产。本案区法院、市法院两审审理分别作出不支持和支持邹某某诉求的判决。二审判决生效后，罗某向G省检察院申诉。G省检察院审查后认为原二审判决认定邹某某与卢某某、卢某某与罗某关于涉案房屋的买卖行为无效错误，公安部门从邹某某处追缴卢某某在诈骗案发两年前就使用且已归邹某某所有的22万元房款违反了公安部有关追缴赃款赃物的规定，原二审法院判决由罗某将房屋单方返还邹某某，而对罗某的损失由谁承担未予判决显失公平。G省高级人民法院审理后提交本院审判委员会讨论认为，检察机关抗诉意见成立，但本案22万元房款已退还卢某某诈骗案被害人，无法追回，无论判决争议房屋归邹某某、罗某任何一人，总有另一人要承担损失，而卢某某已被判决十年有期徒刑，并无任何财产可执行，判决卢某某返还邹某某、罗某中受损失一方房款亦无实际意义。另外，按照检察机关的意见，房价已成倍上涨，将涉案房屋认定为赃物公开拍卖，将拍卖款付邹某某、罗某亦不现实，可能使本案复杂化，引发更多法律问题。遂以本案涉案房屋系经济适用房，涉案三方签订的两份合同损害公序良俗无效为由，维持二审判决。

② 2002年12月，张某某与汉唐公司签订商品房买卖合同，购买了该公司1套房屋，付清了全部购房款，并办理了该房屋的所有权证书。房屋购得后，张某某因故未入住。2004年8月，L市中级人民法院将包括涉案房屋在内的26套房屋的所有权错误裁定给了唐某某，同年9月，唐某某将房屋卖给了赵某某，赵某某向唐某某付清了购房款，并撬锁入住了该房屋，至诉争时唐某某、赵某某均未办理房屋产权证书。2005年11月，L市中级人民法院撤销了2004年8月裁定书。2009年8月，张某某从广州归来，发现房屋已被赵某某占住，双方协调未果，张某某遂向法院起诉，要求赵某某返还房屋。本案经区、市两级法院审理，分别作出了支持和不支持张某某诉求的判决，张某某于是向G省检察院申诉。G省检察院审查后认为，本案虽存在2005年12月L市中级人民法院发布《通知》要求“维持现有房屋的现状，任何单位与个人不得占有，等待权属的认定”的情形，但即使汉唐公司在出售涉诉房屋时是无权处分人，因张某某已善意取得涉案房屋，也具有有效、稳定的权利基础；赵某某未取得诉争房屋的所有权，其对诉争房屋的实际占有，不能对抗诉争房屋的所有权人张某某，向G省高级人民法院抗诉，并以本案中L市中级人民法院将包括诉争房屋在内的已由案外人所有的26套房屋（当时市值1000余万元）中的十余套裁定给他人，造成重大损失，可能存在执行法官玩忽职守的情形为由，责成相关部门进一步查证。后本案虽经再审改判，但由于涉及唐某某与汉唐公司债务纠纷、唐某某与赵某某之间房屋合同纠纷的妥善处理，至今仍难以执行。

2. 与审判机关内部监督程序的关系

民事检察监督与审判机关内部监督程序的关系具体规定在《民事诉讼法》第209条、第200条以及《民事诉讼监督规则》第32条中。根据这些规定，当事人不服已生效的民事判决、裁定，当事人申请法院启动内部监督程序再审为当事人申请检察监督的前置程序；法院依当事人申请决定再审和检察院依当事人申请抗诉监督，都必须具备《民事诉讼法》第200条规定的13种情形之一，《民事诉讼监督规则》进一步将当事人申请检察监督的范围限定在不服法院二审生效裁判范围内，表明在此类案件中，民事检察监督程序是审判监督程序的补救程序。民事检察监督与审判机关内部监督程序的监督目标一致，都是防止《民事诉讼法》第200条规定的违法情形发生，并使已发生的具有该条情形的违法行为得到纠正，救济当事人在原审中未得到法律维护的合法权益。相比于2012年《民事诉讼法》修订以前长期实行的当事人申请法院再审和申请检察院抗诉再审的并行模式，立法如此规定，是为了避免审判监督程序中检法两院资源重复利用的浪费，同时通过规定审判机关内部监督先行于检察机关外部监督，体现了对于审判权的尊重，以维护司法权威。

《民事诉讼监督规则》进一步将绝大部分一审生效的判决、裁定（有正当理由未上诉和一审终审的案件除外）排除在监督之外，目的是进一步促使当事人积极行使上诉权，促进二审终审审判原则的贯彻执行。然而，《民事诉讼法》第200条的规定却容易使当事人将检察院与法院的职能混同，第209条的规定常常进一步使当事人认为检察机关是高于审判机关之上的另一纠纷裁断机关和权利救济机关，造成检察机关若不支持监督请求，当事人就申诉不止，上访不止；《民事诉讼监督规则》限制当事人的申诉权，将大量的一审生效案件排除在监督之外，也不符合现代诉讼立法畅通申诉渠道、实现民主法治的要求，使当事人不得不转而通过上访、信访等方式维权，是现实中检察机关不得不将大量精力花费在息诉息访案件上的重要制度原因。

二、司法现状

亚里士多德有句名言："法治应包含两重意义：已成立的法律获得普遍的服从，而大家所服从的法律又应该本身是制定得良好的法律。"反观现行民事检察监督制度的立法情况，一方面，立法上的变迁展现了民事检察监督制度逐步强化的基本趋势，2012 年《民事诉讼法》修订，空前地对民事检察监督的法律依据和操作规范进行了完善；《民事诉讼监督规则》进一步构筑了民事检察监督案件受审分离机制，强化了同级监督，构建了检务公开、监督听证、案件管理平台，使民事检察监督中检察权力的行使过程更加透明，促进了监督效率的提升。另一方面，对民事检察监督理论方面的争议始终未予廓清，制度的立法规定依然概括、模糊，执法依据的明确性、系统性始终难以满足履职需要，检察机关不得不加强民事检察监督改革探索，甚至创设了一些监督规范和监督方式，在促进民事检察监督效能的同时，也使民事检察监督制度在实践中呈现出不同于立法预期的丰富多彩的样态。下文试以 G 省民事检察监督实践为标本，对民事检察监督制度在实践中的运行状况进行考察。

（一）制度实施的总体情况分析

为了对民事检察监督制度在司法实践中运行的总体情况准确把握，笔者对 G 省检察机关 1992 年建立民事行政检察机构以来至 2016 年的民事检察监督案件基本数据和规范化建设情况进行了统计，如表 4－1、表 4－2 所示。

表 4-1　1992 年至 2016 年 G 省检察机关办理民事检察监督案件情况

单位:件

年度	受理	审结														
		合计	抗诉					再审检察建议		执行监督	督促支持起诉	诉讼违法调查		审判程序违法监督		工作建议
			合计	再审												
				合计	改判	撤销原判	调解	合计	采纳	合计	合计	移送线索	合计	采纳	合计	采纳
1992	111	9	—	—	—	—	—	5	3	—	—	—	—	—	—	—
1993	158	20	—	—	—	—	—	13	3	—	—	—	—	—	—	—
1994	169	23	2	1	—	1	—	16	3	—	—	—	—	—	—	—
1995	247	24	9	3	—	3	—	—	—	—	—	—	—	—	—	—
1996	402	72	30	—	—	—	—	26	0	—	—	—	—	—	—	—
1997	549	358	34	18	9	4	—	40	10	—	—	—	—	—	—	—
1998	1074	292	103	59	24	23	8	81	59	—	—	—	—	0	1	1
1999	1124	306	94	52	23	16	4	61	15	—	—	—	—	0	1	—
2000	1184	358	135	66	25	25	2	48	4	—	—	—	—	0	3	—
2001	1382	380	170	61	47	—	—	37	4	—	—	—	—	0	3	3
2002	1107	281	145	50	30	4	2	27	7	—	—	—	—	0	30	7
2003	1156	412	150	80	46	3	7	20	8	—	—	—	—	0	42	13

续表

年度	受理	审结															
		合计	抗诉					再审检察建议		执行监督	督促支持起诉	诉讼违法调查		审判程序违法监督		工作建议
			合计	再审												
				合计	改判	撤销原判	调解	合计	采纳	合计	合计	移送线索	合计	采纳	合计	采纳
2004	1134	436	151	84	50	5	4	58	15	—	—	—	—	—	33	11
2005	954	409	155	117	41	16	7	41	10	—	—	—	—	—	60	17
2006	984	478	176	125	94	13	13	45	15	—	—	—	—	—	40	15
2007	956	532	143	140	68	7	20	66	21	25	40	—	—	—	65	30
2008	834	495	150	113	47	3	15	60	35	23	6	—	—	—	47	24
2009	1133	593	171	116	46	9	26	105	39	88	1	—	14	—	312	253
2010	1945	837	266	192	87	22	24	123	36	438	35	—	67	67	603	513
2011	2434	840	179	108	49	9	30	147	56	493	238	—	36	0	931	689
2012	2261	920	145	283	59	18	181	171	69	542	540	—	46	0	681	632
2013	2935	3279	125	90	27	13	24	135	55	1111	663	37	444	—	380	—
2014	3688	3793	72	81	32	9	20	99	65	435	2022	1	277	—	234	—
2015	1400	1468	70	28	13	6	3	33	15	164	315	—	127	—	115	—
2016	1342	1178	63	22	7	11	1	46	7	149	363	—	52	—	43	—

表 4－2　1992 年至 2015 年 G 省检察机关民事检察监督工作规范化建设情况

年度	规范性文件名称/相关制度	主要内容	制定单位	备注
1992	《关于实施〈民事诉讼法〉、〈行政诉讼法〉有关审判监督程序抗诉条款的意见》(试行)	解决了调卷及“上级抗”“同级抗”及抗诉出庭活动的程序、方式问题	G 省检察院、G 省高级人民法院	最高人民检察院向全国各地检察院转发了此文件;全省各地制定了细则
1994	健全办案制度、收发文制度、报表汇总上报制度、案件审查备查制度	规范各项业务工作	G 省检察院	各地制定了一些办案程序、办案制度和工作方法
1996	《1996 年办案考核标准和评分办法》	根据案件性质、办案进度、调研等工作,综合排名,年底对各地区排名	G 省检察院	配套使用省检察院民行处与各地签订的《目标责任书》
1998	《办理民事行政抗诉案件暂行规定》《民事行政检察岗位责任制》《关于办理民事行政抗诉案件的几点要求》	规定了省检察院民事行政抗诉案件受理、立案、调卷、调查取证、审查报告、办理期限、办案纪律等;规范了各地办理抗诉案件调查取证、审查方式、结案报告形式和内容、检察卷装订等	G 省检察院	
2000	《办理民事行政申诉案件结案处理的暂行规定》《省院民事行政检察处工作量化考核实施办法》《关于在全省检察机关推行民事行政检察部门主诉检察官办案责任制的实施办法》	明确结案期限、办案任务和考核计分办法,与年终评比挂钩;通过强化办案责任促进民行工作规范化	G 省检察院、G 省检察院民行处	

续表

年度	规范性文件名称/相关制度	主要内容	制定单位	备注
2001	《G省检察机关关于加强民行检察工作的意见》	规定民行检察监督案件的流程、受案范围、审查方式、抗诉标准等	G省检察院	JQ市制定了《公开审查听证程序》、ML县制定《办理民事行政抗诉案件公开审查程序(试行)规则》
2002	抗诉案件个案跟踪制度	对抗诉案件的结果进行跟踪	G省检察院	各地建立民行目标管理责任制、业务办案考核制、备案审查制
2003	《办理民事行政申诉案件期限若干规定》	规范民事行政申诉案件办案期限	G省检察院	ZY市检法两院联合下发《关于对民行申诉案件实行检察建议若干问题的暂行规定》,对检察建议的受案范围、调(借)阅案卷、案件审查决定和期限作了规定;LN市检法就民行工作作出了《座谈纪要》
2004	《关于办理民事行政抗诉、检察建议案件若干问题的试行办法》、民行抗诉案件检察人员列席法院审判委员会制度	解决了调阅案卷难、部分地区法院不受理检察建议等问题,强化检法沟通协调机制	G省检察院、G省高级人民法院	LN市下发《关于我区检察机关提起和参与民事公益诉讼的可行性建议》,由所辖各区参照执行
2005	《关于全省检察机关民行检察工作的若干规定》、各地区交叉办案制度	对办理民行案件的流程、受案范围、审查方式、抗诉标准等问题作了较为详细的规定;缓解省检察院办案的压力和各地办案数理的不平衡、加强内部监督	G省检察院	DX市制定《民事行政办案流程》《民行检察保障诉讼参与人合法权益办法》《民行检察业务工作指导意见》《民行案件质量评估办法》《民行业务考核办法》;ZY市制定《民行检察工作办案流程》《民行部门全面推行主诉检察官办案责任实施办法》;JQ市制定《民行办案一体化建设实施办法》

续表

年度	规范性文件名称/相关制度	主要内容	制定单位	备注
2006	《LZ县检察院民事行政检察息诉规则》《ZY市甘州区检察院、法院关于办理民事行政案件适用检察建议提起审判监督程序的办法》	对息诉案件的条件、措施、检察和解等方面进行规范；对再审检察建议的提起程序、法院受理部门、再审检察建议的后果等进行规范	LZ县检察院、ZY市甘州区检察院、法院	G省首次规定息诉工作、检察和解工作的工作规定
2007	抗诉案件法院再审函告制度、《G省检察机关民事行政检察办案工作流程》、《提请抗诉案件卷宗组卷顺序》	督促下级院配合省院做好抗诉案件再审监督工作和跟踪监督工作；进一步规范了民行办案的受理、立案、审查、结案、出庭等工作，规范了案卷装订、归档工作	G省检察院	JT县制定了《民事行政申诉风险告知书》，规定了检察机关受理申诉案件的范围、立案条件、抗诉条件、不予受理的情形、不予抗诉的情形、申诉人应当提交的证据材料等内容；BY市检法院联合下发了《关于在民事行政诉讼监督中加强协作配合的规定》，BY市PC区检法联合下发了《关于办理民事行政案件适用检察建议及抗诉案件提起审判监督程序的办法》，HN县检法联合制定了《关于加强协调配合规范民事行政抗诉、检察建议案件办理工作机制联席会议纪要》。JYG市检法就执行监督工作形成会议纪要

续表

年度	规范性文件名称/相关制度	主要内容	制定单位	备注
2008	《G省检察机关绩效考评办法（试行）》、办案情况通报制度、案件质量复查制度、一案一评制度、业务学习导读制度	建立健全民行检察工作综合考评机制；对抗诉、再审检察建议案件办案情况季度通报、分析；复查、评议再审审结的抗诉案件；组织集中学习新颁行的民事法律法规和重要司法解释	G省检察院	LN市出台了《民行自侦办案若干规定》，PL市下发了《关于进一步规范提请抗诉报告及案件卷宗有关事项的通知》，JQ市制定了《JQ检察机关民事行政检察业务法律文书制作规范》，LX州制作了《检察机关民事行政申诉案件办案流程图》，DX市开展了建立执法档案试点工作，M县检法两院联合制发了《关于民事行政案件适用再审检察建议的暂行办法》《关于民事行政案件执行监督的若干意见》
2009	《关于民事行政执行工作检察监督的意见》《G省检察机关民事行政检察部门、反贪污贿赂部门、反渎职侵权部门关于加强办案协作配合的若干规定》	对执行监督的案件来源、案件范围、监督的方式等重要问题作了较为具体的规定；要求在查办审判人员贪污受贿、徇私舞弊、枉法裁判等职务犯罪案件时，自侦与民行部门应当在线索移送、调查证据、结果反馈方面加强配合与协作，细化了案件线索移送的程序	G省检察院、G省高级人民法院	各地同步就执行监督工作与法院形成会签文件或会议纪要；GN州与州司法局共同制定了《关于加强民事行政检察暨法律援助工作的协作意见（试行）》；W市院与市信访局制定了《关于涉法信访案件分流管理和审查处理的暂行办法》；LZ市XG区院制定了《民行联络员实施办法》，加强与律师事务所、司法所、法律援助中心等部门的联系，采取便民措施，畅通申诉渠道，拓宽案件来源

续表

年度	规范性文件名称/相关制度	主要内容	制定单位	备注
2010	《G省检察机关办理民事督促起诉、支持起诉案件规定（试行）》《G省检察机关民事行政检察部门息诉工作指导意见》《G省检察机关民事行政申诉案件检察和解暂行规定》，重大、有影响的执行监督案件向省院层报备案制度	对督促起诉、支持起诉案件的原则、范围、来源、文书制作以及如何与法院审判活动相衔接等方面作出明确规定；对民行检察和解息诉工作的法律依据、当事人的权利义务、基本原则、范围、程序作了具体规定，进一步明确了检察和解与息诉的责任主体和结案标准	G省检察院	JYG市院尝试了对法院评估、拍卖程序的现场监督，实现了执行监督关口的前移
2011	司法人员职务犯罪线索统一上报管理和申诉案件审判情况登记制度	加强了省、市两级院民事检察监督部门对线索的发现和管控能力		
2012	《层级管理责任制暂行办法（试行）》《关于加强和规范内部协作配合工作的规定（试行）》，民行一体化办案机制、职务犯罪线索管控、报备和移送机制	明确民行各个岗位的职、责、权，对民行部门与渎检部门协作配合办理民行案件中的职务犯罪案件进行规范，整合三级院力量，改变“倒三角”办案现状，规范职务犯罪线索管控、报备和移送	G省检察院	JQ市制定《民事审判行政诉讼法律监督调查办法》，对诉讼违法调查活动进行规范

续表

年度	规范性文件名称/相关制度	主要内容	制定单位	备注
2013	《全省检察机关试行层级对应式民事申诉制度的意见》《全省检察机关试行抗诉案件分流制度的意见》《全省检察机关民事和解工作意见》《关于落实民诉法加强工作协调配合有关问题的意见》《民事行政不支持监督申请案件息诉办法（试行）》，推行阳光检务、强化内部监督机制	规定有抗诉权的检察院直接受理、审查决定申诉案件制度，对抗诉案件进行分流，强化再审检察建议的运用，强化检察和解的效力，强化民行、控申、案管部门的配合，规范息诉工作，加强检务公开，强化办案责任制等	G省检察院	JYG市制定《快速办理弱势群体民事行政申诉案件实施意见》《建立民事行政诉讼类案监督工作机制的实施意见》，BY市三个区检法两院出台《加强民事行政诉讼法律监督的若干意见》，在检法两院之间明确检察监督的范围、方式和程序
2014	《诉讼违法调查办法》《G省高级人民法院、G省人民检察院关于处理涉诉信访问题的工作意见（试行）》《G省检察机关民事行政、控告申诉、案件管理部门关于贯彻民诉法加强工作协调配合有关问题的意见》	明确细化了调查范围、调查方式、调查流程等问题；加强了两院之间的协调与配合；保证“受审分离”原则的落实和全国统一业务系统的顺利运行，对案件受理、审查、监督、息诉等环节进行了制度规范	G省检察院、G省高级人民法院	PL、BY、JQ等6个地州市就检察机关办理民事行政申诉案件过程中遇到的一些工作机制问题、检法两院协调配合机制等问题会签法律政策性文件
2015	《关于办理民事行政检察处办理民行申诉工作流程》《关于会见当事人及其代理人的规定》	严控民行检察执法办案重点领域和关键环节，努力实现制度管人、依制度办事、以制度约权	G省检察院	

通过分析表4－1、表4－2可以看出，民事检察监督制度在实践中的运行总体上具有以下特点：

1. 以立法性规范为监督的基本界域。1992年以来，G省检察院上报最高人民检察院的民事行政检察监督案件情况统计报表项目发生过数次变化，表4－1中的“项目”是历年来不同报表“项目”的整合汇总，表中使用一字线部分表示当年度没有开展此项工作，或者该项工作在小范围内试点，未作为必报数据。分析表4－1发现，表中每年度相应的“项目”与民事检察监督制度该年度的立法内容基本对应。例如，对应1991年《民事诉讼法》中抗诉单一监督方式和实体监督为主的规定，1992年至1997年，检察机关只办理抗诉案件。1998年，对审判程序的违法监督（主要以纠正违法意见书形式体现）开始出现，但1998年至2001年，全省检察机关办理此类案件的数量从未超过3件，2001年至2007年，全省检察机关办理此类案件和向审判机关以外的单位提出堵塞管理漏洞等方面的工作建议最多的年度，其总数未达到当年审结案件总数的1/7（2005年），检察机关仍基本单一办理抗诉案件。2007年《民事诉讼法》修订，增加了民事检察监督的程序事由，此后，检察机关纠正违法和参与社会管理的工作建议数量大幅攀升，已超出全年抗诉案件总量。2012年，修改后的《民事诉讼法》正式规定检察机关有权对审判程序中审判人员的违法行为进行监督，2013年、2014年，检察机关违法监督的案件数量均达到当年提出抗诉案件数量的3倍；2015年、2016年，随着最高人民检察院对违法监督的启动程序、条件等加强规范，检察机关违法监督的数量开始下降，但仍明显多于抗诉案件数量。

民事执行监督方面也是如此。2012年《民事诉讼法》修订，确立了民事执行检察监督原则。2013年，检察机关办理民事执行监督案件的数量达到1111件。此前，尽管从2007年就开始在部分地区试点开展民事执行检察监督，但民事执行检察监督案件的数量最高年度（2012年）也只有542

件。以上情况说明，民事检察监督制度的实践以立法规定为基本界域，即使在改革探索中有所突破，仍始终遵循民事检察监督制度立法上的基本原则，在立法的基本框架内运行。

2. 以政策性规范为监督的重要依据。表 4 – 1 的数据还表现了政策性规范对民事检察监督制度运行的重要影响。2001 年，最高人民检察院出台了《人民检察院民事行政抗诉案件办案规则（试行)》，规定了检察建议的监督方式。2001 年，第一次全国民事行政检察会议召开，明确了民事检察监督“维护司法公正，维护司法权威”的功能，随后检察机关开始针对发案单位管理漏洞提出工作建议，引起检察建议数量的陡增（表 4 – 1 中年度工作建议的数量由 2001 年的 3 件陡增至 2007 年的 30 件）。到 2009 年，最高人民检察院发布《检察建议规定》，细化了检察建议的对象、事由、程序后，检察建议数量再次大幅增长，表 4 – 1 中年度再审检察建议的数量由 2008 年的 60 件增至 2009 年的 105 件，工作建议的数量由 2008 年的 47 件增至 2009 年的 312 件。2011 年，最高人民检察院、最高人民法院联合发布《法律监督意见》，规定了检察建议的效力和后果，再次引起了检察建议数量的猛增，表 4 – 1 中 2011 年全年度提出再审检察建议 147 件，比上年度增长了近 25%，工作建议 931 件，比上年度增长了约 51%。

在执行监督方面，由于 2009 年 G 省检察院与 G 省高级人民法院形成了《关于民事行政执行工作检察监督的意见》，年度执行监督的数量由 2008 年的 23 件增至 2009 年的 88 件，至 2010 年更增至 438 件。同时，表 4 – 2 表明，政策性规范不仅引领着民事检察监督制度运行的方向，指示着民事检察监督工作的重点，还是民事检察监督制度的实践形式，主导着民事检察监督在实践中的具体操作。表 4 – 2 中，以省检察院为引领，地方各级检察院几乎每年都制定民事检察监督工作规范性文件，内容包括民事检察监督的范围、事由、流程、程序等各个方面，展现了各个历史阶段民事检察监督制度的实践样态。

3. 改革先行于立法并推动立法发展。从表4－1可以看出，在立法规定检察建议为法定的监督方式之前，从1992年开始，地方检察机关就将检察建议运用到各个监督领域发挥作用；在立法确认检察机关有权对审判程序进行违法监督之前，地方检察机关从1998年开始就已经将审判程序违法监督作为民事检察监督职能的重要组成部分；对于民事执行监督，早在2007年，就已经在G省检察机关试行，2009年，G省检察院与省高级人民法院还共同发布了规范性文件，对执行监督的范围、对象、方式、程序、后果作了详细规定；2011年，最高人民检察院发布了《关于在部分地区开展民事执行监督工作试点的通知》，在全国各地试点民事执行监督，为立法积累了宝贵经验。以上改革探索被2012年《民事诉讼法》所确认，表现了各级检察机关先行于立法实施的检察改革对于民事检察监督制度立法发展的重要助推作用。

4. 运行依赖于被监督者的配合。从表4－1可以看出，从1992年至2006年，民事检察监督的单一性特征非常明显，基本只有抗诉监督。自2007年开始，执行监督、检察和解、督促、支持起诉开始出现。2010年，现有的各种监督方式都已出现，且各项业务量急剧增长。这是因为2007年《民事诉讼法》修订后，检法两院的关系进一步从2001年全国第一次民事行政检察工作会议后的缓和向协同方向发展；2010年年初，最高人民检察院、最高人民法院先后联合或与其他相关部门联合发布了《检察长列席审委会会议意见》《调阅卷宗通知》《渎职行为法律监督规定》，对检法两院的协作和程序衔接事宜作了具体规定，各种创新监督方式有了运行的空间和手段。表4－2表明，每年从省检察院到各地检察院，都会有检法两院的会签文件或会议纪要形成，文件内容不仅涉及检察机关创新性监督方式（如检察建议）的具体操作程序，还涉及法定监督方式的保障性措施和操作程序细则，这说明检察监督要介入民事诉讼发挥作用，必须获得被监督者法院的首肯和配合，否则必然会影响民事检察监督制度的贯彻执行和监督效果。这使民事检察监督陷入一个被监督者主动、监督者被动，监督者要依赖被监督者才能顺畅履行职能的怪圈，而这一问题，单靠检察机关自身是难以解决的。

（二）制度实施对实践的影响

民事检察监督制度运行中表现出来的上述特点，在民事检察监督实践中形成了广泛而深刻的影响，主要体现在：

1. 监督格局多元化。由于政策性规范数量繁多，形式、内容多样，各地检察机关开展的改革试点形态各异，民事检察监督在其具体指导和推动下，在实践中呈现出多元化特征。

（1）监督对象多元化。表4－1表明，当前实践中民事检察监督的对象不仅包括立法明文规定的生效裁判（含调解书）、审判程序违法行为、执行活动、社会公益，还包括政策规定的发案单位管理秩序等。深入实践中考察，还有对当事人恶意诉讼、虚假诉讼的监督等。例如，2014年G省检察机关查办当事人恶意诉讼、虚假诉讼案件26件，针对这些案件向同级法院发出再审检察建议书10份，提出抗诉12件，纠正违法检察建议书4份，开展诉讼违法调查并移送职务犯罪线索1起，抗诉的12起案件经法院再审后全部获得改判。另外，每种监督对象的具体内容也十分丰富，如对于民事执行活动的监督，虽然立法只规定了民事执行活动检察监督原则，但通过实践中政策性规范和各级、各地改革试点的具体化，明确了执行监督包括对执行根据、执行行为的监督，其中，执行行为的监督又包括对怠于执行、执行标的错误、程序违法等方面的监督。

（2）监督方式多元化。从表4－1所列“项目”来看，民事检察监督在实践中的方式除了抗诉、检察建议以外，还包括检察改革创设的纠正违法通知书、检察意见书、违法行为调查、检察和解、督促起诉、支持起诉等。其中，检察建议方式的运用，通过各地政策性文件规范和检察机关实践探索，既可用于建议对已生效裁判、调解书进行再审，也可用于建议法院纠正审判程序违法行为，还可用于建议涉案单位堵塞管理漏洞，加强人员管理，或者对有关人员进行行政处理、对管理的公益性财产进行维权等，体现了民事检察监督方式的多元化。

（3）监督功能多元化。从表 4 – 1 可以看出，1991 年《民事诉讼法》颁布后十多年，民事检察监督主要通过抗诉和再审检察建议体现“纠错”和“救济”的基础性功能。2001 年，全国检察机关第一次民事行政检察工作会议明确了民事行政检察监督“两个维护”（维护司法公正、维护司法权威）的价值目标，息诉服判工作成为民事检察监督的应有职责。2007 年《民事诉讼法》修订，增加了抗诉的程序事由；2012 年《民事诉讼法》修订，进一步强调对审判程序的监督，民事检察监督的司法秩序保障功能凸显；2012 年《民事诉讼法》专门规定了公益诉讼，规定了检察机关对于损害国家利益、社会公共利益的调解书的监督。党的十八届四中全会进一步要求要“深入探索检察机关公益诉讼”，2015 年，根据全国人大常委会颁布的决定，全国 13 个省、市检察机关开始试点提起公益诉讼，取得了明显成效。此外，在国家机关普遍参与社会管理的政策背景下，民事检察监督还承担着优化社会管理的职能。

（4）监督手段多元化。《民事诉讼法》只规定了调查取证一种监督手段，但从表 4 – 1 和表 4 – 2 可以看出，查证职务犯罪线索一直是民事检察监督打开工作局面、扩大监督影响、保障监督效果的常用手段。2002 年，G 省检察院初查职务犯罪线索 4 件，立案 1 件，并向 G 省高级人民法院抗诉；2011 年，通过诉讼违法调查移送职务犯罪线索 36 件，其中立案 33 件，被判决有罪 25 件；2013 年，启动诉讼违法调查 85 次，向相关部门移送职务犯罪线索 37 件，增强了民事检察监督的刚性，促进了检察机关整体职能的发挥。另外，实践中还向法院争取了调阅案卷权，疏通了监督的信息知悉渠道，创设了公开听证、公开检务信息手段，增强了监督的透明性，强化了监督的公信力。

（5）监督程序多元化。表 4 – 2 表明，对于同一种监督工作，如检察建议，全国各级人民检察院在各个历史阶段往往都对此作出了规定，或者与法院、其他相关部门会签了文件，形成了会议纪要。虽然下级检察院作出的具体规定往往根据上级检察院的规定作出，但由于各级检察院的理解程度不同，与法院等相关部门协商的具体程度不同，导致民事检察监督具体操作程序在实践中呈现出多样化的特点。例如，2009 年全省各地检察机关开始试行民事执行监督，在民事执行监督程序方面，部分地区只是通过检察建议和纠正违法意见的方式对法院执行依据和执行行为进行监督，部分地区对执行监督实行关口前移，尝试了对法院评估、拍卖程序的现场监督。关于再审检察建议和纠正审判程序违法行为的检察建议，从笔者调研的情况来看，有的地方检法两院会签文件规定由法院纪检部门受理，有的则规定由法院立案部门受理，部分地方检法两院会签的文件还要求提出检察建议前，必须经过本院检察委员会讨论决定，法院方能受理，其他地方则无此要求。对于督促、支持起诉亦是如此，有的地方制发了《督促（支持）起诉意见书》，有的则采用检察建议书的方式办理此类案件。

（6）监督结果多元化。由于民事检察监督范围、对象方式、手段的多元化，导致监督处理决定也呈现多元化的样态。从 2012 年修订后的《民事诉讼法》实施以来的最高人民检察院和 G 省检察院制发的数据统一报表和工作总结来看，办理民事检察监督案件，对应于不同的监督对象，作出了不同的处理决定。在有的案件中，还综合运用多种监督方式，如对应于当事人不服生效裁判的监督申请，在作出抗诉或不支持监督决定的同时，还可以针对案件中发现的审判程序违法行为向法院制发检察建议，针对案件中发案单位的管理漏洞、国有资产流失、对有关人员需要进行行政处理等问题制发工作建议。如果有涉嫌犯罪的人员，还应该将其移送有关机关处理。对于不支持监督申请需要息诉的案件，可以作出和解、允许当事人撤回申诉等决定。

2. 监督结构失衡化。民事检察监督结构是指民事检察监督内部各个要素的相互关系以及各个环节内部各因素之间的相互关系。由于立法、政策性文件关于各种监督对象、监督方式等方面规定的完善程度不同、效力强弱不同，民事检察监督程序与相关程序之间的协调程度不同，监督机关对于各类民事检察监督的态度不同，实践中民事检察监督结构呈现出显著的不平衡性。

（1）受案多、结案少、监督规模小。从表4－1可以看出，1992年至2016年，G省检察机关受案数总体呈上升趋势（2015年、2016年较之2013年、2014年，由于2012年《民事诉讼法》第209条的实施，经当事人向法院先行申请再审“过滤”，加之最高人民检察院和各级检察院对新型监督业务逐步加强规范，严把“进口”，案件数陡然下降，但较之2013年以前仍呈上升趋势），2014年年度受案总数约为1992年的33倍。与此同时，G省检察机关结案数和抗诉数、再审检察建议数、执行监督等其他类型监督的数量也总体呈逐年增长趋势。2013年以前，G省每年结案数占当年受案数的比率，除1997年在目标管理责任制的推动下达到了65.2%，其余年度绝大多数徘徊在27%～40%，有的年度甚至在10%以下（1992年）；审结后提出抗诉、检察建议、执行监督建议、违法监督建议以及工作建议的总数占当年审结案件数的比率，大多介于50%～60%；2013年至今，在《民事诉讼法》明确规定检察机关审结民事检察监督案件的期限和最高人民检察院“规范司法行为”专项行动等工作措施的推动下，各级、各地民事检察监督案件的审结率达到了95%以上，但抗诉、再审检察建议数占受案总数的比率为6.9%，法院再审审结抗诉和再审检察建议案件数占检察机关抗诉和提出再审检察建议案件总数的34.4%，民事检察监督受案数、审结数、监督数之间严重失衡。

（2）范围广、空间窄、监督效率低。表4－1表明，民事检察监督的对象涉及民事诉讼活动中法院参与的各个环节，但现行立法和最高人民检察院政策性文件对当事人申请检察监督的条件和检察监督的事由作了限制，民事检察监督可以真正发挥监督作用的空间相对于审判机关内部监督要狭窄得多。同时，现行《民事诉讼法》第209条将当事人向法院申请再审设置为当事人向检察机关申请监督的前置程序，当事人此时再继续向检察院申诉申请监督，相对于直接申请检察监督，实际延长了司法不公案件的纠错流程。另外，民事检察监督制度自建立以来至2012年《民事诉讼法》修订前，《民事诉讼法》没有对检察机关审结案件的期限作出规定，表4－2虽然表明地方检察院屡次对办案期限作了规定，但自我监督的效果毕竟有限，多年来，检察机关每年度都有将近一半的案件受理后积存到下一年（见表4－1）；2012年《民事诉讼法》修订，立法虽然限定了检察监督审结的期限，但《民事诉讼监督规则》将立法规定的3个月的办案期限细化为对于同一个案件，每一级检察院的办理期限为3个月，还规定了中止审查的情形，实质上为超期办案预留了空间，不利于扭转监督效率低下的局面。现行法律也没有规定法院裁定抗诉案件或采纳的再审检察建议案件的审理期限。在实践中，一个民事检察监督案件从检察机关向法院提出抗诉或提出再审检察建议，到法院裁定再审、审理、提交审判委员会、作出裁判，往往历时一年以上，形成“马拉松”官司，增加了群众的诉累，群众对此意见很大。在这样的监督效率下，民事检察监督的目标如何实际达到可想而知。

（3）抗诉“硬”、建议“软”，效力不确定。从表4－1中可以发现，自1993年开始出现抗诉案件至1997年，G省检察机关抗诉案件再审后几乎全部改判。1998年至2016年，抗诉案件再审改变率为75.3%；1993年至2016年，再审检察建议法院采纳率只有37.3%。如果深究法院采纳再审检察建议再审后改变原裁判的数量，则更低。这说明，立法规定较为明确的抗诉监督刚性较强，而立法未予明确法律效力的检察建议则刚性不足，实践中有些法院甚至在收到检察机关再审检察建议后不立案、不回复。表4－2中各地检察院与法院会签的文件种类显示，1992年至2016年，检法两院曾就检察建议多次会签过文件，但即使如此，这些没有法律效力的政策性文件并不能有效增加检察建议的刚性。数年间检法两院就检察建议多次协商、多次会签文件，本身就说明地方政策性文件的约束力有限，在实践中没有得到持续、有力的执行。

（4）保障性监督强，制约性监督弱，效果无保障。从不同性质监督的效果上分析，表4－1表现了督促起诉、支持起诉等保障性监督效果优于抗诉监督、违法行为监督等纠错性监督，程序性监督效果优于实体性监督的显著特点。以2014年为例，抗诉再审案件法院的改变率为75.3%，再审检察建议法院采纳改变率为24.2%（提出再审检察建议99件，法院采纳65件，采纳后改变原裁判24件），违法行为监督建议的采纳率为84.5%，而督促起诉、支持起诉案件的采纳率达95.65%。这说明被监督者对于权利保障性监督较易接受，而对于权力制约性监督相对抵触，尤其是对于权力制约性监督中的实体监督（1992年至2016年，G省检察机关抗诉的案件中99%以上以实体监督为主，单纯因程序违法抗诉或提出再审检察建议的案件仅以几件计）抵触更甚，表明即使在当前监督环境比过去更为理想的情形下，被监督者对于检察监督的抵触心理仍然存在，是监督效果难以保障的重要主观原因。

3. 监督利益调和化。如前所述，现行立法关于民事检察监督制度的规定在很大程度上是关于监督的理论争议和检法两院利益调和的结果。这种调和性同样映射于民事检察监督制度在实践运行的方方面面。例如，就最高人民法院、最高人民检察院2011年3月联合发布的《法律监督意见》而言，据当时参与拟稿的最高人民检察院民事行政检察厅孙加瑞博士在其著作《民事检察制度新论》中记载，先后对外征求意见10次，最高人民法院对绝大部分条款都提出了修改意见。在最高人民法院的建议下，删去了原稿中关于督促起诉、支持起诉等规定，弱化了检察建议的效力，将原稿中第3条调查权的规定，由检察机关“可以调查核实”（未限定调查范围和调查对象）限定为“可以向当事人或者案外人调查核实”，删去了原稿中检察机关对违反自愿原则、损害他人权益的调解书抗诉的规定，对于原稿关于当事人再审申请被驳回后又申请检察监督，检察机关如何处理的第6条，增加规定了“人民法院经审理查明，抗诉事由与被驳回的当事人申请再审事由实质相同的，可以判决维持原判”，将原稿第 7 条关于人民法院在 30 天内审查检察建议的规定修改为“三个月”，等等。表 4 －2 中各级检察院与法院会签相关文件的过程，也基本如此。审判机关对于检察机关提出的任何意见，都要先审视是否触碰自己的审判利益，最终检法两院达成了一定程度的共识，才可能进一步形成书面的材料（会签文件、会议纪要等），体现了检法两院监督利益的调和化特征。

4. 监督权威中心化。从表 4 －2 各级院形成的规范性文件来看，保证案件质量、促进规范司法、强化队伍建设构成了这些规范性文件的主要内容。例如，G 省检察院先后建立健全了案件审查备查制度、办案情况通报制度、案件质量复查制度、一案一评制度、司法人员职务犯罪线索统一上报管理和申诉案件审判情况登记制度，健全了一体化办案机制、职务犯罪线索管控、报备和移送机制，促进自我监督，提高案件质量和办案效率；关于规范执法，先后出台了《关于办理民事行政抗诉、检察建议案件若干问题的试行办法》《关于民事行政执行工作检察监督的意见》《办理民事督促起诉、支持起诉案件规定（试行）》《民事行政检察部门息诉工作指导意见》《民事行政申诉案件检察和解暂行规定》《民事行政不支持监督申请案件息诉办法（试行）》《诉讼违法调查办法》《G 省高级人民法院、G 省人民检察院关于处理涉诉信访问题的工作意见（试行）》等 24 个规范性文件，对立法和政策性文件关于民事检察监督各个方面的规定进行细化；关于队伍管理和建设，出台了《办案考核标准和评分办法》《民事行政检察岗位责任制》《省院民事行政检察处工作量化考核实施办法》《主诉检察官办案责任制实施办法》《绩效考评办法（试行）》《层级管理责任制暂行办法（试行）》等规定，强化岗位责任，激发干警工作积极性。说明在立法长期以来规定模糊，各地检察机关为推动民事检察监督工作发展不得不创设、细化监督的操作规范，监督能力普遍不高的情况下，增强监督公信力，树立检察权威，成为民事检察监督工作长期以来需要面对、解决的中心问题。

三、立法要求与实施效果存在差距的原因分析

以上描述了民事检察监督制度在立法和司法中的基本样貌。可以看出，中国现行的民事检察监督制度有其独特的制度内涵与特点，对于实现民事诉讼公平正义、维护民事诉讼司法秩序、提升社会法治信仰，实现国家在民事领域内的法律治理目标起到了积极推动作用。与此同时，作为一项在探索创新中求发展的新型检察制度，民事检察监督制度在实施中也出现了一系列问题，需要我们认真反思和研究，在推动立法进一步完善的同时，以新一轮司法改革为契机，采取有效措施加以应对。

（一）立法理念矛盾

民事检察监督制度在实践中运行，带来了政策性规范和民事检察改革的繁荣，其实反映了在制度立法理念内在引导下司法实务对于民事检察监督的迷茫、困惑和思辨、抗争，以下择其要辨析之。

1. 有限监督："限权"还是"控权"？如前所述，现行《民事诉讼法》表明了民事检察监督有限监督的立场，限定了检察机关介入民事诉讼的时间，监督的受案条件、事由。同时，又贯彻了全面监督和多元监督的理念，要求检察监督介入审判权在民事诉讼活动中运行的方方面面。由此，实践中产生了一个难题，即民事检察监督中，被重重限制而力度有限的检察权如何实现对审判权有效的法律监督？事实上，如本书第三章所述，民事检察监督制度自1991年《民事诉讼法》重新确立以来，就以其实践运行状况证明了检察权在依法行使条件下，本身并不会不当干涉当事人的处分权，破坏民事诉讼中双方当事人在诉讼结构中的平等地位，侵害公民的合法权益。目前，民事检察监督在立法上的确存在外部监督制约不足的问题。因此，为了防止检察权滥用，有限监督的"限制"手段应着重在"控权"，即通过诉讼监督制约的方法使"法官与检察官彼此监督节制，保障

司法权限行使的客观性与合理性”,[①] 而不是一味地限制检察权行使的范围和力度，那样只能使检察权相对于强大的审判权更加羸弱，当然也难以回应国家通过民事检察监督制度维护司法公平正义的法律治理要求。

2. 救济性监督：“直接”救济还是“保障”救济？现行《民事诉讼法》规定当事人申请再审是申请检察监督的前置程序，使检察监督的救济功能提升到显著位置，引起了理论界和实务界对于监督性质更多的争议，导致很多检察机关偏离了对审判权违法监督的法定职能，把主要精力放在解决当事人纠纷上，当事人也由此把检察机关当作高于法官的“救世主”。2013 年，G 省检察机关受理民事申诉案件相比 2012 年，增幅达 219%；2014 年相比 2012 年，增幅达 312%；2015 年、2016 年，经各级、各地对受案条件持续依法严格规范，受案数才有所回落。很多当事人被法院驳回再审或经再审维持原判后申请检察监督又未得到支持，缠诉闹访，导致检察机关将大量精力花费在息诉罢访工作上。然而，对于民事申诉当事人的权利救济过程，是确定民事责任，决定如何恢复、补偿受侵害者权利的过程，只能通过审判机关履行审判职能来实现。因此，检察监督对当事人的权利救济是通过保障、督促人民法院公正行使审判权来间接实现的。检察机关如果要强力为之，要么造成越权越位，要么会使自己处于“有心无力”的两难境地。

3. 终局监督：终结诉讼还是由“讼”到“访”？《民事诉讼法》第209 条体现了谦抑监督原则下的诉权救济、审判监督、检察监督在制度构建和适用上的递进关系，民事检察监督由此具有了终局意义。《民事诉讼监督规则》进而规定，当事人在申请检察监督前，必须穷尽上诉、复议、复查或法律规定的诉讼等救济途径。由此，民事检察监督在事实上成为审判监

---

① 刘东平、赵信会、张光辉编著：《民事检察监督制度研究》，中国检察出版社 2013 年版，第 178 ~ 179 页。

督程序的补充程序、救济程序，不仅与监督的宪法定位相悖，也在实践中因检察机关不具有与此要求对应的职权、功能而引起“终局不终”、转“讼”为“访”等负面效应。事实上，与审判程序的主要功能在于“定分止争”不同，民事检察监督的价值目标在于维护司法公正，维护法制统一。作为一种“事后”监督，如果要等到当事人将所有的权利救济程序都用尽再启动，对许多案件而言，损害司法公正的事实很可能早已被掩盖，相关证据也可能被销毁，这时，民事检察监督维护司法公正的意义何在？依据何在？监督效果可想而知。

（二）监督权能缺失

检察权的优化配置是事关检察制度改革和发展的重要课题，直接影响检察机关能否充分发挥宪法和法律赋予的法律监督职能。现行《民事诉讼法》较修改前充实了民事检察监督中检察权的内容，但相较民事检察监督应然的定位和要求仍然存在一定差距，是现行民事检察监督制度运行不畅的主要根源。

1. 权力定位有偏差。“权力监督是在现有的权力之外引入了一种监督权，具有监察、督促之意，以此限制现有的权力。”[①] 民事检察监督中检察权是一种公权力，它介入民事诉讼法律关系，是为了控制和制约审判权和裁判行为。[②] 然而，现行《民事诉讼法》第209条的规定使民事检察监督成为私权救济的途径，从根本上改变了检察权的本质特性。

2. 权力内容不完整。《民事诉讼法》第209条规定，当事人必须是在法院驳回其再审申请或再审裁判仍有错误，或法院对当事人再审申请在法定期限不予处理后，才可申请检察监督。这使检察机关在此之前难以知晓

---

① 汤维建主编：《民事诉讼法学原理与案例教程》，中国人民大学出版社2006年版，第28~29页。

② 参见孙祥壮：《民事再审程序原理精要与适用》，中国法制出版社2010年版，第22页。

错误裁判和审判人员违法行为，表明检察机关没有完整、有效的监督信息知情权。当事人到检察机关申请监督时，很多案件已因历时过久而证据缺失，加大了检察机关履行监督职能的难度。同时，现行《民事诉讼法》规定了检察建议的监督方式，却未规定检察建议的法律后果（如是否由收到检察建议的法院审判监督部门或纪检部门进行必需的审查，并对检察机关及时答复等）；规定检察机关出席再审法庭，却未规定其出庭的地位和职责。实践中，检察机关作为监督者，常常在提出检察建议前与被监督者协调，说服法院采纳检察建议，检法关系如何，成为决定法院采纳检察建议比率的重要因素。检察机关在再审法庭中的地位（如落座的位置、行使何种内容的职权、如何行使职权、行使职权的后果等）也受检法关系的重要影响，导致有的检察机关可以在再审法庭中就证据和当事人对检察机关的误解甚至诋毁发表意见，有的检察机关只能在再审法庭上宣读抗诉书。

3. 权力体系不完善。《民事诉讼法》一直以来对审判权规定了较为丰富的内部监督制度和外部监督制度，而对于检察权，只是采取了限制其运行时间、空间、强度等方法，防范其对于审判权和当事人诉讼权益的侵害，较为忽视对其本身运行规范性的监督。实践中，检察权在民事检察监督中的依法、规范、公正、廉洁行使主要依靠检察机关的自身监督机制来实现。一是依靠检察机关内部行政管理手段进行约束。由于这种约束大多起源于当事人的举报、控告而没有实据，通常先由民事检察部门和办案人员自行解释说明，即使查实一些问题，检察机关出于维护自身形象的需要，也常大事化小、小事化了，监督的效果往往有限。二是通过办案层级责任来督促。主要表现为对申请抗诉监督的案件，符合抗诉条件的层层审查，以提高抗诉案件质量的方法加强监督的公正性。然而，符合抗诉条件的案件毕竟是少数，大多数案件都在初次审查时以不支持监督申请等方式处理终结，并无法受到层级监督；少数以提请抗诉方式受到上级检察机关监督的案件，上级检察机关也只是对下级检察院的意见进行审查，提请抗诉的检察机关如何行使监督权，上级检察机关并无从得知，难以对权力行使本身的依法性、规范性和廉洁性起到监督作用。民事检察监督中对检察权的诉讼监督制约体系的不完善导致外界提出“谁来监督监督者”的质疑，也培育了腐败的“温床”，影响了监督的公信力和监督效能的发挥。

（三）监督程序失调

科学的监督程序是监督效率效益的保障。反观现行民事检察监督制度下民事检察监督的程序设置，不乏断节、重复、矛盾之处，影响了监督目标的实现。

1. 当事人向各级检察院申请监督与司法效率的矛盾。现行《民事诉讼法》对当事人申请再审和履行再审职责的人民法院都作了明确规定，却没有规定当事人可以就哪一类案件向哪一级人民检察院申请监督。《民事诉讼监督规则》规定最高人民检察院、作出生效法律文书的人民法院的同级人民检察院和上级人民检察院对民事申诉案件都有管辖权。伴随而来的问题是，在上下级人民检察院受案信息不畅通的情况下（实践中上下级检察院相互之间掌握受案信息多源于数据通报和个案沟通，无法普遍地掌握具体的案件信息），如何防止当事人向不同的人民检察院多头申诉、重复申诉？此外，根据《民事诉讼监督规则》和其贯彻的同级监督为主的原则，实践中即使上级检察院对当事人不服的生效裁判有抗诉权，当事人向上级检察院申请监督，除《民事诉讼监督规则》规定的几类必须由有抗诉权的检察院直接受理的特定案件外，上级检察院也采取转办或受理后交办的方式交由下级检察院办理。案件经同级监督，如果办理案件的检察院提出再审检察建议未被人民法院采纳，往往会继续提请抗诉，由此案件又回到了上级检察院，延长了办案的周期，使民事检察监督的效率大打折扣。

2. “事后”监督模式与履职要求的矛盾。现行《民事诉讼法》第 208 条第 3 款规定“地方各级人民检察院对审判监督程序以外的其他审判程序中审判人员的违法行为，有权向同级人民法院提出检察建议”；第 200 条第 1 款第 13 项规定“审判人员审理案件时有贪污受贿、徇私舞弊、枉法裁判行为”是民事检察监督的法定事由。然而，现行《民事诉讼法》规定的民事检察监督模式是一种“事后”监督模式，作为审判活动结束后的监督，检察机关除了通过当事人申请监督获取审判人员违法的线索，通过自己阅读案卷材料推断庭审过程和裁判结果是否依法，从而根据推断结果调查核实审判人员是否在已结束的审判程序中有违法行为外，并无其他途径可以常态地获知审判监督程序外审判程序中审判人员是否有违法行为。并且，无论从当事人监督申请中获知审判人员违法信息，还是通过事后审查推断审判人员是否有违法行为，都带有明显的主观性、间接性，只能作为调查核实审判人员是否存在违法行为的线索，不能直接或单一地成为审判人员存在违法行为的法定证据。检察人员要确认审判人员是否确实存在违法行为，必须通过调查获取相关证据，而此时审判活动已结束多时，不排除有些关键证据已隐匿或毁灭，导致不少案件因缺乏法律要求的证据而难以监督。另外，对于一些申请监督时已执行完结且无执行回转条件的案件，以及一些对实体形成了不可逆转后果的程序违法的案件，如原审时鉴定程序违法而再审时已失去鉴定条件的案件，若不监督，体现不了检察机关的监督职能，也发挥不了个案监督的预警作用；如监督，则因时机已过，法院也往往以此为由不予纠正，影响监督权威。

3. 选择适用抗诉或检察建议程序与权利保障的矛盾。现行《民事诉讼法》没有区分再审检察建议与抗诉监督的标准，这意味着如同类案件存在同一监督事由，检察机关可以选择适用抗诉或再审检察建议监督手段。然而，抗诉必然引起再审，而再审检察建议是否引起法院对该案件审查，完全由法院决定。“同类案件不同监督”，一方面引起了申诉人对监督是否公正的质疑；另一方面，由于现行《民事诉讼法》第 209 条同时规定申诉人向检察机关申请抗诉或检察建议监督仅以一次为限，一旦检察机关对符合抗诉监督标准的案件以案件标的小等事由适用再审检察建议方式，被法院驳回再审，确有错误的判决就因此再也无法通过诉讼途径得到纠正，由此将会引起更多的社会矛盾隐患。

4. 审查处理程序的繁复与司法效益的矛盾。图 4－1 是检察机关审查处理民事检察监督案件的流程。可以看出，对符合抗诉监督标准的案件，如果是县级人民法院生效的裁判，由县级检察院受理监督申请，要经过提请抗诉、抗诉两次审查；如果是中级人民法院生效的裁判，由县级检察院受理监督申请，要经过建议提请抗诉、提请抗诉和抗诉三次审查；对于市级、省级检察院受理监督申请的案件同样存在这样多次、重复审查的情

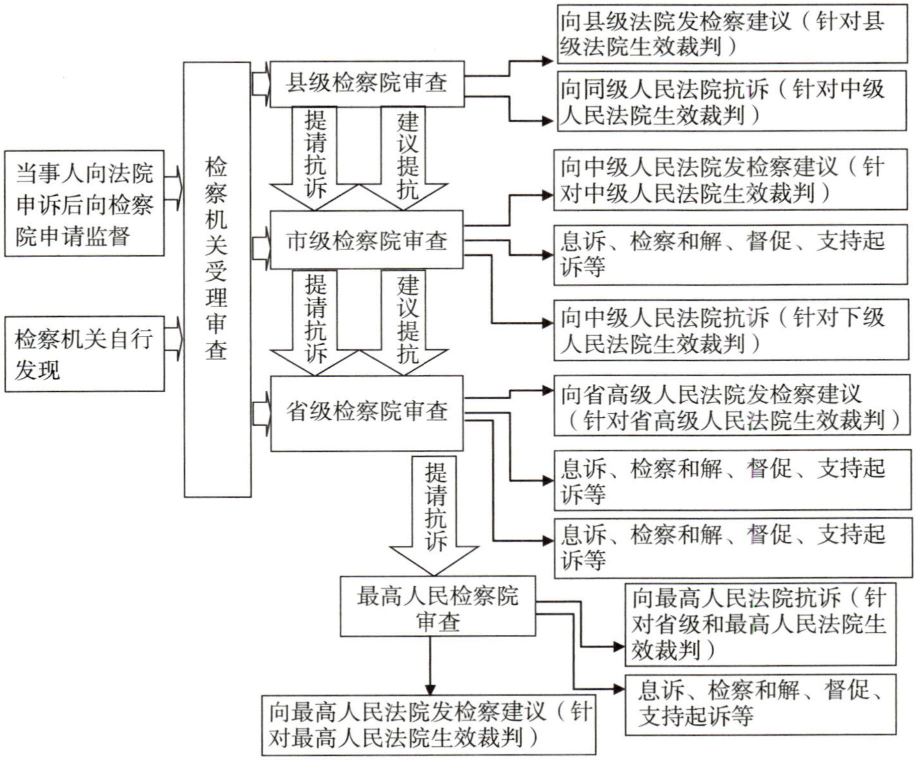

图 4－1 检察机关审查处理民事检察监督案件的流程

况。2012年《民事诉讼法》实施后，随着《民事诉讼监督规则》的出台，不服一审裁判的监督申请被排除在检察机关的受案范围外，建议提请抗诉已基本不存在，但提请抗诉程序还普遍存在。从《民事诉讼法》第208条的规定来看，提请抗诉程序只是抗诉程序的补充程序，《民事诉讼监督规则》确立同级监督为主的原则，出发点在于加强检察机关对于抗诉案件内部监督，强化抗诉监督审慎性的同时，在一定程度上解决实践中检察院层级之间办理抗诉案件数量“倒三角”的问题，并便于当事人就地申请检察监督。但检察机关上下级之间是领导与被领导的关系，对于上级检察院有抗诉权的案件，由下级检察院先行审查，与这一领导体制并不匹配。如果作出不支持监督申请的决定，实质上违反了职权法定原则；如果作出提请抗诉的决定，对案件有抗诉权的检察院审查提请抗诉意见时并不会直接以下级检察院意见为依据，而是以案卷材料中的事实和证据为依据，以法律为准绳。一个案件由两级检察院审查，只是增大了司法资源的消耗，对于强化最终审查意见的可靠性并无实质益处，而且拖延了案件审查时间，使当事人必须逐级到各级检察院接受询问、调查等，反而增加了当事人的诉累，难以达到制度设计者的预期目的。

5. 当事人申请监督次数与跟进监督方式的冲突。现行《民事诉讼法》对当事人申请检察监督提出了一次为限的要求。然而，实践中出于抗诉是再审检察建议保障的认识，地方检察机关对同一案件普遍在运用再审检察建议监督未果后提请上级检察院抗诉。事实上，对于当事人以救济其权益为主要出发点的民事申诉案件，即使已经提出的再审检察建议不被法院采纳，对于案件是否跟进监督仍应尊重当事人意愿，给予当事人平等的申请检察机关跟进监督的权利。检察机关依职权决定是否对此类案件跟进监督，不仅易招致检察机关不当干涉私权利的质疑，也可能造成同类案件以不同监督方式处理从而导致监督结果不同（实践中，检察机关并不是对每起案件都在运用再审检察建议监督方式未果后再运用抗诉监督方式跟进监督）。

6. 监督法定期限与实际期限的矛盾。现行《民事诉讼法》规定 3 个月的民事检察监督案件审查处理期限，而在现行检察机关审查处理民事申诉案件的模式下，一个案件可能会经过检察和解、检察建议、提请抗诉、抗诉等多个阶段，由多级人民检察院审查，3 个月的审查期限普遍不能满足实践需要。实践中，各级人民检察院在每个审查处理阶段都以 3 个月为限，造成了民事检察监督制度关于检察机关办案期限的规定虚设。

（四）监督环境束缚

民事检察监督制度在实践中运行的效果明显低于立法预期，除了制度本身存在缺陷，导致制度运行不畅，检察人员监督能力不足，影响了监督质量等因素外，监督环境未达到理想状态也是重要原因。

1. 法院对检察监督抵触。20 世纪末 21 世纪初，最高人民法院曾先后通过十余个司法解释对民事检察监督的范围加以限制，排除了非讼裁判、诉讼过程合法性、执行等事项的检察监督。近年来，检法关系虽趋于和谐，但一些地方的法院对检察监督的抵触仍然存在。最常见的是依然有不少法院对再审检察建议不立案、不回复，造成再审检察建议是否被采纳情况不明，再审检察建议采纳率偏低。抗诉再审后维持原判的案件中，法院不审查抗诉理由、草率结案、无法律依据判案、错误认定法律关系而拒不纠正判决的也不鲜见。例如，G 省 LZ 市检察院办理的许某与安某道路交通人身损害赔偿案，法院因申请监督对方当事人中一位拒绝质证，另一位无故不到庭，认为案件事实无法查清而作出明显违法判决——维持原判；JYT 市检察院办理的任某与某市两级房管部门房屋登记行政确认纠纷案，原审明显将行政法律关系错误认定为民事关系，再审仍以此为基础维持原判，使该类案件的抗诉流于形式。有的案件法院再审判决时对抗诉理由只是以“抗诉理由不能成立”一笔带过，既不说明依据也不说明理由；有的案件中审判人员有轻法律事实、重客观事实的倾向，过分强调纠纷的终结性，淡化了法律的权威性。例如，G省检察院办理的李某与某村村民委员会土地承包经营权纠纷案，检察机关抗诉。法院再审审理后认为，李某要求村民委员会返还违法收回承包土地的诉求，因该土地已承包给他人，即使支持也无法实现，仅采取了变通补偿解决李某诉求的办法，仍维持驳回李某诉求的原判。虽解决了纠纷，但淡化了法律的权威性和判决的公正性。

2. 检法观念的分歧。在事实认定上，检察机关因为局限于坐堂审卷，且很多案件在当事人申请监督时，发生纠纷当时影响裁判结果的证据已经灭失，检察机关监督多依据卷内现存证据反映的法律事实。而审判机关审理案件时则有更多的了解、查明客观事实的法定权力和客观条件，常常更注重法律事实和客观事实的结合，有些情形下，为方便处理纠纷，甚至更倾向于以客观事实为基础判案。在证据认识上，由于法律的规定不明，如复印件是否属于证据复制件，交通肇事中直接结合和间接结合的事实和相关证据的因果关系如何认定，工伤时间以作出工伤认定决定之时还是以该决定送达之日为标准，房管机关对房屋登记的审查义务是实质审查还是形式审查等，由于检法办理案件追求的具体目标不同，检察机关更注重于履行监督职能，因此对证据的形式要件、实质内容审查认定时采严格的法定主义，而审判机关则更注重对证据的“内心确认”。在划分责任上，检察机关站在监督者的立场，对案件公正性的审查更注重以法律效果和社会效果相统一为标准，有时甚至仅为维护法律统一、正确实施而监督；审判机关则站在纠纷解决体系终端的立场，更注重判案的社会效果。笔者对2014年至2016年G省检察机关抗诉的案件抽样考察发现，再审后因检法认识不一致维持原判或不采纳抗点的案件约占抽样考察案件总数的1/6。检法两院对于案件存在认识分歧符合司法规律，但在实践中却导致纠纷长期难以得到解决，司法公信力和检察执法权威都受到负面影响。

3. 社会公众缺乏对检察监督的了解和正确认识。由于民事检察监督制度产生较晚，以及我国传统的“重刑轻民”监督理念和计划经济长期实行，社会公众缺乏对检察监督的了解和正确认识，这使民事检察监督的案源成为制约监督工作的首要问题。近年来，由于持续宣传，检察机关每年受理案件数总体呈上升趋势，民事检察监督的公众知晓程度逐年提升。但公众对于检察监督的认知仍存在偏差，绝大多数当事人认为检察机关是审判机关之外的另一纠纷处理机关。尤其是 2012 年《民事诉讼法》实施后，强化了民事检察监督的“救济”功能，更加深化了当事人的误解，是实践中监督工作重心自觉或不自觉地偏离职能定位的重要外力原因。

（五）监督能力不足

当前，社会转型期下利益主体多元化、利益需求复杂化的阶段性特点给民事检察监督办案带来了更多的挑战，2012 年修订后的《民事诉讼法》对民事检察监督能力提出了更高、更新的要求，而目前民事检察监督能力与形势的需要仍存在不小的差距。

1. 监督理念相对滞后。2012 年《民事诉讼法》贯穿了救济性监督、全面监督、多元监督、程序监督等监督新理念，但实践中大多数民事检察人员尤其是基层干警始终把主要注意力放在抗诉监督上，在《民事诉讼监督规则》将当事人申请监督案件限定在二审生效案件范围情形下，基层检察院除对法院错误生效调解书进行审查外，已无其他抗诉案件可以办理，就感觉无事可做。另外，有些干警认为全面监督、多元监督就是对法院在民事诉讼活动中行使公权力的行为进行面面俱到的监督，不少地方检察院参与法院案件评查，或者到法院档案室以寻找案源为目的查阅案卷，发现问题后违法“依职权”受理案件。笔者到基层调研，与当地法官、检察官进行座谈，发现有的县级检察院在 2012 年《民事诉讼法》实施的第一年，即 2013 年，依职权受理案件数达到当年受案总数的 80%；有的县级检察院检察建议“满天飞”，法官一句口误、案件一个可以通过口头纠正的小小瑕疵就可以被检察机关作为监督理由，一纸检察建议发到法院，引起法院启动内部监督程序对法官行为进行审查，打击了法官的工作积极性，也影响检察建议的严肃性。

2. 监督队伍尚待壮大。本书写作期间，G省检察院承担了最高人民检察院民事、行政检察岗位素能的研发任务，笔者对G省LZ、DX、PL、QY四市检察机关两级检察院主管民事行政检察工作的12位副检察长、部门负责人进行了访谈。被访谈人普遍认为，民事检察监督能力是当前制约民事检察监督工作的重要因素。主要理由是："重刑轻民"观念在地方检察院"一把手"思想里根深蒂固，相比刑事检察部门，民事行政检察部门普遍存在人员少、年龄大、学历低的情况；有的基层检察院民行科为1人科，有的基层院民行科骨干人员被长期抽调到其他部门办案，"留守"的大多是长期病养人员、届临退休人员，有的人连全国检察系统统一业务应用软件都不会应用，更不用说正常开展工作；个别基层院配备干警人数较多，但相对同级法院的法官人数、法律素养和办案量，根本无法满足工作的需要。例如，有的市检察院近年来业务量急剧增长，但全市20多人民行干警中只有5人长期在岗并具备办案能力，无奈该市民行处处长将此5人组成办案组，在全市各县、区流动办案；有的市检察院民行处的全部工作由处长和一名借调人员完成，由于基层院民行科人员法律水平低，甚至不掌握基本的办案技能，市检察院民行处处长不得不通过个案向全市每个民行检察干警经常性地传授办案知识、办案方法；PL市某区法院有法官20余人，2014年至2018年年均审理案件万余件（法官年度人均审理案件500余件），加之该院奖励调解结案，法院受理的大量民事案件调解结案，执法失范问题不可避免，但该区检察院只配备民行检察干警3人，且只有1人是事业编制的大学学历，干警还长期被区政府借调，不但难以主动发现法院的违法问题，连日常的工作也难以应对。在这样的队伍状况下，民事检察监督工作的现实情况可想而知。

3. 监督素能亟须提高。民事检察监督案件从性质上讲，刑民交织、行民交织的情况大量存在；从内容上讲，涉及医学、建筑、教育等各个行业；从依据上讲，需考虑政策、法律、乡规民约等多种因素，要求民事检察监督人员具备牢固的知识基础、扎实的专业素养。2012 年《民事诉讼法》实施，使检察机关受案后，提出抗诉或检察建议，或者需要在生效判决、裁定中发现人民法院所未能发现的错误，或者需要以“事后”监督的方式发现至当事人申请监督时早已时过境迁的人民法院在一审、二审或再审审理中的违法行为，监督意见的专业性、说理性必须足以说服已在上诉、再审程序中一再维持原判的人民法院。然而，现实中，不少基层民行检察干警连基本的民事法学理论知识都不具备，办案时才结合案情边学习边办案，影响了审查案件的思路和对事实、证据的正确认定与鉴别；有些办案人由于对法律规定的内涵缺乏深层次理解而常常在案件中生搬硬套法律，或者由于对司法解释、相关规定不了解而找不到监督切入口或走入误区，反映了新形势下提升检察人员民事检察监督素能的紧迫性。

四、本章小结

本章通过对我国民事检察监督制度的立法、司法现状对比分析，透视了制度的立法要求与实施效果存在差距的原因。可以发现，监督环境的不理想和监督能力的滞后使制度的这种局限性表现得更为突出，而检察机关的政策性介入在一定程度上弥补了立法规定笼统、概括、不完整的缺陷。各地的改革探索则为制度的发展积累了经验，确证了制度完善的具体方向，而制度立法上的“先天不足”是制度在实践中运行不畅、效果不佳的根本原因。究其根源，主要在于民事检察监督制度的一些基本的理论性问题尚未辨清和得出确定性结论。鉴于此，下文对长期以来影响民事检察监督制度立法的主要法理争议问题运用实证研究方法进行辨析，以期正本清源，辨明正误。

第五章　中国民事检察监督制度的法理辨析

回顾总结我国民事检察监督制度的发展历程和现状特点，恰恰反映了不同价值观主导下关于制度的法理认知对于制度矛盾演进的推动作用。对此进行梳理和辨析，可以澄清多年来影响制度发展的模糊认识，确定民事检察监督的应然理念，明确制度的完善标准。

一、我国民事检察监督制度的法理基础

民事检察监督制度是我国法律监督制度体系的重要组成部分，是社会主义民主和法制的重要内容。近年来，无论是理论界还是司法实务界，对民事检察监督制度是存还是废、是加强还是削弱进行了激烈争论。一般认为，我国民事检察监督制度的创立和发展是建立在以下法理之上的。

（一）司法公正理论

公正是司法的灵魂。司法公正，作为诉讼活动正义的体现，其基本内涵就是要在诉讼过程和诉讼结果中均体现出公平和正义精神。司法公正始终是司法活动的本质要求和整个司法活动追求的终极目标，因为司法活动作为适用法律解决冲突的活动，就是要对社会中存在的遭到破坏和扭曲的权利义务关系加以矫正，对于已经出现的冲突予以公平合理的解决，从而

消除和预防冲突的再次发生。因此，美国学者勒斯克指出："法的目的在于主持公道，而法院的任务则是审判，公道地、不偏不倚地适用法律，解决争议。"①

司法公正在法治国家中的地位是极其重要的，是对国家司法机关执行法律最基本的要求。在现代法治国家中，法律的地位至高无上，司法机关作为法律的执行者和维护者，其使命就是保障国家法律的公正执行。但是，在任何国家，可能影响司法公正的因素都是大量存在的，要真正做到司法公正绝非易事。例如，司法人员的职业素质不符合要求，对法律的不正确理解，社会各种因素对司法活动的干扰，司法人员利用职权徇情、徇私等。因此，要防止和减少程序违法现象和不公正的裁判，由国家法律监督机关对民事诉讼活动进行监督是十分必要的。诉讼理论认为司法公正一般包含实体公正和程序公正，民事诉讼就是要通过实体法与程序法的共同作用形成合力来实现司法公正。前者要求法院的判决所认定的事实应当与客观事实相符合，其反映的是一种"结果价值"；后者则要求法院的裁判所确认的事实必须按照诉讼程序达到法律真实，其反映的是一种"过程价值"。正确把握二者之间的联系将会促进人们对程序价值和意义的准确定位，从而对司法公正形成合理的认识和期待。因此，实体公正和程序公正之间是一种既统一又分离的关系。

为了防止和减少司法不公现象的发生，由专门的国家法律监督机关对民事诉讼活动进行监督就具有了一定的现实性和必要性。要确保司法公正，就必须规范司法，加强监督，因为"一项生效裁判，我们之所以应当尊重其效力，那是因为这项裁判是公正的，即无论程序方面还是实体方面，皆是公正。反之，对那些缺乏司法公正的生效裁判，强求服从其所谓既判效力，而且以维护司法权威为借口，这只能适得其反，最终只会损害

① ［美］勒斯克：《美国民事诉讼法》，夏登峻等译，法律出版社 1997 年版，第 215 页。

司法权威”。[①]

（二）权力制衡理论

英国思想史学家阿克顿勋爵说过一句名言：“权力导致腐败，绝对权力导致绝对腐败。”法国启蒙思想家孟德斯鸠在其《论法的精神》一书中写道：“一切有权力的人都容易滥用权力，这是万古不易的一条经验。有权力的人们使用权力一直到遇有界限的地方才休止。从事物的性质来说，要防止滥用权力，就必须以权力约束权力。”[②] 因为“权力是一种支配、控制和管理的力量，设立不受制约的绝对权力本身就意味着在制度上对这些权力滥用的默许”。[③] 公权力的行使需要受到监督制约，司法机关的审判权作为重要的公权力之一，理应受到监督制约。权力制衡理论是近代资产阶级革命的产物，其含义可以简要概括为：如果一项权力不受约束，那么它将必然走向腐败，如果一项权力不受任何约束，那么它将走向腐败的深渊；通过道德的手段并不能绝对地调控权力，让权力来制约权力才是法治的尚方宝剑。大部分西方国家正是以这种思想为指导来发展法治的。

我国的政体虽然采用的是议行合一的人民代表大会制度，但人民代表大会不可能行使国家的各项权力，而必须把权力委托给具体的国家机关来行使，于是在人民代表大会制度之下设立了人民政府、人民法院和人民检察院，分别行使国家的行政权、审判权和检察权。我国国家权力的设置虽然不同于资本主义国家的三权分立，但实质上也是一种分权，各种具体的国家权力之间也存在相互制约的关系。就诉讼活动而言，要保证国家审判权不被滥用，防止出现侵犯当事人合法权益的现象，就必须以检察权制约

---

① 最高人民法院民事诉讼法调研小组编：《民事诉讼程序改革报告》，法律出版社 2003 年版，第 267 页。

② ［法］孟德斯鸠：《论法的精神》（上），张雁深译，商务印书馆 1961 年版，第 154 页。

③ 王德玲：《民事检察监督制度研究》，中国法制出版社 2006 年版，第 114 页。

审判权。“检察制度的创设正是为了实现对权力的监督与制约，它是人类社会发展到一定历史时期的产物，尤其是诉讼制度自身演变、完善的结果。”① 同时，人民法院独立行使审判权和人民检察院独立行使检察权都是我国宪法规定的基本原则，国家权力这样配置的基本原理，就是通过对审判权和检察权的相互制约，防止审判机关和检察机关滥用权力，以更好地保护公民、法人和其他组织的合法权益。在这样的原则面前，强调法院的审判独立，而排斥检察院对法院的监督，或者强调检察独立而干预法院的独立审判，都是违背法理的。②

此外，大量的实践经验告诉我们，内部的自我监督往往会流于形式，难以达到监督的效果，仅仅依靠法院的自律，不可能根除司法腐败，也难以树立司法权威和司法尊严。检察监督正是一种最合理的外部监督方式，通过相关法律以及司法解释的规定，检察机关不仅可以对存在错误的裁判提出抗诉，还可以对法官在审判过程中的不当失职行为提出检察建议，情节恶劣的，甚至可以通过法律程序让法官承担相应的刑事责任。这样就把审判机关的行为置于公开透明的状态，使司法腐败和司法不公行为无处可逃。民事检察监督权属于检察监督权的下位概念，必然也满足权力制衡的要求。

（三）民事诉讼机制理论

从民事诉讼机制理论来看，民事诉讼公正性的基础在于形成当事人平等对抗、法官居中裁判的等腰三角形结构。民事检察监督的正当性在于其促进而非打破了这种稳定的“三角形”诉讼机制。第一，在三角形三个顶点的关系中，虽然我国当事人程序主体性理念在实践中得到了提升，但诉

---

① 潘度文：《检察机关法律监督权如何在民事诉讼中实现》，载陈桂明、王鸿翼主编：《司法改革与民事诉讼监督制度完善》，厦门大学出版社 2011 年版，第 99 页。

② 参见杨立新：《民事行政检察教程》，法律出版社 2002 年版，第 8 页。

权与审判权相比仍然处于弱势地位，在目前封闭的诉讼构造中诉权与审判权无法实现平衡，有必要从外部引入监督制约机制，民事检察监督权的介入为诉权和审判权的动态平衡提供了可能。第二，当事人平等对抗是等腰三角形的两腰所指，也是程序公正的必然要求。倘若诉讼中原被告双方攻防力量不均衡，就会扭曲民事诉讼结构，最终殃及程序正义乃至实体正义的实现。在一般案件中，只要法官中立、平等地对待当事人，当事人平等对抗就容易实现。但是在垄断案件、损害消费者权利案件、环境侵权案件等侵害国家利益、社会公共利益的案件中，双方当事人力量严重失衡，当事人平等对抗难以实现，此时检察监督权的介入能够有效矫正失衡的诉讼关系，维护等腰三角形两腰的平等和稳定。

（四）当事人诉权保障理论

诉权作为一项基本法定人权，是指公民权益受到侵害时请求国家机关予以保护的权利。诉权是现代法治社会的第一制度性人权，只有诉权是可以要求政府承担无限保护责任的，并且这种保护责任是可能的、现实的。[①] 孟德斯鸠在其著作《论法的精神》中阐述了诉权保障的思想，他说：“在政治宽和的国家里，一个人，即使是最卑微的公民的生命也应当受到尊重。他的荣誉和财产，如果没有经过长期的审查，是不得剥夺的；他的生命，除了受国家的控诉之外，是不得剥夺的。国家控诉他的时候，也必定要给他一切可能的手段为自己辩护”。[②] 诉权在西方是一项宪法上的权利，它被国际社会广泛承认并反映在国际公约等国际人权文件中，其主要内容包括起诉权、请求裁判权和获得公正裁判权。虽然诉权在我国并未入宪，但是在“国家尊重和保障人权”的宪法框架下，诉权基于其基本人权的性

---

① 参见莫纪宏：《现代宪法的逻辑基础》，法律出版社 2001 年版，第 304 ~305 页。

② ［法］孟德斯鸠：《论法的精神》，许明龙译，商务印书馆 1963 年版，第 75 ~76 页。

质理应受到国家法律的保护。事实上，我国三大程序法均规定了法官不得拒绝裁判，必须依法、公正、及时裁判等要求，其实质上就是诉权的影子。然而在我国民事诉讼中，由于立法规定的起诉标准——属于人民法院受理民事诉讼的范围具有一定的模糊性、当事人法定庭审请求权缺失、法官释明义务不明确、法官队伍整体业务素质不高、司法腐败等种种原因，当事人面临起诉难、案件及时审结难、获得公正审判难的局面，当事人的诉权得不到保障，当事人诉诸法院的纠纷得不到妥善、彻底的解决。在这种情况下，检察机关通过对法院应予立案而不立案等情形的监督，对明显错误的判决、裁定提起抗诉，对双方地位悬殊的案件支持起诉，对损害国家利益、社会公共利益、公序良俗的案件实行督促起诉，对法院审判环节的违法问题提出检察建议等方式监督审判权的行使，能够保证法官充分尊重当事人的意志、认真听取当事人的意见，以满足程序参与性的要求，促进审判权和诉权的平衡，进而保障当事人诉权的实现。

（五）权利的公力救济理论

法谚云："有权利必有救济。"法律既然赋予民众权利，就必然要给予救济。催生民事检察监督的一个现实动因在于民事权利救济体系的缺陷：首先，私力救济的局限性导致力量薄弱一方的权利得不到很好的保护；其次，民事诉讼中由于人为因素的影响而使当事人的权利无法实现；最后，某种民事行为在某些情况下不仅侵害了个人权利，更为重要的是它还损害了国家利益和社会公共利益却无人救济，严重影响了社会秩序的安定。因此，国家作为民众利益的维护者，有义务去保护民众权利，恢复因违法行为而受损的权利。所以，国家必须建立健全公力救济体系，切实维护好国家利益、社会公共利益和公民个人民事权益。在民事诉讼中，主观方面的人为因素和客观方面的制度因素，导致了权利受到侵害的当事人即使诉诸法院也不能很好地实现其权利的局面，这就需要国家安排一个机关来监督审判机关，以便法院认真履行职权，实现当事人的权利。检察机关作为国家的法律监督机关，理应承担起这一职责。可以说，这是民事检察监督制度存在的理论基础之一。

二、我国民事检察监督制度的法理辨析

（一）我国民事检察监督制度基本内涵的法理辨析

1. 关于“监督”的理解。在西方法律中，很少使用“监督”一词，因为无论是“superintend”还是“supervise”，都具有上对下进行控制的含义。这些词既指“监督”，也指“指挥、主管、控制”。特别是在“三权分立”理念的支撑下，人们比较忌讳这种作为一种上位权力的监督，而习惯于使用“checks and balances”，即“制衡”，认为制衡体现了分权、制约的原理。① 在中国，“监督”是一个广泛使用的术语。关于“监督”，《辞海》释为监察督促。“监督”中的“监”意味着监视、察看、临下等意，“督”指督导、督促、纠正，还被延伸为约束、束缚、限制、牵制、制约等意；两字结合形成互为因果的关系，“督”以“监”为基础和前提，“监”以“督”为结果和目的，前者引申为了解权、观察权，后者发展为督促权或者纠正权，从而构成以观察权和纠正权为主要内容和特征的监督权力结构。② 在宪制体制下，“监督”被理解为提示督导、纠正错误和保障秩序等。

现代意义上的“监督”有两种含义，是指“察看并督促”，也指“做监督工作的人”。③ 在法律意义上，现代“监督”一词的用法有三个方面，即上级对下级的监督、下级对上级的监督、平级的监督。监督的主体不

---

① 参见张智辉：《检察权研究》，中国检察出版社 2007 年版，第 57 页。

② 参见向泽选：《法律监督原理》，群众出版社 2006 年版，第 1 页。

③ 参见中国社会科学院语言研究所词典编辑室编：《现代汉语词典》（第 5 版），商务印书馆 2005 年版，第 662 ~663 页。

同，监督的目的和功能就不同：上级对下级的监督是为了行使管理权，因而具有管理功能；下级对上级的监督则是为了提请上级注意自己的行为，具有提示的功能，同时作为一种民主权利，具有参与管理的功能；平级的监督是为了相互制约，因而具有制衡的功能。那种认为监督就必须是居高临下、监督者一定要凌驾于被监督者之上的观点，是把监督含义绝对化的一种结果，否定了现实社会政治生活中其他监督形式客观存在的事实，因而在理论上具有片面性。①

据此可知，我国检察机关行使的法律监督权，无论是从宪法权力配置上还是权力的实践运行上，均以其程序性而不存在凌驾于法官之上的可能性。一些学者所谓的检察官成了"法官之上的法官"② 的担心是没有法律和事实依据的，也是多余的。正如"监督"的本义那样，这项国家权力只是"从旁察看"，并引发相应的程序。

2. 关于"检察监督"的理解。检察监督是以人民检察院为主体而进行的法律监督，是检察机关依法对有关国家机关及其公职人员执法、司法活动的合法性和社会组织或公民的违法犯罪行为进行的监督。③ 检察监督的特征主要表现在以下几个方面：一是专门性。人民检察院既不行使行政职权，也不行使审判职权，而是以监督法律的统一、正确实施为职责。二是权威性。检察机关的法律监督是由国家权力机关授权并以国家的名义进行的。三是监督范围和对象的特定性。检察机关法律监督的对象是有关国家机关、国家工作人员和公民。具体而言，对有关国家机关实行法律监督，是对执行司法职能的那一部分国家机关，即公安机关、人民法院、监狱、看守所的活动是否合法实施监督，而不是对所有的国家机关实行监督。对

---

① 参见张智辉：《检察权研究》，中国检察出版社2007年版，第57~58页。

② 陈兴良：《从"法官之上的法官"到"法官之前的法官"——刑事法治视野中的检察权》，载《中外法学》2000年第6期。后成为流行语，有时被人用在检察监督权上，有时被人用在人大的监督权上。

③ 参见潘松：《法治完善语境下的民事检察监督制度研究》，广西民族大学2011年硕士学位论文。

国家工作人员实行法律监督，只限于对依照刑法规定构成职务犯罪的案件实行监督，而不是对所有的国家工作人员一般违反党纪、政纪并不触犯刑法的案件实行监督；对公民实行法律监督，只限于对违反刑法，需要追究刑事责任的案件实行监督，是特定含义的监督。四是监督的强制性和有效性。为了充分发挥检察机关法律监督的作用，维护法律监督的严肃性，法律赋予检察机关相应的职权和手段。[①] 与行政机关和审判机关不同，检察机关是以法律监督为基本职能的专门法律监督机关，它只从维护国家宪法、法律的统一正确实施出发，对行政、审判等活动进行法律评价，对损害国家利益、社会公共利益和公民重要权益的行为进行监察和督导。

从本质上来看，检察监督权说到底是一种提请追诉和督促纠正的权力，而不是一种实体处分的权力。其性质不是上级对下级的监督，而是不同主体之间作为一种制约方式的监督。这就决定了检察监督不应该具有实体处分的权力，而只能是检查、督促有关机关和人员自行纠正违法行为。如果有关机关和人员坚持不纠正，检察机关也只有提请有权管辖的机关追究其责任的权力，而没有自行对其进行处分或惩戒的权力。这种监督关系的实质不是要被监督者必须服从监督者、必须按照监督者的意志纠正自己的错误，而是被监督者与监督者之间的一种制衡关系。它要求被监督者必须重视监督者的意见，重新审视检查自己的行为，如果被监督者认为自己的决定或行为违法且确有错误，就应当由被监督者自己决定依法予以纠正。正是因为检察监督权对于其他主体只具有建议纠正和提请追诉的权力，而不具有实体处分和惩戒的权力，所以它不可能从根本上妨害其他国家权力的有效行使。由一个没有实体处分权的国家机关监督拥有实体处分权的其他国家机关，这样一种权力架构才具有合理性。[②]

---

① 参见樊崇义主编：《刑事诉讼法学》，中国政法大学出版社 1999 年版，第 67 页。

② 参见孙谦主编：《中国检察制度论纲》，人民出版社 2004 年版，第 62 ~63 页。

3. 关于“民事检察监督”的理解。民事检察监督是指在民事诉讼中，检察机关对民事诉讼活动依法进行监督的诉讼法律制度，它是我国检察权权能的重要组成部分。检察机关的这一职能和权限，主要是通过对民事诉讼活动进行监督来实现的，其作为检察权中诉讼监督权的一部分，体现的是检察机关的检察权对法院审判权的监督，是一种公权（检察权）对另一种公权（审判权）的监督与制约，其目的是保障国家法律的统一正确实施，以维护社会的公平正义。民事检察监督的含义包括以下几点：

（1）民事检察监督权是由特定国家机关实施的一种专门性法律监督。人民检察院民事检察监督的专门性突出表现在两个方面：一是法律监督权作为国家权力的一部分，由人民检察院专门行使，法律监督是检察机关的专门职责。检察机关如果放弃对严重违反法律的行为进行监督，就是失职。因此，它不同于其他一切社会活动主体都能进行的一般性监督。二是法律监督的手段是专门的。按照宪法和法律的规定，检察机关进行法律监督的手段是由法律特别规定的，如对于人民法院确有错误的判决、裁定、调解书提出抗诉的权力，对法官诉讼过程中的违法行为进行调查的权力等，都是只有检察机关才有权使用的监督手段。这种由专门的国家机关运用专门的手段所进行的法律监督是其他任何一种监督方式所无法替代的，也是检察监督在监督民事法律实施的整个监督机制中具有特别重要意义的根本保障。我国的民事检察监督是由专门的国家机关实施的一种专门性的法律监督，也进一步体现了人民检察院代表国家对人民法院的民事诉讼活动实施的是一种具有威严的法律监督，是一种具有专业性和技术性的法律监督。[①]

（2）民事检察监督的本质是民事诉讼监督。检察机关通过行使民事检察监督权，将民事诉讼活动纳入法律监督之下，保障民事诉讼活动按照法

---

① 参见张显伟、杜承秀、王丽芳：《民事行政诉讼检察监督制度研究》，中国法制出版社 2011 年版，第 12～13 页。

律确定的程序进行，保障人民法院在诉讼中不违反法律。同时，保障对审理中的民事纠纷在适用法律上公正、合法，保障国家民事实体法的统一正确实施。[①] 检察机关在民事诉讼中的法律监督职能决定了其在民事诉讼中始终处于法律监督者的地位。

（3）民事检察监督的本质是对法院行使审判权的监督。我国法律保障人民法院和人民检察院独立行使审判权和检察权，这两项独立行使的权力并行不悖。人民法院独立行使审判权，就是依照法律对案件进行审判，只服从法律；人民检察院独立行使检察权，就包括对审判活动的监督。检察机关对民事审判进行监督，就是独立行使检察权，也只是服从法律。这种权力配置的机理，就是对审判权力的行使设置有效的监督机制，保证审判权依法行使。为了保证民事审判权的依法独立行使和防止民事审判权的滥用，设立了民事检察监督制度，对民事审判权进行保障和制约。民事检察监督权对民事审判权的保障和制约的根本依据和目的与审判独立的依据和目的是重合的，同样是基于保护基本人权和保障司法公正的实现。正是这种根本依据和目的的同一性，构成了民事审判权和民事检察权对立统一的基础。[②] 民事检察权的启动和运作是以法院生效判决和裁定在实体上和程序上严重违反法律规定从而危害了司法公正为前提条件，检察机关通过审判监督程序，督促法院对自己错误的判决和裁定予以纠正。

（4）民事检察监督是程序意义上的法律监督。民事检察监督的这种程序性特点，是由民事诉讼中配置的检察权的法律监督属性决定的。民事检察监督权的这种程序性特点，使检察机关的监督权在国家权力结构上具有合理性。实践中，民事检察监督手段的运用必须严格遵守民事法律规定的程序，不得违反程序规则任意进行监督。并且，从性质上来看，检察机关

---

① 参见杨立新：《民事行政检察教程》，法律出版社2002年版，第45页。

② 参见蔡彦敏：《从规范到运作——论民事诉讼中的检察监督》，载《法学评论》2000年第3期。

对民事诉讼活动实行的法律监督也是一种程序意义上的监督，不是实体监督，其效果仅在于启动再审程序。一旦进入再审程序，诉讼结构就回归到双方当事人与法院，检察机关除了作为监督者宣读抗诉书外，不再承担任何实体性职能，对再审案件进行审理和裁判的权力仍属于法院和法官。

（5）民事检察监督属于事后监督。民事检察监督的启动必须是在法律规定的属于监督范围的情形出现以后，主要是“依照民事诉讼法规定的民事检察监督程序，对人民法院已经发生法律效力的民事判决、裁定，提出再审意见，人民法院按照审判监督程序对该案件依法进行再审”① 来实现的。因此，这就从时间和程序上决定了人民检察院的监督只能是对生效裁判的监督，也就是“事后”监督。虽然《民事诉讼法》并没有明确规定民事检察监督属于“事后”监督，但是我们根据法律规定的内容可以看出民事检察监督的“事后”监督属性。

（二）关于民事检察监督内涵的界定

对于民事检察监督内涵的界定，关系民事检察监督的职能内容和检察机关与审判机关、当事人在监督中的关系定位等问题。本书认为，界定民事检察监督的内涵应当考虑设立监督的功能目标、现实需求以及司法规律对于监督的客观要求。据此，对民事检察监督应从以下三方面来理解其内涵：

1. 权力制约。目前已经达成的理论共识认为，民事检察监督主要有维护司法公正、法制统一、司法权威和当事人合法权益等功能。其中，统一适用法律是维护司法公正的基础，维护司法权威和当事人的合法权益是维护司法公正的结果。因此，维护司法公正是民事检察监督的核心功能。同时，据一些学者调查，近年来，关于司法机关是否有能力或有权威处理诉讼案件，接受调查者“完全相信”和“比较相信”的总共仅占53%，其

---

① 杨立新：《民事行政检察教程》，法律出版社2002年版，第214页。

余则“信心不足”或“不相信”。[①] 在此情况下，整个社会强烈呼吁加强对审判机关的监督，在一定程度上遏制司法不公现象，[②] 维护司法公正成为民事检察监督制度得以不断强化的现实动因。然而，一般来说，没有界限和不受制约的权力对社会造成危害的可能性极大，而软弱无力的权力也无法维护自由和正义。[③]

检察机关履行民事检察监督职能，通过“干预”固然会使检察机关陷入干涉审判权独立、成为“法官之上的法官”的怪圈，从而以检察权代行审判权、以检察官的判断代替法官的判断，而非以检察权敦促审判权公正行使，促使法官形成公正判断。但仅仅通过“监视”“督促”等外化方式“建议”审判权公正行使，而不对审判权行使形成实质有效的约束，即使是抗诉这种“硬性”的有法定监督后果的监督，对司法不公起到的遏制作用也有限。至于立法未规定法律效力和法律后果的检察建议，其对审判权的约束作用更为有限。据 G 省检察机关数据统计报表显示，2014 年至 2016 年，全省检察机关审结民事检察监督案件 6439 件，仅向法院提出抗诉 205 件，法院再审 131 件，再审改判、撤销原判和调解 102 件，抗诉再审改变率为 77. 9%；向法院提出再审检察建议 178 件，法院采纳 87 件，采纳率不到 50%。

“创设检察官制度的最重要目的之一，在于透过诉讼分权模式，以法官与检察官彼此监督节制的方法，保障司法权限行使的客观性与合理性。”[④] 检察权作为一种公权力，它介入民事诉讼法律关系，就是为了控制和制约审判权和裁判行为。[⑤] 权力制约有平等性、对抗性、双向性、即时

① 参见马骏驹、聂德宗：《当前我国司法制度存在的问题与改进对策》，载《法学评论》2008 年第 6 期。

② 参见扈纪华：《关于民事诉讼中的检察监督问题》，载《河南社会科学》2011 年第 5 期。

③ 参见张文显：《法哲学范畴研究》，中国政法大学出版社 2001 年版，第 396 页。

④ 林钰雄：《检察官论》，台北，学林文化事业有限公司 2000 年版，第 16 ~17 页。

⑤ 参见张显伟、杜承秀、王丽芳：《民事行政诉讼检察监督制度研究》，中国法制出版社 2011 年版，第 198 ~205 页。

性等特点，这要求检察权应与审判权的强度相当，否则要么对审判权的行使形成压制，要么不能对审判权的扩张形成有效约束。检察机关通过“建议”“督促”等方式履行监督职能，检察权的权力强度显然难以达到有效约束审判权的要求。权力制约也要求检察权能与审判权紧密衔接，相伴相随，以便能够通过监督及时防止滥权结果的发生。而如果检察机关并不参与审判程序，直至审判机关违法行为、违法后果发生后才提出抗诉“意见”、检察“建议”，显然也难以达到随时知晓违法信息、及时发挥制约效能的目的。由此，检察机关参与民事诉讼，对审判权行使进行事中监督、全程监督，是民事检察监督中检察权与审判权形成权力制约的本质要求。

2. 权利保障。民事诉讼是原告运用其司法请求权向法院请求权利保护的主要公力救济机制。当事人在其权利受到侵害或与他人发生争执时不仅有请求独立的合格的司法机关予以司法救济的权利，也有获得公平审判的权利，包括获得公正审判程序的权利和获得公正审判结果的权利。

如果审判机关能够公正司法，平等对待当事人，保障双方当事人充分行使各项诉讼权利，保证裁判的公正、合理，民事检察监督就是默然的；反之，就需通过监督来保障当事人因不公正审判而未得到救济的权利得以实现。因此，权利保障是民事检察监督中检察机关与当事人关系的应有定位。G 省检察机关自 1992 年开展民事检察监督工作以来，当事人申请抗诉的案件，申诉事由中经常涉及法院司法不公、偏袒对方当事人、侵犯自己诉讼权利的情形；2012 年《民事诉讼法》修订前，不少当事人在一审判决后，由于认为法官在一审审理中有司法不公行为，主动放弃上诉的权利，在判决生效后申请检察机关监督以保障其合法权益；历年至 G 省检察机关缠访缠诉的民事案件当事人，多因检察机关不支持其监督申请，偶尔可见检察机关抗诉后意见未被再审法院采纳的案件。这说明，要求检察机关保障权利也是民事申诉人对民事检察监督的现实需求。同时，多年来，当年当事人向检察机关申请监督的案件数量，往往随检察机关前一年抗诉和提出再审检察建议案件的数量上升而上升（尤其是1991年《民事诉讼法》颁布后民事检察监督工作开始在全国开展的前十年，见图5－1），表明只有加强权利保障，民事检察监督的权威才会不断提升，保障权利也是民事检察监督的生命力所在。当然，民事检察监督对当事人合法权利进行保障是通过对法院民事审判权的制约而进行的，这有别于审判机关通过行使民事审判权对当事人合法权益直接进行救济。有时当事人的合法权益虽已通过法院判决、裁定得到维护，但或者由于案件牵涉单位管理漏洞使当事人合法权益已被侵害而只能得到赔偿、补偿，不能通过执行回转实现，或者需要案件牵涉单位配合帮助当事人实现判决、裁定所确定的权利。这时检察机关还需延伸监督职能，履行作为国家机关参与管理社会事务的义务，督促案件牵涉单位或者整章建制，防止案件中类似行为继续损害其他公民权益，或者配合执行，保障法院判决、裁定确定的当事人合法权益切实实现。因此，民事检察监督对强化社会管理也发挥着重要作用。

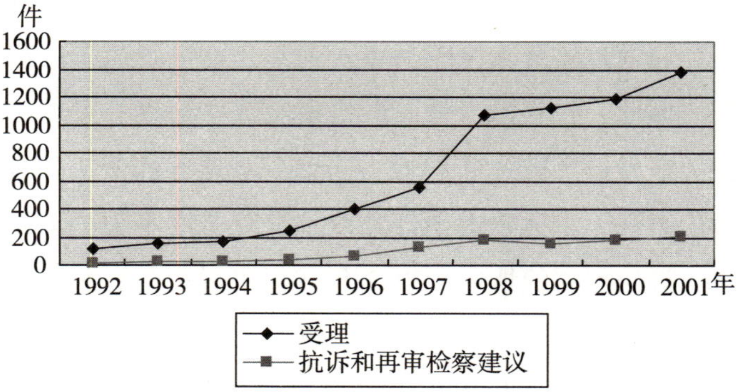

图5－1　1992年至2001年G省检察机关受理案件数与抗诉、再审检察建议案件数

3. 公益守护。国家利益和社会公共利益是广义的公民共同的权益，维护国家利益和社会公共利益是实现公民个人权益的基础。检察机关是宪法规定的专门法律监督机关，理应对公益性法律的遵守情况进行监督，通过法律监督参与社会管理，保障国家利益和社会公共利益、公民个人合法权益是其“监督”的应有之义。因此，检察机关在民事检察监督中负有公益守护的当然职责。同时，从现实条件看，国家利益和社会公共利益虽然对一定范围内的每个公民来说具有切身的利害关系，但又不是公民“个人”权益的简单综合。

因此，当违法损害国家利益、社会公共利益的行为发生时，单个的社会公民往往不具有适格的原告主体身份和权利对之提起诉讼，也无法承担由此而来的较大的诉讼成本和代价。例如，在国有企业改制过程中，因国有企业负责人和受让产权的私营企业主恶意串通导致的国有资产流失，国家财产和国有企业职工权益都受到损害，但企业职工在法律上并不代表该企业，所以也无权向法院提起诉讼，更无法获取由企业保管的关键证据，以及承担搜集证据的相关费用。在此情形下，由国家机关来充任国家利益和社会公共利益的守护者成为必然。从国外立法例看，赋予检察机关对损害国家利益和社会公共利益的行为提起诉讼的权力，是通行的做法。从我国的国家权力架构看，立法机关没有对具体事项进行法律监督的权力；军事机关的职能并不涉及社会管理；行政机关在很多情况下本就是损害国家利益、社会公共利益的涉案人（很多损害公益案件的发生与行政管理部门监督失责或行政人员渎职、徇私舞弊有很大关系，行政机关本身往往就是案件的被告人）；审判机关则是纠纷的裁判者，如果由其来担任公益守护人，其处理公益纠纷时，就同时具有“运动员”和“裁判员”的双重身份；检察机关作为司法机关，不但有权对具体事项进行法律监督，而且由于其只是通过法律监督参与社会管理，因而其管理职能具有间接性，一般也不会成为损害国家利益、社会公共利益的涉案人。因此，检察机关是现行体制下守护公益的最合适的国家机关。

我国各级检察机关从20世纪50年代就开始了参与民事公益活动的实践。1954年，仅辽宁、安徽、江西、山东、河南、山西、陕西、甘肃和北京9个省市，检察机关就办理民事案件2352件，既有起诉的公益诉讼案件，也有参与诉讼的民事案件。[①] 1997年5月，南阳市方城县检察院作为原告，向方城县法院起诉，要求确认一份被告低价转让国有资产的买卖合同无效，得到法院判决支持，这是改革开放以来第一件公益诉讼案件，得到了最高人民检察院的支持，同时获得时任全国人大常委会委员长李鹏的赞同。[②] 近几年，检察机关还通过督促起诉、支持起诉等其他方式守护公益，最高人民检察院试点公益诉讼改革两年来也取得了良好效果，得到了法院和人民群众的广泛认同，证明了检察机关作为公益守护人符合社会的要求和人民群众的期待，在现实中具有较强的可操作性。

（三）我国民事检察监督权的性质

民事检察监督权的性质，是一个颇具争议的问题。因为这对于日后完善民事检察监督体系具有重要的指导意义，检察机关的权利义务等实质性问题在未来立法中亦需要根据民事检察监督权的性质来确定。对此，理论界及实务界均持有不同的见解。总体来说，包括以下五种学说：

1. 行政权说。此说认为民事检察监督权属于行政权的范畴，此种观点很大程度上是基于对检察权运行的现实所作的考量。简言之，有以下三点原因：一是检察机关的组织体制和行动原则具有行政权的特性。检察机关上下作为一个整体，上级与下级之间具有隶属关系。二是根据国家权力的

---

① 参见汤维建：《民事检察法理研究》，中国检察出版社2014年版，第115页。

② 参见杨立新：《我国改革开放以来第一件公益诉讼案件及重要意义》，载杨立新民商网：http：//www.yanglx.com/dispnews.asp? id =880，最后访问日期：2009年4月6日。

划分，以“三权分立”学说为基础，用排除法来确定检察权的性质，检察权既不属于立法权，又不属于具有裁判权能的司法权，由此认定检察权在性质上属于行政权。三是司法权最重要的特征是不告不理，司法者保持绝对的中立和被动，而民事检察监督权具有主动性，这样一种权力的最根本的特点就在于其是对司法权进行监督的一种权力，并且这种监督权是被法律所允许甚至强制规定的。即使没有当事人的申诉，检察机关也可以自主介入民事案件的审理及执行中，这和司法权的本质是背道而驰的。同时，持该观点的学者还认为民事检察监督权不具有终局性，最终仍要经过法院司法程序的审判。

2. 司法权说。此说认为检察权是司法权，检察机关是司法机关。该观点认为将检察权等同于行政权，抹杀了检察官在一定程度上的独立判断权和处置权，抹杀了检察官受法定原则的严格限制，应当将依法办事置于“上命下从”的组织关系之上这一要求，其最突出的弊端是使检察权服从于行政权，检察官服从于政府首长，从而严重损害了法治原则的贯彻。同时，由宪政结构上论证检察权属于行政权，抹杀了检察权可能在司法权内定位或在三权之外定位的可能性。并且，此说由检察机关属于司法机关推出检察权从根本上来说就是一种司法权，而作为检察权下位概念的民事检察监督权必然也是一种司法权。在民事诉讼领域，检察机关的工作方式和起到的主要作用可以说是与司法机关大致相同的，检察机关参与诉讼活动，在办案中采取措施、作出决定，是对个案具体事实适用法律的活动。检察官与法官同质但不同职，具有等同性，检察官如同法官一般执行司法领域内的重要职能，[①] 符合司法权的特征。

3. 行政、司法双重属性权说，也称混合说。此说认为检察权从某些方面来看和行政权比较类似，但是从另外一些方面看，又跟司法权比较接

① 参见谢鹏程：《论检察权的性质》，载《法学》2002 年第 2 期。

近，上级检察院对下级检察院拥有的那种不可置疑的领导权力，以及检察机关在侦查等司法活动中享有的限制人身自由等权力，都显示出其具有行政权特性的一面。但检察机关的诉讼行为主要是为了法律的适用及司法的统一，其监督行为虽然具有主动性的特征，却不具有强制性的特征。因为对于具体案件是非对错的终局裁判必须由人民法院作出，检察机关虽然可以对案件审理过程中的错误行为甚至是徇私枉法等失职、渎职行为提出抗诉、发检察建议甚至提起公诉，但其并不能代替审判机关对案件进行最终判决。除此之外，人民检察院和全部的检察官对自己的行为都有一定程度的自由支配权，并不是上级检察院及领导人员行为的工具。

4. 法律监督权说。此说既不同意将检察监督权划到行政权的范畴，也不同意将检察监督权作为司法权来看待。这种观点认为，检察机关在民事诉讼中无论是基于何种方式介入，如提起诉讼、抗诉、检察建议等，均以法律监督者的身份出现。因此，作为广泛意义上的法律监督者，检察机关不仅监督案件诉讼过程中法律的实施是否正确，还对当事人的不当司法行为进行监督。因此，在民事诉讼领域，检察机关所行使的这样一种权力是由宪法支持的一种完全意义上的法律监督权。虽然检察监督权在内容和运作方式上兼有一定的行政性质和司法性质，而且司法性质比较突出，但无论是行政性还是司法性，它们都是检察监督权局部的、从属性的、次要方面的和非本质的特征。检察权的法律监督权属性得到了国内大部分学者的支持。李桂茂等学者在论证法律监督权的性质时认为，法律监督权是相对独立的国家权力，是国家权力的重要组成部分，具有国家权力应有的一般特征，具有同审判权以及行政权平等的法律地位和权威。

5. 检察权说。此说认为我国的检察监督权既不是单纯的法律监督权，也不是司法权，更不是行政权，检察权不但包括法律监督权，而且包括公诉权。因而相比行政权和司法权来说，有其自身独特的内涵。“有鉴于此，对我国检察权的性质的准确定位应以我国的宪政体制为背景，以承认检察权的独立价值为前提，并在此基础上作出科学的抽象和概括。当然，这是一个相对复杂的过程，并非三言两语所能言明。但如果非要在这里给出一个‘说法’，我的观点是：检察权就是检察权，它是现实，是客观存在，更有其必要性与合理性，它既不依附于行政权也不依附于司法权。”①

笔者认为上述五种关于检察权性质的探讨中的前四种观点均未能准确说明民事检察监督权的性质，而我国的民事检察监督权就是检察权。理由如下：

1. 民事检察监督权不属于行政权。首先，将检察权定位于行政权注意到了检察权运行的表征，这是其合理之所在。然而，此观点忽略了检察权设立的根本目的，其定位最大的弊端是使检察权从属于行政权，这样一来，检察官就必须服从于行政长官的意志，而这无疑在某种程度上损害了法治原则的贯彻。② 其次，检察权的权能行使及其运行的过程更注重程序的正当性、公开性与有序性，而行政权不同，行政权是为了社会效益的最大化，本质上是对实体上的效率和效益的追求。再次，在效率与公平的关系上，检察权运行的目标是公平优先，在公平的基础上提高效率，而行政权的运行目标则为“效率优先，兼顾公平”。最后，我国《行政诉讼法》及其司法解释将检察行为排除在具体行政行为之外，《国家赔偿法》将检察机关的侵权行为规定在刑事司法赔偿中。检察权显然不具有可诉性，而行政权具有可诉性，检察权的不可诉性使试图将检察权纳入行政权范畴的做法行不通。由此可见，民事检察监督权并非属于行政权，二者是有本质区别的。

2. 民事检察监督权不属于司法权。将检察权定位于司法权的直接动因是防止行政权不当干预司法的需要，这在一定程度上避免了检察权定位于

① 参见田平安等：《中国民事检察监督制度的改革与完善》，载《现代法学》2004 年第 1 期。

② 王德玲：《民事检察监督制度研究》，中国法制出版社 2006 年版，第 3 页。

行政权可能导致的“司法正义”缺失的尴尬。但司法权具有判断性、亲历性、独立性、被动性、使用法律性及解决纠纷的终局性六个显著特征。[①]根据上述六个特征来分析民事检察监督权，不难看出，司法权的判断性属于司法权的本质特征。然而，民事检察监督权除了具有一定相对的独立性和适用法律性之外，并不具备包括本质特征在内的其余几个特征，二者虽“接近”但却不相同，因而认为民事检察监督权属于司法权的观点是不可取的。笔者认为，宪法之所以将人民检察院与人民法院放在一起加以规定，是因为这两个机关之间以及审判权与检察监督权之间存在不可割舍的紧密联系，但这并不意味着民事检察监督权就属于司法权。

3. 民事检察监督权不属于行政司法双重属性权。“行政、司法双重属性说”认为检察权在内容和运行方式上兼有行政权与司法权的双重性质，是将前两种观点中有关检察权的认识简单地结合在一起，不能真正揭示检察权的性质。因为任何社会现象都不是纯粹的、单一属性的、简单的事物；相反，都是多种属性的综合体、多重矛盾的统一体。在任何事物的多种属性和多重矛盾中，只有某种属性或某对矛盾处于主导的、决定性的地位，才能构成该事物的本质特征。因此，虽然检察权具有多重属性，但在特定的历史条件下其特性是相对确定和唯一的。复杂事物现象具有多种矛盾，多重属性，但决定事物性质的应当是占主导地位的矛盾和属性，不占主导地位的矛盾和属性并不决定该事物的性质。

4. 民事检察监督权不属于法律监督权。我国设立独立于立法机关、行政机关和审判机关的检察机关，并赋予检察机关法律监督权的理论依据源自列宁的法律监督理论。列宁的法律监督理论是将法律监督权从一般国家权力中分离出来，成为继立法权、行政权和司法权之外的第四种相对独立

---

① 龙宗智：《中国宪政体制下的司法权》，西北政法学院专题讲座，西安，2001 年 6 月，第 3 页。

的国家权力。[1] 正是在这一理论的指导下，法律监督机关成为与行政机关、审判机关法律地位平等的专门国家机关。将检察权界定为法律监督权的观点，合乎现行《宪法》和《人民检察院组织法》规定的字面意义。但正如有学者所指出的，那只是反映了一种状态，从理论上来看，检察权是否应当确定为法律监督权是值得探讨的。[2] 我国检察机关建立的理论基础固然是马克思主义的国家学说和列宁的法律监督理论，但我国检察机关并不具有苏联检察机关所具有的一般监督的职能，检察机关监督公安机关的侦查活动、法院的审判活动以及监狱机关的刑罚执行活动，其法律监督的性质是不言而喻的。但就检察机关享有的民事公诉权而言，其最大特点就是提交法庭裁判。检察机关在民事诉讼架构中也一样应遵循民事诉讼程序的一般规律，将这种履行公诉的职权同时界定为法律监督权，在诉讼法理论上是难以自圆其说的。因此，将检察权界定为法律监督权在某些权能方面存在理论上的障碍。

5. 民事检察监督权属于检察权。不可否认的是，从检察监督权的身上必然能够看到行政权的一些影子，同样也能看到某些类似于司法权的特点。但“像某种事物”和“是某种事物”本来就是两个范畴上的不同问题，我们不能简单地在它们之间画上等号，而想当然地把该种权力定位为一种模糊不清的司法行政权也是不可取的行为。决定一个事物性质的关键因素应该是其本质特征，检察监督权的本质体现于其对民事审判及执行领域的所有司法行为及法官的失职、渎职、越权行为的监督与制止，从而在一定程度上树立司法公正的形象，并且维护司法权威的信念。从这一点上来说，其最终维护的是国家的最根本利益。但是，如果我们仅仅将检察监督权简单地说成是一种法律监督权，那必将走进另一个错误的深渊。随着

① 参见王桂五：《列宁法律监督理论研究》，载《检察理论研究》1993 年第 4 期。

② 参见陈卫东：《我国检察权的反思与重构——以公诉权为核心的分析》，载《法学研究》2002 年第 2 期。

我国社会经济的快速发展，我们发现出现了越来越多的国有资产流失案件，关于环境污染造成损害的案件也频繁发生，这些案件不但严重地损害了每一位公民的利益，更重要的是对我们的国家造成了不可挽回的损失。因此，建立公益诉讼制度已迫在眉睫，各地检察机关已开始尝试以拟制主体的身份介入民事诉讼，代表国家的利益提出公诉，实际上成为真正意义上的诉讼当事人。这时将民事检察监督权定位为一种法律监督权，检察机关在民事公诉中就身兼原告和法律监督者二职，本身就有违诉讼法理，存在理论障碍。正是从这一意义上来说，笔者认为，“法律监督权”这样的一个概念根本就无法完全体现检察监督权在民事诉讼领域所起到的作用及体现的价值。从西方国家的检察机关设置来看，各国的做法不尽相同：有的国家为了强调其行政性质，将检察机关与政府的行政司法机关合并，如美国；有的国家为了强调其司法性质，把检察职能作为司法职能的一部分，将检察机关设置在法院内部，如法国。我国的国家机构体系并不是以“三权分立”为指导原则构建起来的，我们不可能把检察机关称作立法机关，也不可能将其划归到行政机关的体系结构内部。虽然通说认为其属于司法机关，但其和法院并没有直接的隶属或关联关系，其与审判机关同质但不同职，可以说这样的一种权力就是独立的、有自身特色的检察权。

（四）我国民事检察监督权的特征

我国检察机关是专门的法律监督机关，在设置上与法院平行，在地位上与法院平等，享有对法院的审判活动进行监督的权力。民事检察监督权作为检察权的一种，其虽具有检察权的基本特征，但又具有不同于其他检察权的特征。

1. 公权力性。民事纠纷本身是平等主体的公民之间、法人之间、公民与法人之间的财产关系和人身关系的争议，该如何处理解决完全是私人事务，如果双方当事人在不违反法律的情况下协商解决，公权力是不会介入的。如果双方当事人协商解决不了，向法院提起民事诉讼，目的就是要求国家公权力对民事纠纷进行强制干预，因而人民法院的民事审判活动也体现了国家公权力对私权的直接介入。既然有公权力的介入，就自然产生对公权力的监督问题，法律赋予了人民检察院对法院民事诉讼实行法律监督的权力。由此可见，民事检察监督的本质是对审判权的监督，而不是对当事人私权的干预，这是民事检察监督的基本定位和职责所在。我国的检察监督是在人民代表大会制度下实行权力有效监督制约的重要保障。在民事诉讼中，法官处于中心位置，是行使国家审判权和执行权的唯一主体。“权力产生腐败，绝对的权力产生绝对的腐败。”同其他任何国家权力一样，审判权与执行权同样存在滥用的风险。在一元化政治体制下，我国选择了设立检察机关集中和专门行使维护国家权力合法运行职权的权力制衡模式，所以说，检察机关对人民法院的民事诉讼活动进行法律监督是责无旁贷的。2012 年《民事诉讼法》的修改，在总则中将“人民检察院有权对民事审判活动实行法律监督”修改为“人民检察院有权对民事诉讼活动实行法律监督”。笔者认为，对“诉讼活动”应当作限缩解释，指人民法院的审判、执行活动。当事人的诉讼活动，其合法性及程序效果均应接受民事诉讼法的调整或者交由法官判断。即便当事人实施了滥用诉讼权利的行为，如果不涉及国家及社会公共利益，检察机关一般不应介入，对其否定性的评价应由本案的审判法官来完成。①

2. 合法性。法律监督是检察机关的宪法职责，其监督的核心要素是法律性，就监督性质和内容来看，合法性监督是其根本特征。民事诉讼的根本意义在于国家通过对民事纠纷进行强制性的法律裁决，来宣示、彰显国家法律的规则与威严，以达到维护国家确立的司法秩序的根本目的。随着现代法治的发展，现代法院的功能确实已经从原先的解决纠纷

---

① 参见肖建国：《民事检察监督之功能与实施思考》，载《人民检察》2012 年第 21 期。

日益转向通过具体的纠纷解决而“建立一套旨在影响当下当事人和其他人的未来行为的规则”。[①] 的确，如果仅仅就解决纠纷而言，民间最大量的纠纷都是通过其他方式——行政的、调解的、仲裁的、自救的方式解决的。民事纠纷一旦进入法院审判程序，审判权行使的结果——裁判就具有超越当下个案的意义，而具有公共性。如果法院裁判错误地适用了国家法律，其直接的效果是案件的当事人会受到不公正待遇。但是，如果跳出纠纷解决的角度，从规则之治的角度来看，就是法院错误地向社会宣示了国家的法律，把社会公众往错误的法律道路上指引，这将导致国家立法目的的落空甚至被逆反。而在社会公众因熟知国家法律而能判明法院错误的情况下，将会导致对国家司法的不信任，甚至完全丧失对国家法治的信心。[②] 正是由于法院裁判在法治社会的重要引领意义，与其他民事纠纷解决机制相比较，民事检察监督具有明显的不可替代性，这种不可替代性，正是其必要性所在。

3. 事后性。目前大多数国家的民事诉讼制度中都有关于检察机关提起、参与民事诉讼的规定，包括大陆法系、英美法系国家以及俄罗斯等。检察机关作为民事诉讼的参与者，按照上诉审程序，有权对尚未生效的民事判决和裁定进行抗告等。而在我国，法律没有明确赋予检察机关提起、参与民事诉讼的职权，检察机关对法院民事审判和执行活动的监督是事后性的。关于如何理解“事后”，有两种不同的观点，一种观点认为“事后”即指判决、裁定作出，诉讼、执行程序结束；另一种观点认为“事后”是指违法的审判、执行活动作出之后，与诉讼、执行程序的完结不一定完全重合。从 2012 年《民事诉讼法》修改的情况看，后一种观点较为符合法律的要义。事后性的监督特点，首先是检察机关诉讼监督的固有属性所决

---

① 马凌云：《论民事检察监督的正当性及其立法完善》，厦门大学出版社 2010 年版，第 277 页。

② 参见陈桂明、工鸿翼：《司法改革与民事诉讼监督制度完善》，厦门大学出版社 2010 年版，第 277 页。

定的，以对法院审判权和执行权的充分尊重为前提。同时，事后性监督也是民事诉讼监督的特殊性所决定的。在民事诉讼中，检察机关不是诉讼参与人，对法官审判、执行活动的了解，只能是事后通过申诉等途径了解，那种认为检察机关应当从诉讼开始就主动介入，进行类似预防性监督的观点，并不符合民事诉讼监督的特性规律，也是不切实际的，其结果必然损害法院依法独立行使审判权和执行权，也会引致检察权的不当扩张和滥用。

4. 程序性。按照2012年修改后《民事诉讼法》的规定，民事检察监督的方式有抗诉和检察建议两种，主要效力是启动相关诉讼程序。有观点认为，就权力效力而言，民事检察几乎不存在任何权力特征。因为抗诉与再审检察建议只是提起再审程序，依然是由法院进行自身纠错，检察机关并不具有直接改正的权力。① 这是较有代表性的一种观点，认为检察监督的刚性不足。笔者认为，民事检察监督具有何种效力，是否应当具有刚性，以及具有什么样的刚性，是由其法律监督属性所决定的。监督的基本含义是监督者督促被监督者履行职责和义务，一方面有督促之责，另一方面则要求监督者不可越位代行其责。否则，监督者一旦越俎代庖，对案件实体问题直接作出处理，其监督者的身份和地位就会改变。法律所确立的监督关系就会陷入混乱，也完全违背了立法初衷。② 民事检察监督方式的这种程序性特点，是由民事诉讼中配置的检察权的法律监督属性所决定的。“从本质上看，法律监督权说到底是一种提请追诉和督促纠正的权力，而不是一种实体处分的权力”，其实质“不是要被监督者必须服从监督者”，“而是被监督者与监督者之间的一种制衡关系”。③ 法律监督权的这种程序性特点，使检察机关的监督权在国家权力结构上具有合理性。有效监督同时又不越位，是

① 参见陈桂明、工鸿翼：《司法改革与民事诉讼监督制度完善》，厦门大学出版社2010年版，第315页。

② 参见王莉：《论民事检察权的边界》，载《人民检察》2011年第5期。

③ 张智辉：《检察权研究》，中国检察出版社2007年版，第76页。

民事检察制度设计的出发点和价值目标。这里应当明确两点：一是监督仅限于程序启动，即要求对案件进行重新审理或审查，对于实体问题并不进行直接处理，这是民事检察监督权行使中的一个基本界限特征；二是程序启动具有强制性，即检察机关提出抗诉或监督意见后，法院必须对有关案件进行重新审理或审查，并将有关结果予以反馈，检察机关如果认为处理结果不符合法律规定的，可以再次提出监督意见。这是检察监督应有的程序上的强制性效力。我国现行《民事诉讼法》中配置的检察监督方式体现了这一特点，发展与完善民事诉讼中检察权的配置仍应坚持这一特点。

5. 强制性。我国民事诉讼制度的创建，其最终目的是可以客观地分析问题，公正地解决纠纷，基于程序制度定分止争的内在要求，以及法律程序安定性的要求，对于已经发生法律效力的裁判，应尽量维持其稳定性，以保证裁判的既判力及法律的稳定性。但是，如果生效的判决或裁定在实体或程序上存在重大瑕疵，已经达到严重损害当事人合法权益的地步，如果还继续维护司法裁判的终结性，这显然有悖于诉讼制度的根本目的。在维护裁判效力的稳定性与保障司法公正之间，显然后者才是更重要的，因而多数国家都设定了再审程序。依据我国《民事诉讼法》的规定，可以启动审判监督程序的方式有两种：一种是人民法院自行决定的再审（包括当事人申请后由人民法院决定再审的）；另一种是由人民检察院提起抗诉或提出检察建议的再审。与当事人申请再审相比，检察机关作为国家法律监督机关，其民事检察监督具有强制性。当事人在诉讼中的合法权益受到损害时，通过法律监督程序，由作为公权力代表的检察机关提起抗诉，必然会引起再审程序的开始，从而使法院重新审查其所认定的案件事实及其所适用的法律，以实现法律的正义价值。相比较而言，就我国目前的国情来看，对当事人私权利的保障力度明显不足，其申请的再审不具有强制性。是否能够引起再审程序的发生，需要由人民法院判断后再作出决定，这就导致了当事人启动再审程序相当困难，难以与审判权形成力量抗衡。因此，与人民法院自行决定再审相比较而言，民事检察监督作为源于外部力量的监督，具有一定公权力的保障，当民事检察监督介入再审程序中时，对原来可能影响案件正确裁判的各类因素均起到了较大的抑制作用，最终使再审程序得以真正地发挥作用。

6. 公益性。民事检察监督权是反映群众利益诉求与意愿，通过国家权力机关立法授权，专司对另一公权力——审判权与执行权的运行进行有序监督与控制，矫正其违法失范，防止其滥用的一种公益性权力。其行使主体并没有自己的利益诉求，更不是也不应成为民事诉讼当事人的代言人，而任何个人的肆意专横，则更是毫无例外地被排斥在制度设计之外。①

三、与相关诉讼原则的关系

关于民事检察监督的存废问题多年来理论界一直争论不休，有支持的，有反对的，有要求强化的，也有要求限制的，但争论焦点主要围绕民事检察监督与相关民事诉讼原则之间的关系展开。

反对民事检察监督的观点认为，“强化检察机关对法院审判活动的监督权，其结果必然会弱化法院审判权行使的独立性，从而损害法院审判权的权威性，危及司法公正与社会正义”。② “审判权的独立行使排斥外在监督和干预。”③ “检察机关参与诉讼将打破原、被告之间完全平等的格局，破坏民事诉讼的公正性。”④ “检察监督是对当事人处分原则的破坏，在民事这一私法领域应排除检察监督。”⑤ “我国当前民事裁判的既判力本来就

① 参见徐汉明：《民事检察是司法公正的必要环节和有力保障》，载最高人民检察院民事行政监察厅编：《民事行政检察指导与研究》，中国检察出版社 2008 年版，第 171 ~172 页。

② 黄松有：《检察监督与审判独立》，载《法学研究》2000 年第 4 期。

③ 黄松有：《检察监督与审判独立》，载《法学研究》2000 年第 4 期。

④ 黄松有：《对现行民事检察监督制度的法理思考》，载《人民法院报》2000 年 5 月 9 日，第 3 版。

⑤ 林劲松：《民事抗诉制度的基础性缺陷》，载《河北法学》2005 年第 1 期。

较弱，裁判的稳定性本来就不强，法律界要求从严规定再审条件的呼声不断，检察抗诉的强制效力使这一局面更加恶化。”①

上述有关民事检察监督的诸多质疑，均涉及对我国《民事诉讼法》所确立的一些基本原则的理解。具体言之，它们涉及民事诉讼的四个基本原则：一是法院独立行使审判权原则；二是当事人处分原则；三是当事人诉讼权利平等原则；四是以事实为根据，以法律为准绳原则。笔者认为，质疑的论点要么是曲解了民事诉讼的基本原则，要么是违背了民事诉讼的基本原则。而产生这些认识偏差的共性根源皆在于脱离了这些基本原则确立所依据的文化、制度背景以及现实条件而思考问题并进行所谓的质疑。实际上，离开对这些具体因素的考察，单以当今主要法治国家的审判制度作为各国共同的理想的制度模式或范本看待中国民事诉讼的原则，它们必然就被认为是不尽完善的、“满目疮痍”的东西。这种做法往往使人产生“南橘北枳”的感觉，而这种“南橘北枳”的研究成果，却不能对中国的法治建设和司法改革产生任何益处。②

对此，顾培东先生作过一段十分精辟的论述。他认为，在有关中国实行法治及司法改革的讨论中，西方国家法律制度及其法学家的理论被学者们大量引用。然而，蕴含在这种讨论中的一些情绪化的倾向是需要指出的。首先，在所引用的理论资源中，西方启蒙思想家有关法治以及法律制度建构的理论受到特别重视，这些理论常常被学者们用于佐证和说明中国实行法治的社会意义以及中国实行法治（从而也引申于司法制度）的应有状态。然而事实上，西方启蒙思想家所描述的法治状态，即使在西方国家也只是一种未曾实现的理想。西方批判法学派和现实主义法学派所提示出的西方国家法治现实足以击穿这种虚构。其次，西方国家的司法制度被潜

① 林劲松：《民事抗诉制度的基础性缺陷》，载《河北法学》2005 年第 1 期。

② 参见王学成：《民事检察制度研究》，西南政法大学 2012 年博士学位论文。

在地理解为中国司法制度的目标模式；西方司法制度中的具体规则，被或明或暗地认定为“校正”中国司法制度的“基准”。最后，在援用西方司法制度及其实践作为论证依据时，缺少对制度背景的具体分析，抽取了这些制度所依托的文化或物质内涵，偏执地张扬这些制度的积极效应。他认为，对西方制度及理论资源的态度，不仅牵涉理论研究中的思维倾向，以及这种研究的实践价值，更主要在于它关系到人们对于中国法制改革目标的期待以及改革措施的选择。在此问题上，必须建立的基本理念是：承认并坚持法治及司法制度的多样性。在承认法治及司法制度多样性的前提下，以中国社会的实际条件以及中国社会治理和社会发展的实际要求为依据，研究探讨中国司法制度的具体建构，这应当成为我们的应有选择。[①]对于顾先生的这种客观理性的观点，笔者深为认同。

的确，多样性是当今世界各国法治及司法制度的一个基本特点，正是多样性构造了一幅人类社会不同国家色彩斑斓的优美的法治图案，正是多样性使法治及司法制度具有了生命力。源于同样理论资源的以英、美为代表的普通法系和以法、德为代表的大陆法系在具体司法制度安排上的殊异，是法治多样性的最好佐证，即使是普通法系的代表国家英国和美国，其司法制度的安排同样存在差异。既然如此，作为源于马列主义国家和法学理论的中国司法制度（当然包括中国审判制度），当然就更没有任何必要去与西方资本主义国家比较。

实际上，法治及司法制度的生命力和功效，恰是源于其多样性，而法治及司法制度的多样性又是源于它与国家和社会治理的适应性。中国司法制度包括审判制度等之所以具有生命力，就是因为它适应了中国现阶段社会治理及社会现实条件的需要，因而获得了人们的承认和赞许，成为当今人类法治优美图案的重要组成部分。立足于法治及司法制度的多样性理

① 参见顾培东：《中国司法改革的宏观思考》，载《法学研究》2000 年第 3 期。

念，我们就能依据中国现行宪政制度及《民事诉讼法》的规定，对民事检察监督与民事诉讼的上述原则的内在统一性作出正确的阐释，而不致以某些所谓法治范本为样板发出上述不切实际的质疑；我们也能够从根本上对建立我国民事检察监督制度的理论基础、法律基础和现实基础作出理性的分析，而不致对这一制度安排进行盲目的批评和否定。

本书在进行理论思辨的基础上，重点运用实证分析的方法对这些问题予以辨析，以便澄清民事检察监督制度法理上的认识误区，为树立正确的监督理念，完善制度结构和权能配置，促进监督内容科学完善等方面提供思路和参考。

（一）民事检察监督与审判权独立行使

近代司法独立概念源于孟德斯鸠的“三权分立”思想，他对司法独立的价值作过经典论述：“如果司法权同立法权合而为一，则将对公民的生命和自由施行专断的权力，因为法官就是立法者。如果司法权与行政权合而为一，法官便将具有压迫者的力量。”我国《宪法》第131条和《民事诉讼法》第6条第2款均规定：“人民法院依照法律规定独立行使审判权，不受行政机关、社会团体和个人的干涉。”有学者认为，“强化检察机关对法院审判活动的监督，其结果必然会弱化法院审判权行使的独立性，从而损害法院审判权的权威，危及司法公正与社会正义”。[①] 然而，有权力必然有监督，审判权作为一种国家权力，必须要遵守权力运行的基本规律，其在行使过程中必然要受到监督和制约，因为“审判独立本身不是目的，而是实现诉讼公正的手段，公正性是比审判独立性处于更高层次的价值，对于诉讼而言，如果说公正性是绝对的要求，那么审判独立性则并非绝对”。[②]《宪

---

① 林劲松：《民事抗诉制度的基础性缺陷》，载《河北法学》2005年第1期。

② 陈桂明：《诉讼公正与程序保障》，中国法制出版社1996年版，第21页。

法》第131条规定："人民法院依照法律规定独立行使审判权，不受行政机关、社会团体和个人的干涉。"《民事诉讼法》第6条第2款也作了类似规定。在立法上赋予了人民法院独立行使审判权的权力，但这种"独立"只是不受"行政机关、社会团体和个人"的干涉，并不包括党和人民代表大会以及法律监督机关。[①] 从《宪法》对检察机关性质的定位和《民事诉讼法》第14条"人民检察院有权对民事诉讼实行法律监督"的规定来看，进一步明确了人民法院的独立审判权是受到人民检察院监督权制约的"独立"审判权。我国检察机关是《宪法》规定的国家法律监督机关，不同于行政机关、社会团体和个人，《民事诉讼法》赋予了检察机关对民事诉讼进行监督的权力，人民法院的独立审判权受到民事检察监督制约具有法理上的应然性和法律上的正当性。人民检察院的监督是否会影响依法行使的审判权的独立性，可以从检察权与审判权的关系定位、检察监督介入民事诉讼的方式和审判权在检察权制约下运行的状况等多方面来考证判断。

1. 从检察权与审判权的关系分析监督对于审判独立的影响。由上分析可知，民事检察监督中检察权与审判权关系的核心是权力制约。从《宪法》关于检法两院的定位来看，这种权力制约是检法两院作为平等主体在分工负责、相互配合基础上的相互制约，即审判权只能由法院来专门行使，检察权只能由检察院来专门行使，检法两院必须相互尊重对方的宪法地位，相互之间既不能越权越位，也不能缺位失责、越俎代庖。[②] 只要检察机关恪守其权力边界，便不会发生检察权影响审判权独立行使的情形。同时，权力制约还要求制约方与被制约方权力强度相当，形成程序化的双向制约。[③] 如此，检察权与审判权之间，任何一方都不会成为居于对方上

① 参见刘杰：《关于民事检察监督制度价值分析》，载《理论探索》2007年第7期（下）。

② 参见韩大元：《中国检察制度宪法基础研究》，中国检察出版社2007年版，第110～112页。

③ 参见杨迎泽、薛伟宏主编：《诉讼监督研究——中国检察诉讼监督视角》，法律出版社2012年版，第184页。

位的权力，即使一方欲对对方权力的独立行使形成干预，也不会被对方接受，更无法发生强制效力，对对方的实体判断产生影响。

现行《民事诉讼法》规定下，检察权尚不具备权力制约所需要的完整的权力内容，如知悉权、起诉权、参诉权等。在审判监督程序以外的审判程序中，检察机关甚至无法介入，完成权力制约的任务，更谈不上对于审判权独立行使的干涉。在仅有的"事后监督"中，检察机关虽然有抗诉权、检察建议权，但这只是一种程序性的权力，并不是由检察机关作出实体性决定，然后交由法院执行；而且，即使是这样的程序建议权，也没有权力效力保障。2014 年至 2016 年，即使《民事诉讼法》规定法院对于检察院抗诉的案件必须再审，G 省法院再审的案件也仅约为检察院提出抗诉案件的一半；检察院签收法院维持原判的抗诉再审案件 29 件，其中，法院适用涉案纠纷发生后的法律判决、违反法律法规明文规定、采信失权证据或片面采信证据、错误认定法律关系等，违法不采纳抗诉意见 7 件，再审违反法定程序审理 1 件，而检察机关只能采取建议作出判决的法院的上级法院，对该案进行复查等"软性"手段跟踪监督。检察机关也对少数有查证线索的案件启动违法调查程序，但大多因为案件已时过境迁，难以搜集到相关证据而无果而终。这说明，目前法律规定下，民事检察监督中检察权的强度并不足以对抗强大的审判权，因此更谈不上监督对法院依法独立行使审判权达到"干涉"程度的影响。

2. 从检察机关介入民事诉讼的状况分析监督对审判独立的影响。审判独立是有条件的，它是以理想的法院、清廉公正的法官、完善的诉讼程序为独立的前提条件的。[①] 正如考夫曼所言，"司法独立原则只存在法官们通过他们的模范行为和业务上的自我克制，继续不断的争得它的时候，这一

---

① 参见龙宗智、李常青：《论司法独立与司法受制》，载《法学》1998 年第 12 期。

原则才会坚持下去”。[①] 目前，我国的法制化还处于起步阶段，各种法律制度还亟须完善。尽管国家对法院和法官队伍建设相当重视，并采取各种措施来提高法官的素质，但我国法官的总体素质还不能适应法治化的要求。少数法官违反职业道德，还有极少数法官索贿受贿、枉法裁判，审判领域的司法腐败现象仍然普遍存在。在法院自身无法保证民事审判公正性的状况下，通过检察监督保证审判公正，是实现司法公正的必然要求。并且，检察监督的存在，不仅不会妨碍审判独立，还会对司法公正产生有益的影响，它使法官在作出判决时会更加小心和仔细，正如上诉可能性的存在使一审法官更为谨慎地对待自己的裁判一样。因此，民事检察监督介入民事诉讼，并非是对审判独立的冲击。

民事检察权的行使不仅无碍于审判独立，在一定程度上还会增强审判的权威。并且，民事检察监督的存在并不是取代审判权能对具体的案件进行实体审判。实际上，它仅仅是一种程序启动权和过程监督权，目的是保障审判权力在合理的界限内行使。至于案件实体问题的处理，仍由法院最后决定，真正意义上的审判权依然由法院行使。“法律监督的这个特点，正是检察权与其他执法权的界限。超出这个界限，检察机关就不是法律监督机关而是具有实体处分权的执法机关了。也正是检察机关不具有实体处分权，国家才赋予检察机关相当大的权限。”[②] 所以，检察机关的监督并不会使法院对民事案件的独立审判权受到损害，民事检察监督权的行使和审判权的独立行使不是绝对相互排斥的，二者是一种权力分工与权力制衡的平行关系，而权力分工和权力制衡都是为了实现司法公正。

从国外和中华人民共和国成立初期关于民事检察监督制度的立法例来看，民事检察监督介入民事诉讼主要有起诉、参诉、抗诉等方式。无论何

① 李浩：《民事再审程序改造论》，载《法学研究》2000 年第 5 期。

② 周士敏：《简论我国检察机关的法律监督地位》，载《法制日报》2000 年 11 月 2 日，第 3 版。

种方式，检察权与审判权之间的权力制约关系都要求检察监督与审判监督程序之间只具有程序衔接的效力。检察机关提起民事公益诉讼，则当审判机关受理该公益诉讼，该公益已置于民事诉讼程序保护之下，检察监督的公益守护目的便已达到。检察机关参与审判程序或者判决、裁定生效后，就审判程序中的违法行为向审判机关提出纠正建议或抗诉、再审检察建议，则该违法行为在审判机关启动纠错程序或再审程序时自然失效，检察监督维护司法公正的任务便已完成。检察监督启动审判监督程序的任务完成后，按照《宪法》关于检法两院各司其职、分工负责的精神，转由审判机关按照审判规则履行查证事实、划分责任、裁处纠纷的职责。检察监督意见中可能涉及对案件实体的判断，但这些内容只是检察机关建议审判机关启动审判监督程序等程序的理由，对审判机关并无强制力，也不是民事诉讼法律所规定的法定证据或依据，审判机关仍依照查明的事实、查证属实的证据及法律作出裁判，检察监督并不能影响法官独立审判形成实体判断。

实际上，我国民事检察监督是一种“事后”监督，在法院判决、裁定发生法律效力之前，由于检察机关没有案件事前知悉权、起诉权、参诉权等与权力制约要求相匹配的权力，无法参与到民事诉讼中去，故在此阶段，检察权与审判权之间并未发生相互作用；判决、裁定发生效力之后，在绝大多数情况下，民事检察监督审查程序只能依当事人申请监督才启动。此时，大部分存在监督事由的案件已经当事人向法院申请再审被过滤，当事人申请检察监督的案件不但数量有限，而且绝大部分不存在监督事由而不被检察机关支持，检察院因提出抗诉、再审检察建议而与法院发生联系的界域已非常有限。1992 年至 2016 年《G 省检察工作年鉴》和 G 省高级人民法院工作报告显示，G 省检察机关 25 年间受理民事检察监督案件的总数只相当于 G 省审判机关 3 年以来受理民商事案件数量最低一个年度总量的 1/10；2016 年 G 省检察数据和《G 省高级人民法院工作报告》显示，2016 年，G 省检察机关受理的 1342 件民事申诉案件中，只有 22 起案件引起法院再审，约占G省审判机关2016年全年审结民商事案件185,554件的1/10000。就是这些有限的检察监督案件进入再审程序后，检察院也只是在再审出庭时宣读一下抗诉书，列席审委会时表明一下抗诉意见，并不参与事实、证据的调查以及辩论或讨论，也不参与对案件处理意见的表决。在此情形下，民事检察监督很难对审判独立产生实质的、较强的影响。

3. 从监督中审判权运行的状况分析监督对于审判独立的影响。表5－1是1992年至2016年《G省检察工作年鉴》显示G省检察机关审查处理民事检察监督案件的情况。从表5－1中可知，1992年至2016年，G省检察机关提出的再审检察建议，法院仅采纳了34.2%；再审审结的案件中，因抗诉和法院采纳再审检察建议导致法院直接改判的仅占42.3%，有20.1%的监督再审案件由法院主持调解，由当事人自愿协商权利、义务的分配，说明法院在处理民事检察监督案件中，并不是检察院提什么监督意见，在再审裁判中就判决什么，法院作出裁判仍遵照当事人意思自治等民事审判基本原则。

表5－1 1992年至2016年G省检察机关审查处理民事检察监督案件

单位：件

受理	抗诉	再审检察建议		审结	再审审结		调解
		提出	采纳		改判	撤销原判发回重审	
29,954	2718	1503	514	1944	824	221	391

为了考察法院采纳监督意见改判的再审案件中，检察监督意见影响法官独立审判的情况，笔者对G省审判机关2014年至2016年抗诉再审改变的102起再审判决抽样作了分析，在所有的判决样本中，对于某一问题的认定都是以当事人提供的证据和民商事法律、民事诉讼法律为依据作出判决的；没有一起案件以检察机关的抗诉书或检察建议书作为证据或依据进行判决；仅有约26%的案件对检察机关的抗诉意见作出评价，说明再审裁判中，再审法官仅以事实为依据，以证据为基础，以法律为准绳，原审裁

判、抗诉书内容不是其必须参考的内容，更不是其认定事实、采信证据、适用法律的依据。笔者还抽取了6起抗诉再审改变案件，归纳对比了这些案件中原审判决、抗诉书、再审判决关于案件事实、证据认定和适用的法律（见表5－2），[①] 发现抗诉书大多只提出原审判决存在的问题，一般对于法院如何解决问题、划分责任并不明确表达意见。例如，表5－2中，张某某与某汽车用品服务公司租赁合同一案，抗诉书只提出原审判决张某某给付汽车公司半年租金显失公平及其理由，对于张某某具体应否承担责任或承担什么责任并未提出意见。再者，再审判决除了解决抗诉书提出的原审判决问题外，还可能解决纠纷中其他未尽事项，如表5－2中姚某某与祁某某等按份共有纠纷案，再审判决还解决了原审未妥善解决、抗诉书也未提出疑义的原被告关于被告出工工值的争议。

此外，再审判决一般都通过分析事实、证据、法律的方法对抗诉书所提原审判决存在的问题作出判断，但即使再审判决也认为该问题存在，所适用的法律和所依据的理由绝大部分也与抗诉书大不相同。表5－2中，某财保公司与葛某某、王某某人身损害赔偿一案，抗诉书与再审判决同样都认为应分类由保险公司在限额内承担责任，但抗诉书适用的是《合同法》《保险法》，而再审判决适用的是《道路交通安全法》《交强险条例》；杨某某与周某某、王某某房屋所有权一案中，对于原审判决由被告返还原告16,500元的问题，抗诉书仅以程序错误为依据，认为原审该项判决错误，再审判决还提出本案证据证实这笔钱本来就不应返还，说明检察院抗诉书恪守其监督职责，只提出“察看”到的问题，不提出解决纠纷的方案意见，因此也就谈不上对法院处理案件产生影响。再审裁判时，法官在再审裁判中一般会对检察机关抗诉理由作出判断，也可能参考抗诉书内容拓展思路，但抗诉书对于法官没有任何强制效力，法官即使不参考，也不用承担任何法律后果。

① 本书案例如无特别说明，均出自G省检察机关档案室诉讼类卷宗。

表 5－2　2013 年至 2016 年 G 省检察机关抗诉再审改判典型案例

案号	案由	原审判决情况	抗诉意见	再审判决情况
（2014）G 民抗字第 00007 号	某财保公司与葛某某、王某某人身损害赔偿纠纷	适用《道路交通安全法》第 76 条第 1 款，判决由保险公司承担全部赔偿责任	适用《合同法》第 8 条、《保险法》第 65 条第 1 款认为保险公司应在双方合同限额内分项负赔偿责任；认为没有证据证明受害人产生了住宿费用，请求再审	适用《道路交通安全法》第 76 条第 1 款与第 2 款、第 36 条，《交强险条例》第 23 条判决由保险公司在双方合同限额内分项承担责任，认定有证据证明受害人产生了住宿费并予以支持
（2014）B 中民再终字第 6 号	姚某某与祁某某等按份共有纠纷	认为无证据证实锁某某转让共有财产中自己的份额给另一共有人姚某某经过共有人祁某某同意，因此锁、姚之间的转让合同无效；将合同未约定的争议商铺前后院空地判决从中间划分，姚、祁一人一半；由于姚、祁对自己的主张未提供证据证明，故按照祁某某的陈述判决姚给付祁工钱 5734.80 元	认为祁某某明知锁某某转让共有财产中自己的份额给另一共有人姚某某却未提出异议，因此锁、姚之间的转让合同有效；将合同未约定的争议商铺前后院空地判决从中间划分给姚、祁一人一半不符合习惯，不利于土地利用，请求再审	根据个人合伙关于内部转让份额仅需履行通知义务，不需征得其他合伙人同意，且锁某某转让其份额时还未实际出资，故原判认为锁、姚之间的转让合同无效错误；根据《物权法》第 94 条的规定，应按照合伙人出资份额分割共有财产，原判平均分割明显不妥；由于姚撕毁了相关证据，应按照《关于民事诉讼证据的若干规定》第 75 条规定，按照祁某某的陈述认定双方工值在结算单上都未计算，祁出工达工值 5734.80 元与再审查明事实不符，且超出了祁某某的请求，应予纠正，由姚给付祁工钱 1177.80 元

续表

案号	案由	原审判决情况	抗诉意见	再审判决情况
(2014) 州民再字第02号	杨某某与周某某、王某某房屋所有权纠纷	认为关于争议铺面的抵押担保贷款合同只能证明杨某某或其父在信用社有贷款，不能证明周某某在信用社有贷款，且杨某某提供不出与周某某曾有借贷关系的相关证据，故判决杨某某对周某某代其偿还信用社的16,500元贷款连本带息偿还	认为原审判决由杨某某偿还周某某、王某某16,500元贷款本息超出了周、王二人诉讼请求，且超过了两年追诉时效，剥夺了杨某某的抗辩权，请求再审	认为一审中双方当事人提供的证据证实了杨某某或其父在信用社的贷款是为了给周某某夫妇购买铺面，周某某在以该16,500元转让给鲁某某铺面后，鲁将该款直接偿付了杨某某信用社贷款后两年多不追偿，说明周某某认可此事，且原审判决由杨某某偿还周某某、王某某16,500元贷款本息超出了周、王二人诉讼请求，超过了两年追诉时效，剥夺了杨某某的抗辩权，故对原审判决该项予以撤销
(2014) Q中民再字第4号	弓某某与某客运公司财产损害赔偿纠纷、合同纠纷	认为客运公司违约使客车失去营运价值，弓某某不及时办理有关营运手续、处理肇事事项，也对客车停运负有次要责任；弓某某的前手购买争议车辆票据证实该车的原价为676,964元；争议车辆随车附件费为148,036元，适用《合同法》第112条、第113条和《民法通则》第111条的规定，判决客运公司承担车辆上述停运损失、随车附件费以及车辆折价费289,195元	认为弓某某不及时办理有关营运手续、处理肇事事项，已导致客车无法正常营运，因此不存在停运损失；无证据证实存在随车附件费；本案是侵权之诉，适用《合同法》《民法通则》错误，请求再审	认为客运公司先违约导致客车失去营运价值，故原审判决客运公司承担停运损失正确；认为争议车辆的原价应以弓某某购买时的价格82.5万元定价；判决客运公司承担车辆折价费311,884.8元；因无证据证实存在随车附件费，故撤销原审该项判决；认为本案是财产损害赔偿纠纷和合同纠纷，故原审适用《合同法》《民法通则》无误

续表

案号	案由	原审判决情况	抗诉意见	再审判决情况
（2015）L民再字第15号	张某某与某汽车用品服务公司租赁合同纠纷	认为双方签订租赁合同有效，张某某未依约及时支付保证金1万元，致使汽车服务公司场地闲置，张某某应承担违约责任。但根据合同约定，租金为半年支付，在张某某半年未支付租金、明显违约情况下，汽车服务公司仍闲置场地，故赔偿数额应以半年租金25,000元为宜，对损失扩大部分应由汽车公司自行承担	认为本案实际情况1万元保证金属于定金，在张某某未在约定期限内缴纳该款下，合同应视为未生效，判决张某某给付半年租金，认定事实错误，违反公平原则。原审未采纳证人陈某刚证言，认定汽车服务公司拒收张某某保证金不当。汽车公司未采取措施防止损失扩大，判决张某某给付半年租金显失公平。请求再审	认为双方约定保证金缴纳目的不是合同生效条件，故双方合同真实有效。证人陈某刚是张某某朋友，依证据规则不能单独作为证据使用，故原审未采纳其证言并无不妥。双方合同已约定合同签订后25日内张某某未履行合同义务，汽车服务公司有解除合同权利。在张某某以其行为明确表示不履行合同情形下，张某某应只负责赔偿汽车公司25日的损失4000元，其余扩大损失由汽车公司自行承担
（2016）L民再字第27号	某顺嘉物资公司与某升业物资公司买卖合同纠纷	认为根据双方合同约定，应为先付款后交货，顺嘉公司未先付清200万元货款，因此升业公司未交货，由此造成的顺嘉公司为履行其与第三方合同再行定购价格上涨后的货物的损失496,452元由顺嘉公司自行承担	认为根据双方合同，双方应于2010年4月7日前货款两清，但升业公司既未全额交付顺嘉公司3月10日所付200万元货款，更未交付剩下200万元货款的货物，故判决仅由顺嘉公司一方承担价格上涨带来的损失显失公平，请求再审	认为双方合同既约定先付款后交货，又约定至2010年4月7日前货款两清，属约定不明，双方对损失的造成都有过错，故对顺嘉公司损失应各承担50%，判决由升业公司赔偿顺嘉公司243,517.5元

以上分析说明民事检察监督与审判独立并行不悖，二者并非此消彼长的关系。事实上，审判独立是有条件的，它是以理想的法院、清廉公正的法官、完善的诉讼程序为独立的前提条件的。[①] “审判独立本身不是目的，而是实现诉讼公正的手段，公正性比审判独立性处于更高层次的价值，对于诉讼而言，如果说公正性是绝对的要求，那么审判独立性则并非绝对。”[②] 审判独立要求法院和法官以事实和法律为唯一依据，居中、客观、独立审判，本身就体现了审判独立与司法公正之间，前者为手段，后者为目的的关系。民事检察监督以开放、透明的外部监督形式向公众表明了审判权是受到检察监督的权力，从形式上体现了司法的公正性。由于检察监督，法官在裁判过程中须时刻警醒自己保持中立，防止审理和裁断受外界“人情”等因素影响，也有利于实现审判程序公正和结果公正。可见，民事检察监督不但与审判独立原则不冲突，还有利于推动实现审判独立原则的价值追求。此外，“司法独立原则只存在法官们通过他们的模范行为和业务上的自我克制，继续不断的争得它的时候，这一原则才会坚持下去”。[③] 换言之，审判独立是法官依法行使审判权前提下的“独立”，否则，审判独立可能会成为法官个人擅断的借口，各种诉讼法律制度也会因审判权力的滥用而名存实亡。当前，我国法官的总体素质与建设法治国家的要求还存在一定差距，民事检察监督有利于推动加强法官职业道德建设，提升法官职业素养，督促法官依照法定职权行使民事审判权，夯实了审判独立原则的基础，保障了审判独立原则在良性轨道上运行。

---

① 参见龙宗智、李常青：《论司法独立与司法受制》，载《法学》1998 年第 12 期。

② 陈桂明：《诉讼公正与程序保障》，中国法制出版社 1996 年版，第 21 页。

③ 李浩：《民事再审程序改造论》，载《法学研究》2000 年第 5 期。

（二）民事检察监督与司法终局性

司法终局性原则是指法院作出的终局判决一旦生效，当事人和法院都应当受该判决内容的拘束，当事人不得在以后的诉讼中主张与该判决相反的内容，法院也不得在以后的诉讼中作出与该判决相冲突的判断。① 司法终局性原则的目的在于维护终局裁判的安定性，维护法治的稳定，实现法律的秩序价值。在现代社会里，维护裁判的确定性是法治原则导出的必然结果。“从法治国家的原则中产生了法的安定性要求，每一个法院诉讼都必须一次性终结，因此既判力制度也具有宪法上的地位。”② 日本学者三月章认为：“裁判既为公权性、强制性解决纠纷的制度，则其中必然一方面存在着合乎正义的要求；另一方面又随之出现另一种要求，即既然已经作出裁判，则裁判的存在及其判断的内容就绝对不能轻易被动摇。”③ 但必须注意的是，裁判的稳定性不应当被绝对地强调，法律的秩序价值不是民事诉讼所追求的唯一价值。无论在任何时候，司法公平与正义价值都应当是民事诉讼所追求的首要价值和目标，当民事检察监督制度所追求和保障的正义、公正与安定性相冲突时，裁判的安定性理应服从于正义和公正。“如果生效裁判确实严重违反诉讼程序或者在实体上存在严重错误，并且错误裁判严重损害了权益时，为维护裁判效力的稳定性，一概不允许推翻确有错误的裁判，既不符合公众的正义观，又有悖于通过司法保护当事人合法权益和实现社会公正这一诉讼制度的根本目的。”④ “失去正义，既判

---

① 参见江伟：《民事诉讼法》（第2版），高等教育出版社2004年版，第338页。

② ［德］施瓦布·戈特瓦尔特·雷根斯堡：《宪法与民事诉讼》，赵秀举译，中国政法大学出版社2005年版，第112页。

③ ［日］三月章：《日本民事诉讼法》，汪一凡译，五南图书出版有限公司1997年版，第27页。

④ 徐胜萍：《民事再审程序的法理审视》，载《湖南大学学报》（社会科学版）2008年第6期。

力的价值也就失去了光泽。”[①] 与维护裁判效力的稳定性相比，保障司法公正仍然是第一位的目标。为了实现这一根本目标，在一定程度上牺牲裁判的稳定性是必要的，这就是在既判力原则下民事检察监督制度存在的合理性。鉴于此，世界上大多数国家均设置了包括检察监督制度在内的审判监督制度，与司法终局性原则优势相长，共同实现诉讼法律制度的法律治理功能。

1. 监督对于司法终局性原则的缺陷弥补。我国学界一直有观点认为民事检察监督与司法终局性原则在功能上相冲突，理由是民事检察监督违背了当事人“息讼宁事”的愿望，使当事人之间的法律关系难以通过法院裁判、处断而回复稳定。[②] 事实上，当事人提起诉讼固然是为了终结纷争，使自己走出纷争带来的生活烦扰，使自己与对方当事人关系回复到纷争发生前互不相扰的稳定状态。然而，诉讼之前，当事人的纠纷往往经过自行协商、人民调解甚至仲裁等机制加以解决，当事人之所以仍要付诸诉讼，是因为诉讼前那些纠纷解决机制没有按照当事人所希望的方向处理双方在纠纷中的矛盾，当事人认为自己的利益没有得到维护，因此那些纠纷化解机制虽然运用穷尽，但当事人之间的纠纷并没有终局。因此，当事人提起诉讼虽然仍是希望双方纠纷通过司法公正（“公正”的标准是符合自己的意愿）处理而终局，但并不是无论司法给予什么样的处理，只要进行完司法程序，当事人就会自然而然定分止争。如果二审终审后司法处理的结果仍然不符合当事人对于“公正”的要求，尤其是确实存在的司法不公并未得到纠正，对当事人的生活甚至生存产生了重要影响，当事人绝不会心服口服地执行裁判。即使被强制执行裁判，也会产生对国家和司法机关的不满，这时司法终局性原则所要达到的稳定社会秩序的目的非但没有达到，反而增加了社会秩序动荡的潜在风险，如G省检察院办理的某电子集团与

① 黄松有：《检察监督与审判独立》，载《法学研究》2000 年第 4 期。

② 参见黄松有：《检察监督与审判独立》，载《法学研究》2000 年第 4 期。

某信达公司担保债务纠纷案。①

该案例典型地演示了司法不公判决生效后被强制执行危及社会稳定的

---

① 1990年、1994年，某电子仪器厂与建行某办事处先后签订借款合同，贷款260万元，贷款期限分别为3年、1年，某电子公司、某电子集团（二单位均为国有企业，为“一套人马、两副牌子”，工商登记上为两个独立的企业法人）对贷款作了行政性担保。合同约定还款期届满时，电子仪器厂由军工企业向民营企业转型，省政府原定军品任务计划中断，连年亏损，只偿还60万元，其余200万元和利息均未能清偿。1999年11月，建行将电子仪器厂贷款债权本息共9, 565, 678. 37元（利滚利计算利息）转让给信达公司。2001年年底，电子仪器厂破产，2002年4月，《全国企业兼并破产和职工再就业工作领导小组关于债权金融机构审查政策性破产建议项目的有关问题的通知》规定“担保人确实无力承担担保责任的，不再追偿担保人担保责任。金融资产管理公司按照国家赋予的资产处置权限处理担保责任”，“对于列入国务院批准的军工行业改革脱困方案中的破产建议项目的企业，债权金融机构应当参与有关企业破产方案的制定和审查工作，不宜采取诉讼方式追债”。2002年11月，电子仪器厂被全国企业兼并破产和职工再就业工作领导小组列为债务可以核销的142家破产企业之一，并通知了信达公司。2003年1月，信达公司向某市中级人民法院起诉，要求电子仪器厂和电子公司、电子集团偿付贷款本息9, 960, 000元。电子公司向法院提交了全国企业兼并破产和职工再就业工作领导小组印发的上述文件，但某市中级人民法院在未依法定程序将应诉通知书等诉讼文书送达电子集团导致电子集团未提供任何证据也未能出庭的情况下，缺席判决电子仪器厂偿还信达公司借款本息，电子公司、电子集团对上述款项承担连带保证责任。2009年9月，信达公司将包含上述债权在内的1. 7亿元债权作为不良资产以18万元的价格转让给某国资公司；2010年10月，李某某从律师杨某处得知，某市城关区检察院在查办一起渎职犯罪时，追回了国有资产电子集团、电子公司原驻办公大楼（经评估约合1825万元），经省政府国资委协调，已登记在电子集团名下用以安置下岗职工，即成立美联投资公司，于次月以20万元的价格从某国资公司转让获得涉案债权，并随即向某市中级人民法院申请恢复已经中止多年的执行程序。2011年1月，某市中级人民法院作出裁定启动执行程序，对电子集团名下上述房产进行冻结。2011年3月，省国资委员会发函给法院说明涉案债权已在电子仪器厂政策性破产中按呆坏账核销，电子集团、电子公司已撤销，美联公司申请执行的房产系2010年经省政府研究协调，为解决电子集团没有下放的四户小企业注销破产清算后450余名职工安置问题而暂办理在电子集团名下的财产，目前，四户小企业职工一直在上访。但某市中级人民法院仍未停止将上述房产委托评估。后G省检察院启动民事检察监督程序审查期间，建议法院中止本案执行，但法院执行庭仍通知电子集团本案进入拍卖程序。直到G省检察院向G省高级人民法院抗诉，才迫使其中止执行程序。

电子集团于法院通知冻结涉案房产时才得知自己被法院判决需承担迄今为止本息已累计1800余万元的此笔债务，遂向某市中级人民法院、G省高级人民法院申诉，但法院以申诉已过两年时效为由拒绝受理。后电子集团组织职工到省委上访，省委副书记批示某市中级人民法院并省国资委“要妥善处理此案，防止国有资产流失”，但随后美联公司亦雇用专业“司闹”，到省委政法委上访，省委政法委书记亦作了“要维护法律尊严”相关内容的批示。2011年8月，电子集团在向法院申诉、信访，请省国资委协调无果的情况下，向G省检察院反映情况，认为原审判决程序严重违法、实体明显不公，请求检察机关提出抗诉，维护广大下岗职工的权益。G省检察院认为本案的执行可能导致国有资产流失，下岗职工得不到安置，从而引发集体上访事件，危及社会稳定，遂启动“依职权发现”程序，受理此案，并于2011年12月以本案程序严重违法、判决依据的主要事实证据不足等理由向G省高级人民法院提出抗诉，同时指令某市检察院查办市中级人民法院审判、执行人员在此案中的违法行为。2012年9月，某市中级人民法院再审判决纠正了原审错误，判决电子集团不再承担担保债务。

情形。案例中，法院在明知国家政策明确规定法院对这类案件应不予受理情形下仍受理本案；在混同电子公司、电子集团人格前提下草率送达、违法缺席判决；在省政府国防科技工业办公室、省企业兼并破产协调小组向法庭出具相关证明说明本案债务已经国家批准核销，请求法院给予司法支持情形下，仍不顾及企业改制、维护社会稳定大局，违背政策规定，机械地适用法律，判决电子仪器厂及二担保企业清偿债务；在省国资委已说明美联公司申请执行房产性质、G省检察院已说明本案执行可能造成国有资产流失并建议中止执行情况下，仍以“检察机关审查案件期间依法不产生中止判决、裁定的效力”为由继续执行，导致1825万元国有资产以超低价几近流入私囊。这说明在巨大的利益诱惑面前，司法公正成为可以随意突破的底线，而审判权的绝对强势使“维护法治、法律至上”成为法官不顾国家政策，改革、稳定大局机械执法的冠冕堂皇的理由，当事人的申诉难以对其产生制约，党委和政府的建议对其难以产生影响。这时，如果再没有检察机关以法律监督的方式从外部对审判权加以制约，司法终局性原则便成为不公判决得以转化为现实的强大助力。同时，本案中，如果450余名电子集团下属四小户企业职工因为长期争取才获得的下岗安置费被少数人歪曲法律功能纳入私囊，他们不仅会对法律极为失望，更可能采取过激行为危及社会稳定，而这并不是立法规定司法终局性原则的初衷，更不是国家提倡运用法律治国理政希望达到的效果。由此可见，司法终局性原则并不是绝对的，当膨胀的审判权左右了司法终局性原则时，只有检察监督这把维护司法公正的“利刃”才能有效发挥作用，将其拉回正义的轨道。从这个意义上说，检察监督对于司法终局性原则有功能缺陷上的弥补作用。

2. 监督对于司法终局性原则的效能保障。从党的十四大提出“依法治国”基本方略以来，我国的法制建设已走过漫长的路程，司法制度已逐渐成熟，法官素质不断提高，因而实践中像某电子集团与某信达公司担保债务纠纷案那样的裁判终究是少数，绝大部分民事裁判法官都能够秉公执法、公平处断，但这并不意味着这些裁判都能为当事人所接受。从G省检察机关1992年至2016年办理民事检察监督案件的实践来看，当事人不服法院公正裁判的情况大量存在，原因主要包括：法制意识差，认为自己在纠纷中是有理一方，不提供证据或者不出庭，法院也会判决自己胜诉，维护自己的权益，结果败诉或预期的权益未得到充分维护；法制水平低，不知晓或未正确理解相关法律，矛盾纠纷由于未依法先经仲裁或行政处理而被驳回起诉，或者在案件审理过程中没有按照法律要求提出证明自己主张的证据（即使本来存在这样的证据，但不知晓该证据对法庭上证明自己的主张有用），仍然认为自己提出的证据可以证明自己的主张等，导致败诉或诉求不能完全被法院裁判支持；诉讼是其最后的救济途径，败诉后当事人生存难以维系，或事业遭受重创；法院虽依法裁断，但判决结果难以实际执行；偏执站在己方立场，无论自己在纠纷中有无过错、过错大小，无论自己是否在审理中尽到举证责任，只要法院裁判没有完全支持自己的诉求，就认为法院裁判不公；对法官有偏见，因为法官在审理中的脸色、语气、用语等，认为法官未秉持公正立场，一旦判决自己败诉或不完全支持自己的诉求，就认为法院裁判不公；法院出于维护社会稳定大局或经济发展大局，在存在以上两种处理方案的情况下，选择社会效果较好的方案判决，牺牲了当事人的部分利益；等等。面对上述情况，有的判决书已经对证据的采信和法律的适用作了分析和说明，有的判决书则未对情况予以说明，而即使法院裁判作了分析和说明，当事人一般也不会完全相信法院裁判作出的分析、说明。但由于检察机关是与当事人、法院裁判均无利害关系的“案外人”“第三方”，当事人往往更愿意相信检察机关的释法说理。还有的纠纷实际上通过法律处理不一定能达到当事人预期目的，但当事人既诉至法院，法院只好依法律途径处理，且为了维护法律的权威性，作为司法机关又不便向当事人作出说明，也无权通过其他方式解决当事人在纠纷中的实际问题。

民事检察监督阶段，当事人已通过法院裁判尝试了法律解决其纠纷的效果，检察机关既可以对当事人提供以其他途径解决纠纷的建议，也有权以检察建议方式建议相关部门依照政策等途径解决当事人的实际问题。根据 1992 年至 2016 年《G 省检察工作年鉴》统计，G 省检察机关自 1992 年开展民事检察监督工作以来，息诉处理的民事申诉案件达92.1%，维护了法律和司法权威，保障了公正的司法裁判终结纠纷、恢复秩序的效能，促进了案结事了。当然，在这些息诉案件中，也有少量案件符合监督条件，但检察机关对于其中无监督必要的（如标的物已灭失、抗诉再审改判后执行无法回转的，标的物价值较小、无必要抗诉的），配合息诉服判工作，通过纠正违法与检察和解，弥补法院生效裁判的缺失，尽可能维护法院裁判的既判力，保障司法终局性原则的贯彻落实，使法治权威在社会牢固树立。例如，三毛公司与蔬菜公司、勤奋劳保综合商场租赁合同纠纷案,①

---

① 1979年9月，为方便三毛厂职工生活，三毛公司前身三毛纺织厂与某区商业局签订协议书，成立蔬菜公司和勤奋劳保综合商场，占用三毛厂所有的140平方米铺面经营蔬菜、水果、日常用品；房费每月每平方米0.15元，水费每立方米0.25元。后三毛公司于1991年、2007年、2008年先后三次上调租金，于2008年将房屋租金提高到每平方米25元。蔬菜公司和劳保商场认为自己使用的房屋是政策调配的结果，拒绝接受，并停止交纳房租11个月。三毛公司于是要求蔬菜公司、劳保商场腾交铺面，蔬菜公司、劳保商场未予理睬。三毛公司采取停水停电措施后仍未果，于2009年4月向某区法院起诉，请求判令蔬菜公司、劳保商场支付所欠商铺租金和水电费28,229.9元；判令解除原被告之间的租赁合同；判令被告立即返还所租商铺。蔬菜公司与劳保商场提出反诉，要求三毛公司赔偿停水电给其造成的损失119,280元。本案经区法院、市中级人民法院一审、二审审理，发生效力。终审判决认为，本案中劳保商场取得涉案房屋的租赁使用权不同于市场经济条件下民事主体通过平等协商方式取得的房屋租赁使用权，属于历史遗留问题，判决劳保商场继续使用该铺面，并向三毛公司缴纳租金，对于蔬菜公司与劳保商场所主张的损失，认为无证据证实，驳回了其反诉请求。

判决生效后，双方当事人均不服，申请G省检察院抗诉监督。三毛公司认为其要求解除合同于法有据，但法院不支持其诉求，明显司法不公；蔬菜公司与劳保商场认为，三毛公司停水停电确实给其造成了实际损失，但法院却未予认定，明显刻意偏袒对方当事人。G省检察院审查认为，三毛公司单方解除租赁关系合乎我国《合同法》规定，但劳保商场系为方便三毛厂职工生活而专门成立的国有企业，双方当事人租赁关系的形成有历史原因，双方租赁关系持续至今属历史遗留问题。在计划经济条件下，因政府的安排，劳保商场职工对三毛厂多年的服务一直未得到补偿，仅以司法手段处理本案，会造成劳保商场职工无经营场所，本已困难的经营进一步恶化，对其生存形成威胁。即使判决解决双方租赁关系，劳保商场也不可能给三毛公司腾出铺面，判决也得不到执行，双方纠纷非但不能实际解决，反而可能激化矛盾，影响社会稳定。在此情况下，G省检察院办案人对双方作了息诉工作。一方面，对蔬菜公司和劳保商场陈明其做法在法律上的不妥之处，出示检察机关调查市场的统计数据，说明三毛公司2008年定的租金每平方米还低于相同地段平均租金10余元人民币，敦促其尽快缴纳租金，并向某区政府发检察建议，建议对劳保商场职工的安置问题尽快处理；另一方面，向三毛公司解释法院未支持其解除合同的诉求的内在原因，同时建议三毛公司利用涉案铺面所在大楼拆迁（政府已批准）时机，积极要求政府解决劳保商场职工安置问题，从根本上、长远上解决双方纠纷。双方当事人表示服判息诉，后双方在某区政府相关部门的调解下，执行了判决。

陈某某与某储备物资管理局人事争议纠纷案。[①]

3. 监督对于司法终局性原则的目标促进。通过发挥法律稳定的规范、指引、教育、评价作用，形成以法律为主导的社会秩序体系，实现公众对于法律的信服，形成普遍的法治信仰，是司法终局性原则的根本价值目

① 2006年3月20日，陈某某因对某储备物资管理局、某储备物资管理局五三四处将其清退通知不服，向G省人事争议仲裁委员会提出人事争议申请。G省人事争议仲裁委员会于2007年7月16日以陈某某被清退系原国家发展计划委员会国家物资储备局作出的决定，某储备物资管理局、某储备物资管理局五三四处不具备主体资格为由驳回了陈某某的仲裁申请。陈某某对该仲裁裁定不服，但未向法院起诉，而于2008年6月25日、8月22日分别向中央机关及所属事业单位人事争议仲裁委员会、G省人事争议仲裁委员会申请人事争议仲裁。中央机关及所属事业单位人事争议仲裁委员会于2008年8月27日作出G人裁字（2008）第118号不予受理决定书，认为陈某某与被申请人国家发展和改革委员会国家物资储备局不存在人事关系，陈某某与被申请人之间的争议不属于该委应当审理的人事争议范围；G省人事争议仲裁委员会认为陈某某的申诉已由G人仲（2007）决字第35号裁决书给予处理，对同一事项其不作重复裁决，亦于2008年8月25日作出G人仲（2008）不字第4号不予受理案件决定书。陈某某不服，于2008年9月，向某市城关区人民法院起诉，要求某储备物资管理局、某储备物资管理局五三四处为其安排工作，并补发其停职期间的工资102,430元，承担全部诉讼费用。城关区人民法院审理认为，《企业劳动争议处理条例》第30条（已失效）规定，“当事人对仲裁裁决不服的，自收到裁决书之日起十五日内，可以向人民法院起诉；期满不起诉的，裁决书即发生法律效力”，G仲（2007）决字第35号裁决书已发生法律效力，因此，原告之诉不属法院受理之案件，裁定驳回陈某某的起诉。陈某某不服，上诉至某市中级人民法院，某市中级人民法院同样以“一事不再理”为由维持了一审裁定。判决生效后，陈某某不服，向G省检察院申诉，认为其所得到的仲裁、裁定的答复，都是在主体、管辖、时效等程序问题上绕圈子，从未就“劳资关系解除不当”、被申请人滥用职权违法操作无故侵犯申请人合法权益等实体性侵权问题作出认定和裁判，请求检察机关抗诉，要求法院依法改正错误裁决，进行实质性审判，否则其父就将公开自焚示威。G省检察院审查认为，本案中某储备物资管理局、某储备物资管理局五三四处招入陈某某，是陈某某之父利用时任五三四处人事处处长之便，私自违规招入，后被单位发现依照上级文件精神清退。陈某某被清退时，虽然其原单位已破产，但陈并未到其原单位权利义务承继部门去报到，导致其失业并未得到相关补偿，陈某某与其父对于纠纷的形成负有全部责任。因此，即使本案进行实体审理，陈某某的诉求亦不会得到法律支持。根据最高人民法院《关于审理事业单位人事争议案件若干问题的规定》（法释〔2003〕13号）和最高人民法院《关于事业单位人事争议案件适用法律等问题的答复》以及《劳动法》第79条的规定，本案应适用劳动争议仲裁前置程序。纠纷处理中，虽然G省人事争议仲裁委员会作出的G人仲（2007）决字第35号裁决对裁决主体认定有误，但陈某某并未在法定期限内向法院起诉，该裁决书已发生法律效力，具有终局性效力。根据民事案件的主管法定原则，在无法定事由情形下，人民法院无权就同一事实对仲裁部门已作出处理的事项进行处理，法院驳回申诉人的起诉亦无不当。于是向陈某某和其父作了详细的解释，使他们了解自己在本案纠纷及寻求公力救济过程中的过错，以及实体裁决可能的结果。尤其是在息诉过程中，了解到实际是陈某某之父内心感觉有愧于子，解不开心结，才不断上访、申诉，甚至想采取极端手段迫使政府或法院给儿子一个满意的安置，于是对老人又作了相应的心理疏导，陈某其和其父当场表示服判息诉，结束了法院裁定生效后将近两年的申诉历程。

标。从某电子集团与某信达公司担保债务纠纷案，三毛公司与蔬菜公司、勤奋劳保综合商场租赁合同纠纷案和陈某某与某储备物资管理局人事争议纠纷案可以看出，无论是民事实体法，还是民事程序法，正义都是其首要价值。如果裁判是错误的、非正义的，还仍然维护其既判力的话，即使裁判被强制执行，人们也会对法律和法院的公正性产生怀疑，将会从担心法院裁判的不公走向对法律和法院的厌恶。当发生纠纷时，宁愿通过私力救济也不愿诉诸法律，这同样会导致社会的无序化。如果裁判是正确的，但缺乏与当事人和公众的有效沟通，裁判的公正性同样可能得不到公众的认同。民事检察监督恰恰向公众表明，在法治社会，没有不受法律约束的绝对权力，法律只维护公正裁判的既判力。同时，作为专门的法律监督机关，民事检察监督与审判机关一样，同样负有以直观的司法行为表现法律的样态、展现法律的优势、培育社会法治信仰的任务。民事检察监督对于法院公正裁判的维护，更加专业地向公众释明了法治社会法律对合法权益的全力保护和对违法行为的铁面无私，有利于促进司法公信力和社会法治信仰的提升，有利于司法终局性原则根本价值目标的实现。

（三）民事检察监督与当事人私权处分

当事人处分原则是指民事诉讼当事人有权在法律规定的范围内处分自己的实体权利和诉讼权利，其实质是当事人对自己享有的权利的自由支配和处置。当事人对其诉讼权利的自由处分，主要体现为：一是当事人可依自己的意愿决定是否起诉、是否上诉和是否提起再审之诉等，其中包括当事人双方可以合意达成不起诉、不上诉和不提起再审之诉等诉讼契约；二是当事人可依自己的意愿决定是否撤诉等，以终结诉讼程序。根据处分原则，当事人对其实体权益的自由处分主要表现在：一是诉讼请求应当由当事人自行确定；二是原告可以以放弃其诉讼请求的方式处分其实体权益，原告和被告可以就诉讼请求进行和解。[①] 从理论上来讲，处分原则的主要

① 参见韩大元：《中国检察制度宪法基础研究》，中国检察出版社 2007 年版，第 271 页。

根据是民事权利的私权性质和程序主体性[①]原理。因此，处分原则的确立，不但是贯彻私法自治原则的体现，而且是尊重当事人的程序主体地位的必然要求。当事人处分原则是私权自治精神的反映，在民事诉讼领域中应当充分尊重当事人的这种权利。

检察机关对于民事诉讼活动进行法律监督，必然会通过民事诉讼活动这个中间环节与诉讼当事人的权利及其对于权利的处分行为发生联系。基于此，一些学者认为，民事检察监督不可避免地会干涉当事人的处分权，因此，应当取消民事检察监督制度，或者除非涉及国家利益、社会公共利益时，检察机关才能例外地依职权监督，否定当事人的处分权。[②] 当事人处分原则是私权自治精神的反映，在民事诉讼领域中应当充分尊重当事人的这种权利。但反映私权自治精神的当事人处分原则并不是没有限制的。“为了保持经济的健康发展，维护国家利益和社会公共利益，保障人权，必须实行有限度的国家干预，反映在民事诉讼领域就是对当事人处分权的合理干涉。”[③] 以前那种绝对的、不可侵犯的当事人处分权逐渐演变为相对的处分权。“当事人处分原则虽然意味着在民事诉讼中应当最大限度地尊重当事人的处分权，但是这种尊重并不绝对，世界各国大都对传统私权绝对的观点进行了修正，并越来越重视对民事权利的制约。”[④] 根据我国《民事诉讼法》第 13 条第 2 款“当事人有权在法律规定的范围内处分自己的民事权利和诉讼权利”的规定，当事人的处分权不是完全基于当事人的意思自治，而是建立在国家法律对公民个人权利保护的前提上而允许当事人处分自己的权利。[⑤] 也就是说，当事人的处分权是相对的、有限的，而不是绝对的、无限的，这个界限就是法律的规定。当事人处分自己的实体权

---

① 程序主体性，是指当事人在纠纷过程中应当居于主体而不是客体的地位，主要是当事人的诉讼行为而不是法院的职权行为推动着诉讼的进程。

② 参见陈桂明：《民行检察监督之存废、定位与方式》，载《法学家》2006 年第 4 期。

③ 杨荣馨：《民事诉讼原理》，法律出版社 2002 年版，第 228 页。

④ 张学武：《民事诉讼检察监督制度研究》，山东大学 2009 年博士学位论文。

⑤ 参见刘家兴：《民事诉讼法学教程》，北京大学出版社 1994 年版，第 67 页。

利和诉讼权利，应当在法律允许的范围内进行，不得损害国家、社会的公共利益，也不得损害其他公民的合法权益。我国《民事诉讼法》在确立处分原则的同时，还确立了国家干预制度，即审判机关、检察机关对当事人处分行为超越法律规定的范围可以实施干预。实际上，检察机关依职权主动提起民事诉讼的案件也是有界限的，主要是那些原裁判错误，损害国家利益和社会公共利益的案件。由此可见，当事人处分原则作用的范围是私人利益发生纠纷的案件，而民事检察监督制度主动运行的范围则是国家利益与社会公共利益受到违法损害的案件。

因此，民事检察监督制度与当事人处分原则在各自不同的范围内发挥着不同的功能，民事检察监督制度不会破坏当事人处分原则，也不会与其发生冲突。实践中，检察机关绝大部分的民事抗诉都是根据当事人的申诉而启动的，可以说是“应邀而往”，是因当事人的诉权申请从而产生国家公权力对私权领域的干预。所以，民事检察监督并没有妨害当事人的私权自治和处分原则。当然，对于双方当事人恶意串通，以诉讼方式损害国家利益和社会公共利益的案件，检察机关主动进行监督，也是在其职权范围之内的。笔者认为，民事检察监督介入民事诉讼的目的之一就是通过制约审判权，防止公权力对于当事人私权的侵害，监督中检察机关是否超越权利保障的界限，干涉当事人的私权处分，应从检察机关与当事人之间联系的环节、方式和内容等方面准确把握。

1. 依申请抗诉（再审检察建议）监督中检察机关与当事人的联系状况分析。图 5 – 2 是依申请抗诉监督中检察机关与当事人联系的环节及各环节上的权利、义务，也可以表示检察机关通过再审检察建议与当事人发生联系的基本状况（检察机关提出再审检察建议案件的受理、审查程序和各程序上当事人的权利、义务与抗诉程序一致，但再审检察建议可能不被法院采纳。即使再审检察建议被法院采纳，法院也是按照当事人申请再审程序决定再审，检察机关也不出席再审法庭，因此，自检察机关向法院发出建议之时，检察机关与当事人之间的联系便终止了）。从图 5 – 2 中可以看出，第一，只要当事人申请检察监督，符合检察机关受案条件，检察机关便予以受理，正是尊重当事人将已被生

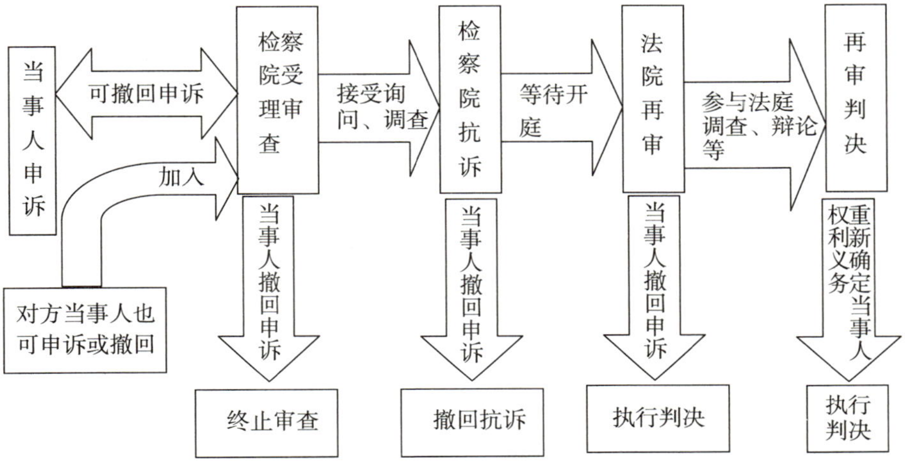

图 5－2　民事抗诉监督检察机关与当事人相互关系

效裁判确定的权利、义务重新交由司法处理的处分权。第二，从检察机关受理到提出抗诉（再审检察建议），当事人均可以撤回申诉，只要不涉及国家、社会、公共利益的，检察机关均允许其撤回申诉，并作出相应的结案处理，也体现了检察机关不干涉当事人处分权、对于当事人私权利的尊重。第三，检察机关从受理审查当事人申请到提出抗诉（再审检察建议），除了对当事人进行询问、调查（当事人依法可以接受，也可以不接受），没有与当事人发生其他联系，也就谈不上干涉当事人的处分权。第四，如果当事人在向检察机关申请监督到检察机关审查终结期间没有撤回申诉，检察机关即使决定抗诉，也只是尊重当事人要求法院再审的请求，且只具有启动再审程序的效力，因此，也没有干涉当事人的处分权。第五，当再审程序启动后，检察机关的使命已完成，当事人之间的权利、义务是通过法院再审重新划分，检察机关即使有权列席法院审判委员会陈述抗诉意见，也无表决权，因此也难以干涉当事人处分权。当然，检察机关受理一方当事人监督申请，使对方当事人不得不加入民事检察监督程序，进而因检察机关抗诉接受法院再审对自己权利、义务的重新确定，形式上似乎干涉了对方当事人的处分权。然而，民事检察监督的核心目的是维护司法公正，当一方当事人将对方当事人起诉至法院，对方当事人无论是否愿意接受审判，都必须接受审判，这是其成为纠纷一方不可避免的后果。同样地，当一方当事人不服生效裁判向检察机关申请监督时，对方当事人被动地参与到检察监督程序甚至是再审程序，也是其作为纠纷一方，必须承担的诉讼风险。即使一方当事人因抗诉再审而失去从原审裁判中已获得的利益，而另一方当事人却由此获得了在原审裁判中已失去的利益，也是检察监督下司法恢复公正的结果，并非检察机关运用抗诉干涉当事人处分权的结果。

2. 检察和解中检察机关与当事人的联系状况分析。民事检察和解是检察机关在实践中创新探索的监督方式，指民事检察监督中双方当事人在检察机关主持、斡旋下就法院生效裁判已确定的双方权利、义务进行重新分配，达成协议的活动。由于双方当事人是在检察机关主持、斡旋下对法院生效裁判已经确定的自己的权利、义务重新作出处分。因此，有必要深入实践观察检察机关在和解中对于当事人处分权的具体影响。

张某与王某财产损害赔偿纠纷案、[①] 阳某某与李某债务纠纷案、[②] 刘某

① 2007 年 5 月，张某伐树时树意外砸向邻居王某的房子，房屋围墙被砸坏。王某要求赔偿，双方产生纠纷，王某将张某的手扶拖拉机扣下。后张某诉至县人民法院，要求王某返还手扶拖拉机并赔偿手扶拖拉机每日运营费损失 50 元，得到法院支持，判决王某返还张某手扶拖拉机并赔偿经济损失 2 千元。王某不服判决，到县人民检察院申诉。检察人员在接待中了解到，原审开庭前王某准备提起反诉，但因拿不出房屋损失鉴定费 2 千余元没能反诉。王某家庭较困难，现住房又被损坏，无力履行法院判决所确定的义务。而张某之所以提起诉讼，也就是为和王某赌一口气。通过检察人员在双方之间多次沟通，张某主动放弃已判决王某赔偿 2 千元的权利，并自愿承担王某修理房屋的部分费用。双方握手言和。

② 阳某某因与李某工程合同纠纷，于 2004 年 11 月，由李某给阳出具一张欠条，内容为："今欠'杨某某'人民币 2 万元。"（欠条中欠款人姓名与阳某某仅姓氏不同）随后，李某在支付了阳 3 千元后，一直未付清欠下的 1.7 万元。2006 年 11 月，阳某某向重庆市石柱县人民法院提起诉讼，李某向法庭提供了当地一名叫杨某某的人的证言，证明李某曾向杨某某借款 2 万元用于购车，并称是阳某某盗取了李某出具给他的欠条。法院因此驳回了阳某某的诉讼请求。阳某某不服，向县人民检察院提出申诉。县人民检察院办案检察官审查案件后发现，杨某某庭审时陈述的借款时间，与李某的律师调查的借款时间有明显出入。发现这一破绽后，检察官传来了阳、李二人进行询问、核实，李某最终承认了其与阳某某的债权债务关系，在检察官的主持调解下，阳、李二人达成了协议，李某还当场向阳某某兑现 1.2 万元。

与某殡仪馆骨灰寄存合同损害赔偿纠纷案①和刘某与王某离婚财产分割案,② 这四个案例代表了实践中适用民事检察和解的主要情形。分析这些案例，可以看出，虽然由于检察机关的监督，每个案例中申请监督对方当事人或放弃了法院生效裁判确定的权利，或让渡给申请监督当事人部分权利，但检察机关除了在当事人之间起到了沟通、协调作用外，只是通过监督，为当事人达成和解提供了一个利益权衡的依据，即“法院裁判是存在错误的，如果当事人之间不根据检察机关查明的事实真相或者检察机关认为应当适用的正确的法律承担其应当承担的权利、义务，就可能承担检察机关向法院抗诉或提出检察建议所带来的各种风险，包括失去原审裁判确定的法律地位和权利，再次承担参加诉讼的诉累，承受因向法庭提供假证等法律责任”。由于从原审裁判中获取了依据事实真相而不应获取的利益，承受道德的谴责、双方当事人关系不可修复的后果和内心良心的困扰等，

---

① 2004 年 4 月 26 日，刘某以某殡仪馆在双方合同期内擅自抛撒其寄存于该馆的其兄骨灰，侵害了其人格利益，造成了精神损害为由，诉至某市法院，要求殡仪馆支付其兄丧葬费、墓地安置费、交通费等 3 万余元并精神损害抚慰金 5 万元。某市法院审理后，认为被告未依双方关于骨灰保管合同的约定，擅自对骨灰采取抛撒处理，是违约行为，应承担相应责任，判决被告支付原告精神抚慰金 1 万元。判决生效后，刘某以法院误将侵权责任认定为违约责任，判决有失公正为由，向某市检察院申诉，要求提请抗诉。某市检察院审查后认为，原告提起侵权之诉，但法院却以合同之诉判决，虽然存有不当，但判决结果公正。于是在向法院发出检察意见，指出和纠正法院判决不当之处的同时，对当事人释法说理，最终某殡仪馆同意再给刘某补偿精神抚慰金 5 千元，刘某也表示服判息诉，不再上访。

② 刘某与王某恋爱期间，王某单位分配给其经济适用房一套，王某随即将该房以购房原值 5.8 万元转让给刘某的父母，双方房、款两清，且过户至刘某的名下；婚后，该房由刘某与王某共同居住。2006 年 11 月，刘某向某市法院起诉，要求与王某解除婚姻关系，并分割财产。尽管刘某向法庭提交了其父母与王某所签合同以及王某核收房款条据，而王某未向法庭提交任何相关证据，法院判决仍然认定该房屋属于夫妻共同财产，令刘某补偿给王某 6.5 万元房款。判决生效后，法院冻结了刘某的工资，致刘某与其孩子无法生活，刘某无奈向某市检察院申诉，要求对该判决提请抗诉。检察机关审查后，认为法院将刘某婚前个人财产认定为夫妻共同财产，主要证据不足，但考虑抗诉流程太长，而刘某和孩子急需工资维持生活，于是向法院提出了再审检察建议。同时，工作人员在双方当事人之间释法律、讲人情，最终双方当事人就离婚财产重新达成了协议并履行。后法院也采纳了再审检察建议，再审中，对双方当事人于检察机关达成的协议以调解书的形式重新进行了确认。

当事人是在预见到原审裁判经检察监督被纠正后自己可能承担的上述风险后，权衡利弊，才与申请监督当事人达成和解的，检察机关并没有以权压调，强迫当事人按照检察机关的意志达成和解。不仅如此，检察机关经过主持、斡旋民事检察和解，还使申请监督当事人的合法权益得到了保障，使对方当事人免去了案件再审可能带来的诉讼负担，修复了其由于原审裁判而受到损害的道德名誉，以及双方当事人因纠纷而破损的社会关系，充分体现了民事检察监督中检察机关保障权利的价值功能。

3. 依职权抗诉（再审检察建议）监督中检察机关与当事人的联系状况分析。根据学理通说和检察机关的实践做法，在法院生效裁判损害国家、社会、公共利益或法官在案件审理中有重大违法行为等情况下，检察机关可依职权主动启动民事检察监督程序。在此情况下，客观上双方当事人都由此被动进入民事检察监督程序，被动接受检察机关询问、调查，在检察机关抗诉或发出再审检察建议引起再审后，由于再审重新查明的事实，当事人在原审中已被确定的权利、义务可能发生改变。然而，任何权力、权利的行使都不是无边界的。根据我国《民事诉讼法》第 13 条第 2 款“当事人有权在法律规定的范围内处分自己的民事权利和诉讼权利”的规定，当事人的处分权不是完全基于当事人的意思自治，而是建立在国家法律对公民个人权利保护的前提下允许当事人处分自己的权利。也就是说，当事人的处分权是相对的、有限的，必须依法进行。当事人处分自己权利，不得损害国家利益、社会公共利益，也不得损害其他公民的合法权益。何况，如前所述，与依申请抗诉（再审检察建议）监督一样，检察机关仍然未与当事人处分私权发生直接联系，检察监督作为一种程序建议权，仍然只负有将案件再次交付审判的职责。至于是否或者如何对双方当事人权利、义务、责任再确定，仍决定于法院再审的情况，由法院公正裁判，检察机关在再审期间只需监督法院公正裁判、保障当事人的诉权不被审判权侵犯，并无法强制再审法院接受监督意见或决定如何对当事人的权利、义务、责任再分配。从表 5－2 中 6 个案例的抗诉意见与再审裁判的内容对比来看，检察机关抗诉书的主要内容只是提出原审裁判的错误，至于如何纠正错误，则是法院再审裁判文书论述的主要内容。这一特点表现在民事检察监督所有种类的抗诉书和检察建议书中，包括检察机关依职权抗诉或提出检察建议的文书中。

4. 其他监督方式运用中检察机关与当事人的联系状况分析。检察机关在实践中除采用抗诉和再审检察建议、民事检察和解监督方式外，还采用督促履职、支持起诉、监督一般违法程序、公益诉讼等方式履行职能。分析这些监督方式的对象、事由以及手段，公益诉讼中检察机关作为原告，是代表国家利益、社会公共利益接受法院裁判的民事诉讼当事人一方，如果与对方当事人的处分权发生联系，也只是通过行使举证、质证等与对方当事人平等的诉讼权利，要求法院裁判对方当事人停止对国家利益、社会公共利益的损害。而当事人针对国家利益、社会公共利益处分私权的行为，是违反《宪法》和民事法律规定的法律不予保障并且禁止的处分行为。因此，公益诉讼中检察机关谈不上对当事人合法私权处分的干涉。在督促履职、支持起诉中，检察机关是督促、支持有关单位行使诉权，保障国家利益、社会公共利益，是通过建议促进当事人依法行使诉权，建议本身并没有强制性，被督促单位、法院可以接受也可以不接受。G 省检察机关历年来督促、支持起诉提出的检察建议，总有部分不被建议对象接受，有些检察建议甚至得不到回复。而且，当事人作为国家公民，本身就负有保障国家利益、社会公共利益的责任，当事人接受检察建议行使诉权，是将国家利益、社会公共利益交付诉讼保护的行为，不具有处分私权的性质，当然也就谈不上检察机关干涉其私权处分。检察机关针对审判机关的违法行为发出检察建议，因检察监督的后果只是纠正法院违法行为，并不会因监督引起对当事人权利、义务、责任的再分配，因此也不会对当事人处分私权形成干涉。

（四）民事检察监督与当事人诉讼权利平等

当事人诉讼权利平等原则是指所有当事人均具有平等的诉讼地位，所有当事人在诉讼中的程序利益和实体利益均应得到平等保护。其一，民事诉讼当事人具有平等的诉讼地位，所有当事人均享有平等的诉讼权利和承担平等的诉讼义务；对于当事人作出的相同的诉讼行为，应当适用相同的诉讼法规范，并产生相同的诉讼法效果。其二，平等维护双方和各方当事人的程序利益和实体利益。[①] 我国《民事诉讼法》第 8 条明文规定了当事人诉讼权利平等原则。这是我国诉讼当事人平等原则的立法表现。

民事纠纷的私法性质内在地要求民事诉讼应当贯彻当事人平等原则，当民事主体的民事权利受到侵犯或民事主体与他人发生纠纷时，就必然要求各方当事人以平等的诉讼地位进行诉讼。民事诉讼的理想状态是当事人双方地位平等，攻守平衡，法院居中裁判，当事人可以自由处分自己的实体权利和诉讼权利，即法院与原、被告之间形成一个“等腰三角形结构”，以保证双方当事人法律地位的平等和诉讼过程的公正。但这种架构中的当事人平等（诉讼结构中的当事人平等）和民事法律关系中的当事人平等不可同日而语，因为在“民事诉讼架构中平等的实现至少需要三方面的保证：一是制度保证，即有完善的立法；二是执法水平的保证，即有秉公执法的高素质的执法队伍；三是当事人守法意识和诉讼水平的保证”。[②] 这三方面如果有一个方面欠缺，当事人平等的架构就会遭到破坏，发生倾斜就变得非常容易。在诉讼架构失衡的情况下，错误判决、裁定的出现就是不可避免的。在民事法律关系中，平等的地位由当事人自己维持，没有第三方主体来影响他们的地位平衡。而在诉讼架构中，当事人的平等一方面来

---

① 参见杨荣馨：《民事诉讼原理》，法律出版社 2002 年版，第 228 页。

② 王德玲：《民事检察监督制度研究》，中国法制出版社 2006 年版，第 102 ~103 页。

自他们在实体中的关系，另一方面又是相对于他们和裁判者之间的距离而言的。

因此，当事人诉讼权利平等只是表明当事人双方的法律地位平等，在法律上权利、义务平等，并不意味着拒绝任何公权力的介入，更不意味着检察监督的介入就会破坏当事人诉讼权利的平等性。表5－3展现了依当事人申请启动的民事检察监督（依职权启动的检察监督中，检察机关是代表国家利益、社会公共利益依职权自行启动，监督来源与双方当事人均没有联系，因此不是本部分研究的重点）各个环节上当事人所有的诉讼权利。从中可以看出，民事检察监督中当事人行使诉讼权利具有以下特点：

表5－3　民事检察监督中当事人的诉讼权利

监督环节	申请监督一方当事人权利	其他当事人权利	依据
受理	申请检察监督，人民检察院收到其提交的证据材料，应当出具收据；在检察机关决定受理案件之日起3日内受送达《受理通知书》，并被告知其权利义务；申请回避和检察机关予以答复；检察机关交办、转办案件时认为需要通知当事人的，受送达检察机关《通知书》	在检察机关受理并认为需要通知其他当事人的申诉案件中受送达《受理通知书》和监督申请书副本，并被告知其权利义务，在收到监督申请书副本之日起15日内可提出书面意见，向检察机关申请监督；提出申请监督的其他当事人，也被列为申请人；向检察机关提交证据材料的，检察机关应当出具收据	《民事诉讼法》《人民检察院民事诉讼监督规则（试行）》
审查	申请监督请求被检察机关审查；检察机关充分听取其他当事人对证据材料（含检察院调查取得）发表的意见；参加听证，检察机关一并审查申请监督请求、事实和理由及当事人意见	申请监督请求被检察机关审查；检察机关充分听取其他当事人对证据材料（含检察院调查取得）发表的意见；参加听证，检察机关一并审查申请监督请求、事实和理由及当事人意见	

续表

监督环节	申请监督一方当事人权利	其他当事人权利	依据
审结	检察机关中止审查、提出再审检察建议、提请抗诉、决定抗诉的，制作《决定书》《通知书》并发送当事人；不支持监督申请人，发送申请人《不支持监督申请决定书》；终结审查的，需要通知当事人的，发送申请人《终结审查决定书》；当事人提出执行监督申请或纠正违法程序监督申请的，检察机关决定提出或不提出（一般）检察建议的，制作《通知书》或《不支持监督申请决定书》发送申请人	检察机关中止审查、提出再审检察建议、提请抗诉、决定抗诉的，制作《决定书》《通知书》并发送当事人。不支持监督申请、终结审查的，需要通知当事人的，发送当事人《不支持监督申请决定书》《终结审查决定书》	

1. 权利内容的相同性。表5－3显示，在民事检察监督受理、审查、审结各个阶段，双方当事人享有的权利内容基本相同。例如，受理阶段，双方当事人都可以向检察机关申请监督（如三毛公司与蔬菜公司、勤奋劳保商场租赁合同案就是双方当事人都申请检察机关抗诉的案件），向检察机关提供证据后，检察机关都要出具收据；审查阶段，双方当事人对其他当事人提出的证据和检察机关调查收集的证据都可以发表意见，检察机关对双方当事人发表的意见都必须听取，在检察机关听证审查的案件中，双方当事人都有权参加听证，并有权在听证中陈述事由、理由，对听证中其他当事人提供的证据和检察机关出示的证据发表意见等。这说明当事人申请监督只是民事检察监督程序启动的一种原因，民事检察监督是检察机关对于双方当事人权益的依法维护，因而允许双方当事人平等表达诉求；监督是对全案中审判权行使状况的审查，因而要充分听取双方当事人的意见，全面审查双方当事人提供的证据。即使是检察机关调取的证据，也要平等听取双方当事人的意见，以便保证证据的客观性，客观、公正、公平地提出审查意见，作出审查决定，体现了检察机关作为法律监督机

关，绝不代表任何一方当事人，在民事诉讼中处于“居中”地位。

2. 权利行使时间的紧密衔接性。由于在依当事人申请启动程序的民事检察监督中，申请监督一方以外的其他当事人如果没有提出监督申请，大多被动参加监督程序。为保障这些当事人能够及时行使诉讼权利，保证检察机关受理案件后及时、全面、客观地掌握案件中的所有情况，为各方当事人提供平等的保护，无论是最高人民检察院在2012年修订的《民事诉讼法》实施前颁行的《人民检察院办理民事行政抗诉案件办案规则（试行）》，还是当前试行的《民事诉讼监督规则》，或是各地检察机关的内部工作规定，如《G省检察机关办案工作规程》，都规定检察机关在受理监督申请后，应根据情况及时通知案件各方当事人，以保证各方当事人行使诉讼权利的紧密衔接性，体现了检察机关不偏袒任何一方，以维护司法公正为中心的监督本质。

3. 权利行使后果的对等性。表5－3同样显示了民事检察监督中各方当事人行使诉讼权利在法律后果上的对等性。对于申请监督的当事人，除检察机关依法定情形（申请人撤回监督申请、申诉案件中当事人死亡、无继承人等情况）作出终止审查决定的，根据需要通知（如申请人撤回监督申请就无必要通知申请人，双方当事人达成和解协议的也无须通知任何一方当事人）包括申请人在内的各方当事人外，作出其他决定的，都要通知申请人。检察机关作出中止审查、抗诉、提请抗诉、再审检察建议等决定的，由于检察机关对案件中止审查可能会导致当事人误解检察机关拖延办案，需要当事人配合，抗诉、提请抗诉、再审检察建议等决定可能引起再审，因此，还需要对其他当事人及时通知。检察机关作出不支持监督申请决定的，如果本来案件事实、证据清楚，检察机关不需要询问申请监督一方以外其他当事人就可以作出决定，在审查期间也认为不需要通知其他当事人而没有通知他们，此时，同样从尽可能不给当事人增加诉累出发，在需要通知他们时才通知他们，体现了监督中各方当事人权利行使时法律后果的对等性。

事实上，就民事检察监督的性质而言，检察机关介入民事诉讼是为了维护司法公正和实现民事诉讼双方当事人的平等，而非破坏这种平等；检察监督的对象是法院的审判行为，而不是当事人的行为，不以申请监督理由为限，亦不以帮助当事人抗诉成功为目的，不是任何一方当事人的代表人，而是在尊重当事人诉讼权利平等的前提下实行的对民事诉讼活动的监督和制约。当前，民事诉讼中审判权一权独大，而当事人私权力量不足，赋予检察机关监督的权力，正是为了从外部助推失衡诉讼架构回复本位，从而实现当事人诉讼地位的平等，并进而保证裁判的公正。所以，从功能上讲，“尽管在客观实际上，抗诉监督的提出可能会有利于一方，一方会因抗诉的成功而获得一定的利益，但那也只是因检察机关履行职责而获得的一种反射利益，并且是合法的利益”。[①] 民事检察监督与当事人诉讼权利平等原则所追求的公正以及民事诉讼的程序价值具有一致性、协调性。

（五）民事检察监督与一事不再理原则

一事不再理原则是一项为现代各国所普遍确立的审判基本原则，是指当事人对已经正式裁判的案件不得申请再次审理。有观点认为，民事检察监督制度的设立，危及二审终审制，二审应起定分止争的作用，但抗诉的提起，事实上等于案件并未终结。因此，民事检察监督制度的设立与一事不再理原则相冲突。笔者认为，该观点有失偏颇。理由如下：

1. 一事不再理原则具有相对性。一事不再理原则的价值功能大致为诉讼经济、法的安定性和审判权威，都必须服从于民事实体法和民事程序法的价值目标，即必须以正义为其首要价值追求。如果为了机械遵守一事不再理原则，勉强维护非正义的裁判的效力，则法律和法院就会失去人们的信任，当发生纠纷时，人们宁愿通过私力救济，也不愿诉诸法律，这同样

---

① 邵明：《现代民事诉讼基础理论——以现代正当程序和现代诉讼观为研究视角》，法律出版社 2011 年版，第 76 ~77 页。

会导致社会的无序化。因此，在采纳一事不再理原则的同时，应设立再审制度，使确有必要纠正的错误裁判能够得到及时、有效地纠正，从而弥补一事不再理原则的价值缺陷。

2. 民事检察监督体现了一事不再理原则。“一事不再理”内容包括两层含义。一是指诉讼系属效力，即一诉已经提起或正在诉讼中，该诉就不得再次提起。同一诉讼案件禁止重复起诉，不限于同一法院起诉的情形，向其他法院重复起诉亦受禁止。《民事诉讼法》第 209 条规定，当事人申请法院再审后，只有在被法院驳回再审或法院逾期对再审申请不予处理或再审裁判确有错误的，当事人才可再向检察机关申请监督。二是当事人申请检察监督以一次为限，体现了禁止重复申诉、多头申诉的一事不再理原则。民事检察监督部门所做的大量息诉服判工作也是维护判决的既判力，是一事不再理原则的体现。

3. 民事检察监督与一事不再理原则在价值上具有调和性。首先，民事检察监督与一事不再理原则都追求司法公正，民事检察监督制度通过检察机关的监督活动，促使法院纠正民事诉讼活动中存在的司法不公问题，将影响司法不公的因素予以剔除，恢复或增强司法公正；一事不再理原则则通过维护正确裁判的既判力使公正裁判在全社会树立权威。其次，民事检察监督与一事不再理原则都追求司法效率，民事检察监督通过促使法院纠正违法行为，作出正确裁判，促进案结事了，一事不再理原则则通过维护法院正确裁判息诉止争，实现诉讼终结纠纷的效率价值。最后，民事检察监督与一事不再理原则都维护司法权威，民事检察监督通过“纠错”来修复司法权威，而一事不再理原则则通过维护法院正确裁判维护司法权威。民事检察监督制度与一事不再理原则有实现各自价值的范围，而又在追求共同的价值中得到调和。[1]

---

① 参见李浩：《民事再审程序改造论》，载《法学研究》2000 年第 5 期。

（六）民事检察监督与以事实为根据、以法律为准绳原则

以事实为根据、以法律为准绳原则是民事诉讼法最本质的原则，反映了民事诉讼的目的，即公正有效地解决双方当事人之间存在的纠纷，以维护正常的社会秩序。[①] 辩证唯物主义认识论是以事实为根据、以法律为准绳的哲学基础，它告诉人们，法院认定事实和适用法律的不确定性只是相对的。原因如下：一是任何案件都不可能弄清其所有的细节，即认定案件事实存在不确定性，此即相对的真实。但相对真实中包含着绝对真实，绝对真实并不排斥相对真实。我们并不否认个别案件由于受特定时空条件的限制，法院在事实的认定上存在某种不确定性，但并不能由此否认其中的确定性。事实认定仅仅在一定范围内存在不确定性，而法律事实是由证据来确定的，只要根据证据和证据规则来认定的事实就是案件事实，就是人民法院裁判的基础。在民事诉讼中证据的种类和证据规则都是确定的，因此，应用证据和证据规则来认定的事实也应是确定的。二是我国是成文法国家，法律是明文规定的，法院在裁判的时候必须严格依照法律进行，只有在法律规定的范围内法官才有自由裁量权，因此，法官所适用的法律也是确定的。维护司法公正是法官认定事实和适用法律所追求的价值目标，在这个过程中所产生的不确定性也不应偏离维护司法公正这个中心，所以这种不确定性也是有界限的。

一般来说，与刑事裁判和行政裁判相比较，民事裁判在认定事实和适用法律上具有更多的不确定性。[②] 但审判活动作为现实社会的一种客观存在，有自己的规律可循，是可以认识的。即使是所谓的疑难、复杂案件，

---

① 参见任文松、王晓：《民事检察制度与民事诉讼原则的冲突及调和》，载《人民检察》2007 年第 5 期。

② 参见最高人民检察院法律政策研究室：《我国民事检察的功能定位和权力边界》，载《中国法学》2013 年第 4 期。

也终究有探索其真实事实和确定的法律适用的可能性。一个案件不能只有一种唯一的正确判决，但是，不能因此就认为民事案件在事实认定和法律适用上，法官不会判错案，法院不会有错案。任何判决都只能依据法律进行，凡是违背法律的判决和裁定，就是错误的判决和裁定。在认定事实上，无论案件怎样复杂，都有认定事实的基本证据规则，按照证据规则的要求认定案件事实，就使案件的事实得到确定；违背证据规则认定案件事实，就是错判。在适用民事法律上，尽管有一定的任意性，但是强制性的法律规范必须遵守，违反强制性法律规定的裁判，就是错判；对于任意性的法律规范，当事人可以协商一致进行变更，不必完全按照示范性的规范确定自己的权利义务，但是在当事人发生争议的情况下，法院只能按照当事人的事前约定或者任意性规定进行裁判，不能任意作为，违背任意性法律规范所作的裁判，同样是错判。[①] 维护司法公正是法院认定事实和适用法律所追求的价值目标，在这个过程中所产生的不确定性也不应偏离维护司法公正这个中心，如果偏离这个中心，亦为错误裁判。

过分夸大事实认定和法律适用的不确定性，违反了诉讼法理，陷入了规则怀疑主义的误区。以民事裁判的这种不确定性特征为理由，否定检察机关纠正错误裁判的必要性，实质上是主张不可知论，以认识的局限性来否定人对事物的认识能力。正如有学者指出："如果法律的不确定可以成为否定错案有标准的充分理由，那无疑是说法律可以由法官任意解释，法院的判决就是法。这不仅会使法院的判决极度神秘化，而且会从根本上动摇依法审判的原则和理念。"[②] 因为按照这种说法，使人们对审判结果是否正确陷入不可知论，将审判工作神秘化，从而法院的审判活动只有法官才能理解，其

---

① 参见杨立新：《民事行政检察教程》，法律出版社2001年版，第9页。

② 李浩：《民事检察监督制度否定论评析》，载《中山大学法律评论》2000年第1卷，法律出版社2000年版。

他任何人都不能过问和监督。对于民事裁判来说，解决纠纷的方式可能有多种，但作为判断裁判公正与否的标准是确定的，那就是“是否合法”。

由此可见，以事实为根据、以法律为准绳原则中的事实和法律存在确定性，民事检察监督也因之与这项原则具有内在一致性，民事检察监督存在的动因就是因为法院的民事裁判违背了以事实为根据、以法律为准绳的原则，检察机关进入民事诉讼的目的就是使法院的裁判回归到这个原则，进而维护司法公正。检察机关提出民事抗诉或再审检察建议，并不是追求唯一正确的裁判，而是要监督纠正那些确有明显错误的裁判，对于符合法律规定的裁判，即使还有其他合法的解决办法，也不应当提出抗诉或再审检察建议。

（七）民事检察监督与诉讼经济原则

在传统法学中，“公正”几乎是法律唯一的价值目标。随着社会经济生活和法治文化理念的发展，效率（或效益）这个本属于经济学范畴的概念被引入法学领域。从经济学的角度分析，司法作为一种特定的法律活动，无论是从诉讼主体的主观认识中，还是从客观的表现上，都是一种能够产生一定收益，同时又需要支付一定成本的活动。因为在法律经济学家看来，“法律所创造的规则对不同种类的行为产生隐含的费用，因而这些规则的后果可以当做对这些隐含费用的反应加以分析。而且，我们认为诸如最大化、均衡和效率之类的经济概念是解释社会，尤其是解释理性的人们对法律规则的反应行为的基本范畴”。[①] 司法成本的有限性从总体上限制了审判活动对公正的追求。人们在对一项制度进行法律价值评判时，除进行“公正性”评价外，对于其效率的考量也给予了高度关注，因为“一个

① ［美］罗伯特·考特、［美］托马斯·尤伦：《法和经济学》，张军等译，上海三联书店 1994 年版，第 13 页。

社会，无论多么公正，如果没有效益，必然导致社会集体的贫困，那也谈不上什么公正，即使有这种‘公正’，也是社会和人们所不取的”。[①] 按照司法效率的要求，“对于那些虽然在技术上存在不足或缺憾之处但错误并不严重的生效裁判，如果提出抗诉可能导致人力、物力的支出比裁判所涉及的诉讼标的额大或造成当事人无端的讼累，检察机关应慎加权衡，放弃抗诉”。[②]

公正和效率同是司法活动所追求的价值目标。诉讼公正原则要求在司法活动中恪守法律，努力实现程序公正和实体公正；诉讼经济原则则要求在司法活动中用最小的投入实现司法效益的最大产出。现代司法应当兼顾公正和效率，然而在司法活动中，这两种价值往往是互相冲突的。诉讼迟延和成本高昂，会使当事人抛弃诉讼救济，转向其他救济途径。诉讼迟延也会使证据灭失，以至于无法证明案件事实，不能实现公正目的。当他们无法相容，必须在两者之间择一时，应当遵循一条原则：在这两大价值目标中，公正永远应当是第一位的，效率则应当是第二位的。在司法活动中，离开了公正的效率是没有意义的。“盲目地追求效率而忽视公正，或许是经济活动的目的，但不是司法活动的目的。”[③] “我们不能为了提高诉讼的经济效益而放弃公正，那样的话，不但有时代价过高，也与现代法治国家所推崇‘人权保障理念’相背离。”[④] 只有在公正价值包括实体公正和程序公正得到确立和实现的前提下，才能确立和实现效率价值，效率价值的追求和实现不能限制和阻碍司法公正价值的实现。[⑤] 民事检察监督确实增加了检察机关、法院、当事人在个案上的投入，加大了诉讼的经济成

① 张显文:《法学基本范畴研究》，中国政法大学出版社 1993 年版，第 273 页。
② 王德玲:《民事检察监督制度研究》，中国法制出版社 2006 年版，第 212 页。
③ 邵世星:《民事诉讼检察监督的法理基础再论》，载《国家检察官学院学报》2001 年第 2 期。
④ 陈卫东:《公正和效率》，中国法制出版社 2002 年版，第 90 页。
⑤ 参见张文志等:《民事诉讼检察监督论》，法律出版社 2007 年版，第 110 ~111 页。

本，影响了诉讼效率，但却可以降低案件的错误成本，增加合格“司法产品”的产出。对于严重损害国家利益、社会公共利益以及公民、法人合法权益的错误裁判，如果为追求高效而概不纠正，必将损害公平和正义。当然，检察机关在追求司法公正的前提下，也应当尽量兼顾诉讼经济原则，通过增强减少当事人讼累、节约司法成本的观念和意识，完善自身工作机制，依法严格掌握监督条件，以节约司法资源，因为“不公平的判断使审判变苦，迟延不决则使之变酸”。[①]

从上面的分析我们可以看出，民事检察监督在理论上与相关诉讼原则不存在本质冲突，反而与这些诉讼原则相辅相成，共同服务于司法公正、维护法律的权威与尊严这一更高层次的目标。

四、“监督者由谁来监督”的问题解析

“现代检察官制度是基于对法官和警察的不信任而产生的，承担着防范法官恣意与警察滥权的功能。但是检察官在肩负挽救人民对司法不信任重任的同时，自身又面临着如何对抗不信任的问题，即如何防范自身的恣意与滥权问题。”[②] “毕竟检察官不是上帝或天使在人间的化身，而是和法官、警察一样的血肉之躯，同样会有滥权的问题。”[③] 因此，接受监督不仅“是检察权作为社会主义国家权力的本质要求，也是检察机关依法独立公正地行使检察权的保障”。[④] 不受监督的权力必然走向腐败，检察权也是一种国家权力，谁又来监督检察机关，保证民事检察监督中检察官不滥用权力？对此，笔者认为，正如学者所言，“在法治的视野中，没有任何人是

① ［英］培根：《培根论说文集》（第2版），水同天译，商务印书馆1983年版，第193页。

② 林钰雄：《检察官论》，台北，学林文化事业有限公司1999年版，第113页。

③ 孙谦：《维护司法的公平和正义是检察官的基本追求》，载《人民检察》2004年第5期。

④ 孙谦：《中国检察制度论纲》，人民出版社2004年版，第259页。

靠得住的，只有在权力制约的‘互联网’中，才有公正和权威”。①因此，尽管在民事检察监督中，检察权只是一种程序性的权力，但作为公权力，本身存在自我扩张的倾向，仍然需要对之进行必要的监督制约。目前，对于检察机关履行民事检察监督职能的监督，除了党的监督，纪检、监察机关监督，人大、政协监督，群众民主监督，舆论监督等一般监督之外，主要有民事检察监督运行过程中审判权和当事人权利对检察权的制约以及检察机关的内部监督制约等三种诉讼监督制约形式。在此，从内在机理和实践效果上加以分析，或可对民事检察监督中“监督者由谁来监督”的质疑予以回应。

（一）审判权对于检察权的制约

如果深入探究我国民事检察监督中检察权的权力内容、运行程序和法律后果，就会发现，虽然《民事诉讼法》没有像《刑事诉讼法》那样明确规定检察机关在诉讼中与审判机关分工负责、相互配合、相互制约，但这一规则实际上贯穿于我国民事检察监督中。例如，在抗诉监督中，检察院有权基于检察监督权提起抗诉，但再审审理并不仅仅限于抗诉事项审理；检察机关抗诉可以引起再审，从而撤销审判机关作出的错误裁判，但是否纠正该错误裁判、如何纠正该错误裁判，仍由审判机关最后裁断。表5－2中姚某某与祁某某纠纷案中，再审就对抗诉书未提出异议的原被告关于被告出工工值的争议事项进行了审理。实践中检察机关抗诉监督的案件，审判机关也作出了直接改判、撤销原判发回重审、调解结案、终结诉讼、维持原判等多种处理，而且即使审判机关作出直接改判处理，也不完全依照检察机关的抗诉意见改判。从表5－2中可以看出，6个审判机关直接改判

---

① 李浩:《民事检察监督制度否定论评析》，载《中山大学法律评论》2000年第1卷，法律出版社2000年版。

的案例中没有一起案件再审改判的依据和理由与检察机关抗诉意见完全相同。这说明，在民事诉讼中，即使存在民事检察监督，法官依然保留了作为“整个社会事务的法官”的地位，检察权与审判权之间的关系并非单向“监督”关系，检察机关监督审判权的权力直接受到其所挑战的审判权的反向制约。

（二）当事人权利对于检察权的制约

“以权利制约权力”，是法治社会“权利本位”语境下的一种共识。民事检察监督中，当事人对于检察权的制约主要体现在：监督大多因当事人申请而启动；检察机关主要围绕当事人申请监督请求和答辩意见对审判机关在民事诉讼活动中行使公权力的行为进行审查；当事人可以申请检察人员回避并必须得到检察机关答复；从提出监督申请至检察机关提出抗诉（或作出其他处理决定），当事人都可以撤回监督申请，除非案件涉及国家利益、社会公共利益，检察机关都应在当事人撤回监督申请的阶段，作出终止监督程序的相应处理；没有抗诉权的检察院作出《不支持监督申请决定》，当事人不服的，可以申请该检察院的上级检察院对案件进行复查，[①]体现了民事检察监督过程中当事人的程序主体地位。当事人不服法院已生效民事裁判，要想通过检察监督获得权利救济，虽然取决于检察机关对监督申请案件的审查处理情况，但当事人申请检察监督的行为，同样制约着监督程序的启动和进程，也始终影响着监督审查的方向和处理结果。

（三）检察机关的内部监督

现行立法和最高人民检察《民事诉讼监督规则》以及检察机关内部监督制约工作规定主要从三个维度对民事检察监督中检察权的内部监督作了

---

① 参见孙谦：《司法改革报告》，法律出版社 2002 年版，第 61 页。

规定。

一是上级检察院对下级检察院的监督。主要体现在抗诉制度中，如当事人不服法院生效裁判向检察机关申请监督，各级检察院都有受理权，但作出生效裁判的法院的同级检察院只能对该生效裁判提请上级检察院抗诉，提请抗诉意见经上级检察院审查后才可能转化为抗诉意见，由上级检察院向其同级法院提出，从而引起再审。G 省检察机关自 1994 年至 2016 年，下级检察院提请的抗诉案件，省检察院支持率最高为 62.3%（1999 年），最低为 7.9%（2012 年）。说明通过上级检察院对下级检察院审查案件的监督，下级院提请的大量不符合抗诉条件的案件被筛选过滤，促进了抗诉案件质量的提升。

二是检察机关内部案件办理责任制形成的监督。在一级检察院内部，一个案件从受理到作出处理决定，通常要经过办案人审查作出《审查终结报告》、部门负责人审核《审查终结报告》、部门集体讨论案件、检察长审核决定案件处理意见等四个阶段。如果案件有争议，还要将案件提交院检察委员会会议讨论。有的检察院甚至规定，凡是拟作出抗诉、再审检察建议处理决定的案件以及有争议、社会影响大的案件，都要提交检察委员会会议讨论作出最后处理决定。G 省检察院 2012 年以来向 G 省高级人民法院提出抗诉和再审检察建议的案件，都提交了本院检察委员会会议讨论。该院提交检察委员会讨论的案件，都要求制作《检察委员会讨论案件审批表》，连同案件《审查终结报告》、主要证据、涉及主要法律法规、法院生效裁判、处务会讨论记录提交检察委员会办公室，先由院协管民事行政检察监督工作的专职委员详细阅卷审查，拿出初步意见，然后再由院检察委员会会议对案件专题讨论。近年来，G 省检察院强化案件评查机制，制定了相关工作规定，对未被法院采纳抗诉意见和检察建议的案件进行分析总结，凡属抗诉或提出检察建议明显不当的，要追究办案人和有关领导的责任，表明了检察机关办理民事检察监督案件的严肃、审慎态度。

三是通过检察机关内部案件受理、审查、管理分离制度对民事检察监督中的检察权进行监督。通过实行案件受理、办理、管理分离措施，科学设置检察权运行过程中的不同环节，使每一个案件在办理过程中都会受到其他部门或者人员的制约，从而防止一个部门或者一个人在案件中独揽检察权。G省检察机关自2013年遵照《民事诉讼监督规则》的规定，严格实行案件受理由控告申诉检察部门负责，案件办理由民事行政检察部门负责，案件管理由案件管理部门负责的案件受、审、管分离制度，减少了不符合受理条件的案件因人情因素进入民事检察监督环节的现象，同时，案件管理部门的案件流程监管措施提高了办案效率，杜绝了超期结案等现象。

以上分析表明，民事检察监督中，涉及检察机关与审判机关发生联系、可能引起法院再审，从而对当事人权利、义务分配造成影响的行为，如抗诉监督、检察建议监督等，现行制度已从办案流程、环节、结果等方面作了严谨的规定予以监督制约。从实践情况来看，这些规定也能够防止检察机关滥用抗诉权、检察建议权妨碍审判独立、当事人自由行使处分权、对司法终局性原则造成超过限度的损害。当然，从目前民事检察监督制度的立法情况来看，对于防止检察机关滥用不支持监督申请决定权力、检察和解权力以及督促履职、支持起诉等权力，侵害当事人或案外人合法权益的监督制约措施仍相对较弱。实际上，从民事检察监督的情况来看，检察机关审查处理的所有民事检察监督案件中90%以上都作了以上处理。尤其是2012年《民事诉讼法》修订后，申请检察监督成为当事人寻求公力救济的终极途径，且《民事诉讼法》规定当事人申请检察监督以一次为限。

因此，目前对于民事检察监督中检察权的监督制约方向，设立监察委员会加强外部监督尤为重要。具体来说，在保证全国人大常委会授予监察委员会职权正常运行的基础上，也应当对监察委员会监督民事检察监督权力行使作出相应规范，保证监察委员会的监督是促进而非干扰民事检察监督工作的依法开展。首先，要明确监察委员会的监督是对民事检察人员的监督而非对检察机关的监督，防止监察委员会以监督之名对检察机关以单位身份处理个案（包括处理案件方案、策略、方式、时机、配备办案装备、人员等诸多方面）的干涉；其次，要明确对民事检察人员的监督是对其运用公权力适法性的监督，而不是合理性监督，防止监察委员会对于民事检察人员合法行使自由裁量权的非法干扰；最后，要明确监察委员会监督民事检察人员的受案来源、启动程序和条件，防止监察委员会对民事检察人员启动调查、侦查程序的随意性、不可预测性，造成对民事检察人员正常办案的干扰。

五、本章小结

本章主要用实证研究的方法对困扰民事检察监督制度立法和监督实践的主要理论争议进行了直观、深入的辨析。我们看到，学者们在理论上争论不休，没有定论，从而深刻影响了民事检察监督制度立法理念和司法观念的问题，其答案在实践中一目了然。由此证实了车尔尼雪夫斯基的名言："凡在理论上必须争论的一切，那就干脆用现实生活的实践来解决。"鉴于此，下文以本章结论为理论基础，深入民事检察监督实践，对G省检察机关民事检察监督制度的改革探索进行考察，以探寻制度完善的具体方向。

第六章　G 省民事检察监督制度的改革探索

从前面讨论可见，校正民事检察监督在实践中的误区、解决民事检察监督在实践中的问题，根本对策在于完善立法。然而，立法的完善是一个漫长的过程，有待于实践为立法如何契合司法实践和司法规律积累有力的例证和科学的模型。2012 年《民事诉讼法》实施后，G 省检察机关为应对立法的新要求、新挑战，在民事检察监督工作中开展了一系列探索，实施了一系列改革，解决了民事检察监督工作中的机制性障碍，积累了一些改进民事检察监督工作、完善民事检察监督制度的经验，探索了民事检察监督制度良性、科学发展的方向和路径。

一、2012 年《民事诉讼法》实施后的风险和挑战

2012 年《民事诉讼法》的修订，对民事检察监督制度进行了前所未有的重大变革，在给民事检察监督工作带来新的发展机遇的同时，也冲击了传统的监督思维、理念和做法，给监督工作带来了诸多风险与挑战。

（一）2012 年《民事诉讼法》实施引发的实践问题

如前文所述，现行《民事诉讼法》对于民事检察监督的范围、对象、方式、手段、程序作了调整，对民事检察监督工作提出了新的要求。从 G

省检察机关2013年以来实施新法的情况来看，这些新要求给民事检察监督带来了以下问题：

1. 办案量在各级院分布不平衡趋势加重。现行《民事诉讼法》第209条规定当事人向法院申请再审为向检察院申请监督的前置程序，第204条第2款规定在一般情况下，因当事人申请裁定再审的案件由中级人民法院以上的人民法院审理。在此情况下，当事人一般会认为已由中级人民法院依申诉审查处理或未予答复的案件，再向该中级人民法院的同级检察院申请监督，由该检察院向此中级人民法院提出检察建议（《民事诉讼监督规则》已限定当事人一般不可针对未经上诉的已生效的一审判决、裁定申请人民检察院监督，故当事人一般针对的是中级人民法院作出的二审生效判决、裁定），即使中级人民法院采纳检察建议另行组成合议庭审理案件，因该中级人民法院的院长是同一人，审判委员会是同一组成人员，决定案件最终处理结果的裁断者仍然同一，也轻易不会改变其之前对此案件作出的二审、再审处理结果；如果由该检察院提请省级检察院抗诉，又会加强申请监督结果的不确定性，延长其处理周期。出于申请监督效率的考虑，当事人一般会选择向有抗诉权的省级检察院直接申请监督。由此，省级检察院受案数量大幅增长，而市级检察院直接受理的案件数量明显减少，县级检察院由于不具有针对二审生效裁判的抗诉和检察建议权，基本丧失了本院有权提请抗诉或提出检察建议的直接受理案源。2013年，G省检察机关审结处理当事人不服生效裁判申请监督的民事案件1119件，其中G省检察院审结处理133件，较之2012年审结处理112件上升了18.7%，较之2011年度审结处理97件上升了37.1%，2014年、2015年、2016年的情况也类似。而LX、JY等基层检察院全年只办理上级检察院交办案件，未直接受理审查一起案件，导致检察机关内部办案长期未能解决的“倒三角”状况进一步加重。

2. “依职权发现”案件数增加。通过到地区民行检察部门调研、座谈，2012 年《民事诉讼法》实施第一年，即 2013 年，大部分市、县检察院尤其是县级检察院“依职权发现”数量有一定幅度的增加。例如，新法实施以前，G 省检察机关近 10 年“依职权发现”受理案件数总共不超过 5 件，2013 年仅 DH 市检察院就“依职权发现”受理案件 15 件，2014 年“依职权发现”受理案件数占该院民事检察监督受案总数的 62%；ZL 县检察院受理该类案件占民事检察监督受案总数的 81.7%。主要原因如下：

（1）了结增加的信访案件的需要。由于当事人申请监督条件被《民事诉讼监督规则》限制，阻滞了民事检察监督受理申诉的渠道，使信访案件大量增加，而这些信访案件又通过交办、转办的方式流向检察机关，检察机关只能启动“依职权发现”程序对该类案件进行监督。

（2）拓展案源的主动作为。如前所述，2012 年《民事诉讼法》修订实施后，检察机关办理案件“倒三角”问题更加严重，县级基层检察院为了拓展案源，采取与反贪、反渎、侦查监督、公诉等部门建立日常的工作联系机制的方法，寻找监督线索，努力开辟案源。例如，DH 市检察院在办理 2 名法官涉嫌刑事犯罪案件中，发现法院存在超时限未审结 27 起民事案件，随之依职权受理，以提出检察建议的方式对法院此违法行为进行监督，取得了较好的效果。QA 县检察院定期由检察长主持召开关于民事行政检察工作的各部门协调会，“晒”各部门在工作中所发现的民事行政检察监督案源，符合条件的，依职权受理，使民事检察监督受案数量大幅、持续上升。

3. 息诉压力增大。2012 年修改后的《民事诉讼法》实施后，由于法院对民事申诉案件的“过滤”，当事人申请检察监督的案件增多了，但其中不服法院生效裁判申请监督和其中确有错误的案件数量却减少了，使抗诉和再审检察建议的案件总数减少。据《全国检察机关民行工作总结》和《G 省检察机关民行工作总结》显示，2013 年，全国抗诉案件数量较之

2012 年平均下降了 40 多个百分点，G 省检察机关抗诉案件数量较之 2012 年下降了 16.7%；2014 年全国检察机关抗诉案件数继续由 2013 年的 4299 件下降为 4064 件，G 省检察机关抗诉案件数则由 2013 年的 125 件下降为 72 件；2015 年、2016 年，G 省检察机关抗诉案件数均未超过百件，抗诉监督明显弱化。与此同时，由于检察监督在 2012 年《民事诉讼法》修改后，成为当事人申请公力救济的最终途径，各地缠诉闹访的案件数均有不同程度的增加，增大了检察机关息诉工作的压力。

4. 信访案件数量增加。现行《民事诉讼法》没有规定检察建议的效力和后果，第 209 条限缩了当事人申请检察监督的条件和次数，使很多当事人不服的生效法律文书，如当事人在一审审理中受到人民法院的不公平对待产生了对人民法院的不信赖而未上诉的生效判决，即使具备监督事由，因当事人难以收集到法院违法的证据，亦无法进入民事检察监督环节，导致当事人通过上访、信访维护其权益；进入检察监督程序的案件，如果通过检察建议监督，不被法院采纳，在申请监督以 1 次为限的法定限制下，又失去了司法救济的最后途径，当事人也只能通过信访渠道寻求救济，也增加了信访案件数量。2013 年，G 省检察院接待民事信访案件 181 件，大部分市受理民事信访案件的幅度都有不同程度的增长。为了息诉罢访，民行部门检察人员不得不投入大量时间和精力协助控申部门接待答复信访案件。

（二）2012 年《民事诉讼法》实施带来的风险和挑战

2012 年《民事诉讼法》实施后，实践中出现的上述问题，使民事检察监督面临一系列风险和挑战。

1. 监督功能可能异化。例如，“依职权发现”是《民事诉讼法》赋予检察机关的法定职权，“依职权发现”案件的增加有利于检察机关充分运用《民事诉讼法》赋予的职权优势，拓展监督范围，强化监督职能，维护检察权威。但是，信访案件的增加使检察机关迫于上级压力和维护稳定的需要，经常规避《民事诉讼法》关于申请检察监督以1次为限的规定（《民事诉讼法》和《民事诉讼监督规则》并未限制检察机关“依职权发现”监督的次数，《民事诉讼监督规则》第41条第1款第3项还规定“需要跟进监督的”也属检察机关“依职权发现”启动监督的情形之一），启动“依职权发现”方式受理案件，造成《民事诉讼法》第209条申请检察监督以1次为限的规定虚设，不利于法制统一和“法律面前人人平等”原则的贯彻。此外，县级基层检察院案源匮乏，使一些检察机关突破《民事诉讼监督规则》的规定，变相“依职权启动”监督的案件增多，造成检察权对审判权、当事人处分权的不当干涉。

2. 监督格局不当调整。从《民事诉讼法》第208条规定的抗诉和检察建议的条款顺序以及关于抗诉、检察建议的程序、法律后果来看，抗诉是《民事诉讼法》规定的民事检察监督的主要监督方式，而检察建议和提请抗诉这种同级监督的方式则是抗诉的辅助手段。然而，2012年《民事诉讼法》对于民事检察监督制度的变革却导致省级检察院受理案件数量大幅上升，使检察机关不得不采取相应对策予以应对。实践中，为了加强检察建议的运用，缓解省级检察院的办案压力，寻求各级检察机关民事检察监督工作的均衡发展，根据《民事诉讼监督规则》的规定，实行案件受理、审查、管理分离的模式和先同级监督再抗诉的原则。除当事人不服的生效判决、裁定具有《民事诉讼法》第200条规定的证据和程序事由且具备“判决、裁定经同级人民法院再审后作出”“经同级人民法院审判委员会讨论作出”等情形，或者“审判人员在审理该案件时有贪污受贿、徇私舞弊、枉法裁判行为”“民事调解书损害国家利益、社会公共利益”，一般均由作出生效判决、裁定的法院的同级检察院先行审查是否适合以检察建议方式监督，使民事检察监督原来以抗诉为主的格局向目前以检察建议为主的格局转变。2013年，G省检察机关抗诉125件，相比上一年下降了17%；提出检察建议2353件（含再审检察建议171件），比上一年上升了21.7%；2014年度、2015年度、2016年度，这种格局转变的趋势更加明显。虽然在检察机关内部达到了减轻省级院办案压力和加强检察建议运用的目的，但也导致没有抗诉权的人民检察院违反职权的法定性要求对当事人申请抗诉监督的案件进行审查并作出不支持监督申请的决定，同时因实践中检察建议常常不被人民法院采纳，导致大量的司法不公案件或者因检察机关在检察建议不被采纳后不再跟进监督，失去了最后的法律纠正途径，或者因检察机关在检察建议不被采纳后提请上级人民检察院抗诉而延长了纠错流程。

3. 监督职能亟须转型。抗诉案件“倒三角”办案状况的加剧使省级人民检察院将全部精力放在办理抗诉案件上。2013年至2016年，G省检察院审结的案件只有1件是执行监督案件，其余均为抗诉案件，未向法院提出一起工作建议性质或违法监督性质的检察建议，也未办理任何一起检察和解、督促、支持案件；市级人民检察院则把主要精力放在如何克服法律对检察建议的效力规定缺失问题上，在想方设法提高检察建议质量的同时，寻求与同级人民法院的有效协调途径，同时兼顾办理少量执行监督案件，使民事检察监督对人民法院的依赖性更强。2013年，G省检察机关中，各市级院办理抗诉案件986起，占全年审结案件3712件的26.6%，较之2012年办理抗诉案件808起，占全年审结案件2212件的36.5%下降了10个百分点。其中，提出检察建议1584件，比2012年933件增长了69.7%，2014年、2015年、2016年继续保持此趋势。县级人民检察院因基本无抗诉案件可办，把大量精力放在执行监督案件的办理以及检察机关督促起诉、支持起诉等拓展性工作上。此外，还协助市级人民检察院从事一些检察建议案件的证据调查等工作，2013年至2016年办理执行监督、督促、支持起诉案件、审判程序违法行为监督案件均比2013年以前大幅增长，各级人民检察院不得不进行职能转型，对民事检察监督能力提出了更高的要求。

4. 监督能力亟须提高。2012 年《民事诉讼法》提出了全新的监督理念，要求民事检察人员相应转变观念。同时，立法也对民事检察人员提出了更高的能力要求：一是要求检察人员提升办理抗诉案件能力。根据现行检察机关受理申请监督的条件，检察机关提出抗诉或检察建议，需要以“事后”监督的方式发现生效判决、裁定中级人民法院所未能发现的错误，监督意见的专业性、说理性也必须达到足以说服已在上诉、再审程序中一再维持原判的法院，对检察机关办理抗诉案件的要求大幅提高。二是要求检察人员加强息诉工作能力。在现行规定下，检察机关须对绝大部分案件作息诉工作，而此时，由于检察机关已成为申诉当事人所能抓住的“最后一根稻草”，息诉难度可想而知。三是要求检察人员适应各级检察院职能转型加强司法适应能力。现行立法要求各级检察院实现职能转型，加强主动监督、与法院、相关单位沟通协调等执法适应能力，实现多元化监督，这也给民事检察人员提出了更高的能力要求。

二、G 省检察机关的探索和改革

G 省检察机关为适应 2012 年《民事诉讼法》提出的新要求，解决新法实施中出现的新问题，一边积极探索如何以依法、有效的方式履行立法赋予检察机关的新职能；另一边进行改革试点，解决民事检察监督工作中的机制性障碍，积累了一些改进民事检察监督工作、完善民事检察监督制度的经验。

（一）履行新职能的探索实践

2012 年《民事诉讼法》修改后明确了检察机关调解监督、执行监督、审判程序违法监督等职能，检察机关提起公益诉讼成为众望所归。与此同时，立法对检察机关履行这些新增职能的具体对象、范围或程序未予明确，实践中检察机关根据《民事诉讼监督规则》的细化规定和自己对这些新职能的理解进行探索实践，积累了一些经验，也出现了一些问题。

1. 调解监督。2013 年以来，G 省各地检察机关以修订后的《民事诉讼法》为契机，针对法院“大调解”格局，对监督法院已生效调解书开展了探索实践，主要特点如下：

（1）监督范围广泛。既包括以《民事诉讼法》第 208 条规定为依据，对损害国家利益、社会公共利益的调解书的监督，也包括以《民事诉讼法》第 209 条规定为依据，对当事人申请再审被驳回，或法院在法定期限内对再审申请未予答复，或法院再审判决、裁定仍有错误的明显违反自愿原则、内容违反法律规定的调解书的监督。例如，2014 年，G 省 QY 市某区检察院对 4 名涉嫌职务犯罪的法官主持调解的 10 起虚假诉讼损害国家利益的案件向同级人民法院提出再审检察建议；JQ 市某区检察院对一起法院违反当事人自愿原则的调解案件提请市院抗诉，YM 市检察院、JT 县检察院分别以法院在案件审理过程中对诉讼主体资格审查不清，导致义务承担主体不适格为由对调解书进行监督，再审后均被改判。此外，个别基层检察院还对依照《民事诉讼法》规定可由第三人撤销之诉予以救济和不属民事检察监督范围的损害第三人合法权益的调解书进行了监督。例如，JQ 市某区检察院 2014 年监督的一起法院调解案件，就是一起由法院书记员一人主持双方进行调解，将与案件没有利害关系的案外人列为第三人参与诉讼，违反法律规定且损害案外人合法权益的案件，该案检察机关向法院发出再审检察建议后，法院再审予以改判。

（2）监督事由交叉。G 省检察机关办理的调解监督案件，很多案件监督事由在属于损害国家利益、社会公共利益还是违反法律规定方面交叉难辨，使检察机关受理这类案件的程序混乱，也容易造成检法认识分歧。例如，靳某某与陈某某借款纠纷案[①]和陈某与康某债务纠纷案，[②] 同样是调解书违反法律规定，由于监督对象是违反社会公共利益还是违反法律规定，无法清晰地界定，造成两案受理程序的不同。在陈某与康某债务纠纷案中，检察机关是依当事人申请监督受理案件。在靳某某与陈某某借款纠纷案中，是检察机关“依职权发现”受理案件。而对于违反法律规定的调解书进行监督，检察机关应当依照《民事诉讼法》第209条依当事人申请监督受理，因此，靳某某与陈某某借款纠纷案中的监督事由与监督程序实际上不具有法律上的对应性。事实上，赌博是国家禁止的活动，我国《刑法》规定了赌博罪，《治安管理处罚法》规定了对于赌博行为的处罚和对于赌资的处理，靳某某与陈某某借款纠纷案中调解书保护赌资，与法律禁止性规定的精神相悖。因此，该调解书既违反法律规定，也损害国家利益、社会公共利益，为了与《民事诉讼法》规定相符，应当以调解书损害国家利益、社会公共利益“依职权发现”受理该案。陈某与康某债务纠纷

---

① 2010年8月至10月，靳某某先后向陈某某借款5万元用于赌博。后因靳某某无力偿还，陈某某诉诸县法院。经县法院调解，靳某某偿还陈某某借款4万元。调解协议生效后，靳某某以该4万元系赌资不受法律保护为由，向县检察院申诉，并提供3名证人作证，证明陈某某在赌场当场放赌债。县检察院认为该案可能损害社会公共利益，对该案进行了调查，查实陈某某为谋取高额利息，明知靳某某向其借钱是用作赌资仍予以借款的事实，以法院调解书违反最高人民法院《关于人民法院审理借贷案件的意见》第11条关于“违法借贷行为不受法律保护，人民法院要依法予以制裁”的法律规定为由，提请市检察院抗诉，该案再审后撤销了原审调解书，驳回了陈某某的诉讼请求。

② 陈某将一辆没有任何手续的桑塔纳轿车以12,900元的价格出售给康某。该车系被盗赃物，陈某因犯掩饰、隐瞒犯罪所得罪被判处有期徒刑后，公安机关将该车从康某处追缴返还被害人，康某诉至县法院要求陈某返还购车款，县法院作出陈某返还康某购车款的民事调解处理。陈某对法院作出的民事调解书不服，向检察机关提出监督申请。县检察院受案后认为，康某从陈某处购得的车辆既没有合法有效证件，又未在国家规定的交易场所进行。根据最高人民法院、最高人民检察院、公安部、国家工商行政管理局《关于依法查处盗窃、抢劫机动车案件的规定》第12条“对明知是赃车而购买的，应将车辆无偿追缴；对违反国家规定购买车辆，经查证是赃车的，公安机关可以根据《刑事诉讼法》第110条和第114条规定进行追缴和扣押……”之规定，公安机关追缴被盗赃车给康某造成的损失，应不受法律保护。由此，县检察院以该民事调解书违反了调解合法原则为由，向县法院发出再审检察建议，法院受案后采纳了该建议并对该案裁定再审，驳回了康某的诉讼请求。

案亦是如此，双方当事人的行为违反法律规定的同时，也侵害了国家保护的车辆市场交易秩序和司法秩序。因此，既可“依职权发现”受理案件，也可依当事人申请监督受理案件。靳某某与陈某某借款纠纷案和陈某与康某债务纠纷案说明，在民事检察监督实践中，不仅“国家利益”与“社会公共利益”常难以区分，“损害国家利益、社会公共利益”与“违反法律规定”也难以区分。检察机关应严格区分“违反法律规定并损害国家利益、社会公共利益”的案件与“违反法律规定但不损害国家利益、社会公共利益”的案件，对于前者，可以“依职权发现”受理案件，也可以依当事人申请受理案件，而对于后者，如违反《合同法》规定导致合同无效引起纠纷的案件，只涉及双方当事人的私权益，不涉及国家利益、社会公共利益，就只能依照《民事诉讼法》第 209 条受理案件。

（3）监督状况不一。由于各地法院对检察调解监督的认同程度和理解程度各异，检法两院对“国家利益”、“社会公共利益”、调解自愿原则、违反法律规定的认识存在分歧，导致各地监督调解书的数量和效果呈现出显著的地区不平衡的特点。例如，一些地区的检察院、法院认为检察机关对调解书进行监督，只能针对损害国家利益、社会公共利益的调解书，而调解书如果损害国家利益、社会公共利益，一般情况下都是有利于双方当事人的，当事人一般不会申请检察机关监督，导致检察机关对于这类案件知悉难、取证难、监督难，致使一些地区在 2012 年修订的《民事诉讼法》颁布以来，未监督一起调解案件。一些地区，法院对法律有明文规定的，才认可为国家利益、社会公共利益，而对违反经济适用房等国家政策的案件，不认为是损害国家利益、社会公共利益，对检察机关调解监督不予受理。2013 年以来，在 G 省 JQ 市、DX 市、PL 市，无论检察机关调解监督是否符合法定程序，是否超越法定范围，审判机关都予以受理，对其中很多案件进行了再审，并撤销了原调解书，作出了新的判决；BY 市检察院 2013 年以来办理的调解监督案件 40 余起，向法院抗诉，法院均以案件中调解书未损害国家利益、社会公共利益为由而不予受理。上述 QY 市某区检察院对 4 名法官办理的 10 件虚假诉讼案件提出的再审检察建议，要求撤销生效的民事调解书，虽然 4 名法官已经刑事诉讼程序被法院作了有罪判决，但至今检察机关针对民事调解书提出的再审检察建议未得到答复，经 QY 市检察院协调，也未有结果。

以上 G 省检察机关调解监督的实践证明了立法模糊、监督环境不理想和监督能力的差距对于民事检察监督工作的阻滞作用。当前，《民事诉讼法》关于调解监督的新规定要规范、有效地落实，一是应当加强立法的科学性，如对于国家利益、社会公共利益、违反法律规定的内涵厘清、界定，对于违反法律规定的情形明确区分或统一监督程序，只有如此，才能从根本上消除检法的认识分歧。二是要加强检察人员对调解监督的正确认知。2012 年《民事诉讼法》实施以来，很多检察人员认为检察机关调解监督的范围太小、入口太窄，监督权限不能对应法院“大调解”的现实。事实上，从《民事诉讼法》第 208 条、第 209 条的规定来看，检察机关调解监督的范围涵盖了违反自愿、合法原则，损害国家利益、社会公共利益等调解书需要监督的主要情况。笔者在 G 省某地区以“民事检察监督工作与机制改革”座谈会形式对本书研究论题进行实地调研时，有不少检察官、法官、律师提出应建议立法将“损害他人合法权益”的调解书也纳入检察监督范围。对此，笔者认为，《民事诉讼法》已规定第三人撤销之诉制度，用以对此类案件中的案外人合法权益进行救济。当案外人通过第三人撤销之诉得不到法院救济时，还可以再申请检察监督予以救济。因此，民事检察监督调解监督的范围并没有受到立法限制，检察人员全面、正确理解制度内涵，用足用好权力，加强权力运用的规范性，才是调解监督制度在实践中充分发挥效能的切实保障。

2. 审判程序违法监督。G 省检察机关从 1993 年就开始尝试运用纠正违法意见书的方法对审判程序（一般）违法行为进行监督。2012 年《民事诉讼法》修改，明确了检察机关对于审判人员在所有民事审判程序中的违法行为都有权进行监督。自 2013 年以来，该省检察机关进一步加大了对该类案件的监督力度，监督对象涉及审判程序中立案、送达、保全等各个环节，监督事由包括审判人员违反管辖、回避、审限规定，决定、支付令违反法律规定，或者审判人员违反规定会见当事人及其委托代理人、接受当事人及其委托代理人请客送礼、实施或者指使他人实施妨害诉讼行为等多种情形。2013 年至 2016 年，G 省检察机关共监督审判程序违法行为 900 件，采纳 672 件。相比传统的审判程序违法行为监督，2012 年《民事诉讼法》修订以来，G 省检察机关审判程序违法行为监督具有以下特点：

（1）变被动监督为主动监督。由于当事人对审判程序中审判人员的违法情形一般不关心，只看处理结果，而检察机关不参与民事审判过程，对审判程序中的违法行为难以直接获悉，因此，长期以来，检察机关主要通过审查抗诉案件发现审判程序中的违法行为，被动性较强。新法实施以后，迫于各级院职能转型的需要，尤其是基层检察院，基本没有了提请抗诉监督和再审检察建议监督的空间，检察机关加大了主动查找审判程序违法行为线索的力度。实践中，检察机关主要通过组织专项民事检察监督活动，主动审查法院诉讼卷宗和公布的生效法律文书、参与法院案件评查工作，与本院反贪、反渎、侦监、公诉等各部门建立日常的工作联系机制等方法，多方开拓案源。G 省 PL 市两级检察院 2013 年办理纠正违法案件 93 件，其中主动发现 66 件，2014 年办理 128 件，其中主动发现 122 件；QY 市某区检察院 2013 年至 2014 年办结了 21 件审判程序违法监督案件，其中 14 件是本院办理自侦案件时发现的，1 件是在案件评查中发现的。这在一定程度上解决了监督线索不足的难题。

（2）变依附监督为独立监督。2013 年以来 G 省检察机关向法院提出的纠正违法行为的检察建议，绝大部分都是独立于抗诉案件审查发现的，目的大多为息诉服判。2012 年修订后的《民事诉讼法》实施以后，检察机关发现审判程序违法程度较轻的，向审判机关提出（一般）检察建议；违法程度达到《民事诉讼法》第200条监督条件的，即使实体公正，也予以抗诉或向审判机关提出再审检察建议；审判人员涉嫌犯罪的，将线索移交自侦部门予以查处，在审查处理过程上也具有较强的独立性。

（3）加大立案程序监督力度。2012年《民事诉讼法》实施后，G省检察机关对于审判程序违法行为的监督，相比过去主要监督审理过程中的违法行为更加重视对立案程序的监督。自2013年以来，JQ市检察院前移监督关口，探索对法院立案、调查、庭审等诉讼环节的同步监督，取得了较好效果。TH市检察院针对法院系统存在的“不立不裁”现象，对法院既不受理当事人起诉又不给予书面答复的行为，向法院发出限期答复的检察建议，引起法院高度重视，对其中符合起诉条件的案件予以立案审查。通过办理民事立案监督案件，将检察监督贯穿于审判机关办理民事案件过程始终，使立案监督真正落到实处，保障了当事人的诉权，促进了法院受理立案程序的规范。

（4）尝试采用类案监督方法。审判程序违法行为监督中，常常会发现一些案件性质、情节、类型、诉求、归属基本或者完全相同，法院在这些案件中经常重复发生同一种违法行为。针对此种情形，G省检察机关尝试采用类案监督方法，避免个案监督加大司法负担和当事人诉累、使法院对检察监督产生麻痹思想等弊端。DH市检察院在办理法官涉嫌刑事犯罪案件中，对发现法院存在超时限未审结的27件民事案件，提出检察建议进行监督；对法院制作民事调解书的格式不统一、不规范，中止诉讼裁定的理由、送达和恢复程序不符合法律规定和离婚案件在受理、宣告判决时履行告知义务不规范等一些共性问题，向法院提出改正工作的检察建议。GZ县检察院先后针对4起房屋买卖合同纠纷案件和9起土地租赁纠纷申诉案件中的同类违法行为向同级法院提出检察建议，引起了法院高度重视，提升了监督的效率。

（5）探索运用诉讼违法调查。G省检察机关自2008年开始尝试民事诉讼违法调查。2012年《民事诉讼法》实施后，进一步将该手段贯穿于各种监督方式中。2013年，全省共依法监督该立案不立案、超期审理、管辖错误等违反民事行政诉讼审判活动违法案件355件，其中启动诉讼违法调查85次，对经调查认为有犯罪嫌疑的37起案件线索移送相关部门，增强了民事检察监督的刚性。

以上特点表明，检察机关开展审判程序、审判人员违法监督的总体态势良好，但也存在一些问题不容忽视。一是“依职权发现”受理案件泛滥，可能会不当干涉当事人诉权和处分权，其中通过参与法院案件评查获取监督线索，继而对审判机关监督，混同了检察机关外部监督与审判机关内部监督的功能界限，可能对法院工作造成干扰，造成监督职能异化。二是运用诉讼违法调查手段对审判人员进行调查，到审判机关调查取证，突破了《民事诉讼法》的规定，实践中由此也引起审判机关的抵触。三是审判程序违法监督建议在一些县级检察院有滥发现象。据笔者在BY市调研时向法官了解到的情况，前些年，有的县级检察院为了完成考评任务，对审判人员在审理中的一个口误也提出检察建议，在审判机关中给该审判人员造成了不良影响，挫伤其工作积极性。对以上问题，除了立法应对检察机关“依职权发现”受理监督案件予以明确规范，并加强对民事检察监督中检察权的制约外，各级检察院也应加强内部监督，以切实保证检察人员依法、规范司法，保障检法良性关系，营造有利于民事检察监督工作的监督环境。

3. 执行监督。G省检察机关部分市早在2006年就开始探索民事执行监督。2009年，G省检察院与高级人民法院会签了《关于民事行政执行工作检察监督的意见》（以下简称《民事执行监督意见》），对执行监督的案件来源、案件范围、监督方式等重要问题作了较为具体的规定；各市检察机关随后与本地审判机关就执行监督工作同步形成会签文件或会议纪要，为民事执行监督提供了政策性规范和依据。2011 年 3 月，最高人民检察院、最高人民法院联合发布了《关于在部分地方开展民事执行活动法律监督试点工作的通知》（以下简称“两高”执行监督会签文件）；2012 年《民事诉讼法》修订，在第 235 条明确规定了检察机关对民事执行活动进行监督；2016 年 12 月，最高人民检察院、最高人民法院共同发布了《民事执行监督规定》。随着民事执行检察监督的法律、政策依据逐步健全，检察机关办理民事执行监督案件的数量逐年增多，积累了宝贵经验，探明了立法完善路径。

（1）监督范围。根据上述法律和政策性规定，G 省检察机关民事执行监督的对象主要是法院执行工作中产生的执行文书、执行行为和执行不作为三大类。其中，执行文书包括法院的执行裁定、执行决定、执行通知及其他执行文书，表明了法院执行的根据；执行行为则是指法院执行过程中采取执行措施的方法、程序等，包括法院在执行案件中怠于履行执行职责的不作为情形。2016 年，G 省各级检察院对执行根据不当提出检察建议 14 件，被采纳 9 件；对执行行为不当提出检察建议 135 件，被采纳 90 件，取得了较好的监督效果。

（2）监督方式。应对执行活动中的不同情况，G 省检察机关开展民事执行监督并未严格遵守“两高”执行监督会签文件和《民事执行监督规定》的规定，采用检察建议监督方式，而是采用多种监督方式并举的模式。一是抗诉。应用于对民事审判活动进行监督时，发现法院的执行活动存在错误，在抗诉书中一并提出针对执行活动的意见。但法院一般对专门针对民事执行活动的抗诉不予受理。二是检察建议。这是民事执行监督采用的最普遍的监督方式。由于法院不受理对于民事执行活动的抗诉，当然也不受理或者不采纳以发动再审为目的的再审检察建议，因此，民事执行监督中的检察建议是以纠正执行活动中错误执行根据和违法行为为目的的一般检察建议。三是现场监督。在执行工作中，法院对于一些涉及国家、集体、社会公共利益，社会影响大、执行难度大的执行案件经常主动邀请检察机关参加执行，给予现场监督。这种监督方式在2009年开始出现，在当时数量较大（如JQ市检察院2008年至2012年办理的执行监督案件中，现场监督的比例达到46%），主要集中在对土地、拆迁强制执行等案件中。虽然在一定程度上增加了执行工作的透明度，对于一些社会影响大、因其他因素干预而难以执行的案件的办理也具有积极意义，而且也探索了民事检察监督同步监督的方式和效果，但由于实践中出现了法官以检察人员参加现场监督为由，在执行不力、当事人缠访闹访时，将责任推诿给检察机关的现象，后最高人民检察院民事行政检察厅指示"不提倡"后，逐渐销声匿迹。四是执行和解。对于某些存在一定错误的执行案件，如果案件争议标的额不大，或属于邻里纠纷，或采取其他监督方式效果不佳，且申请监督人与对方当事人有执行和解意愿的，检察机关在审查案件过程中，积极斡旋双方当事人达成和解协议，之后与法院执行程序衔接，促成案结事了。执行和解的比例近几年在民事检察监督中的比例逐年提高，不仅成为执行监督的重要方式，也成为息诉工作的重要手段。五是口头纠正意见。对于检察监督中发现的法官轻微违法行为，没有必要提出书面检察建议纠正的，由检察人员口头建议法官纠正，在实践中运用较普遍，优点是方式灵活、效率高、法官易于接受。

（3）监督程序。现行《民事诉讼法》仅在第235条规定了民事执行监督的基本原则，未对执行监督的内容和程序作出具体规定。《民事执行监督规定》出台前，民事执行监督的程序主要依据"两高"执行监督会签文件。根据该会签文件，检察院启动执行监督一般依当事人申请，当事人申请检察监督必须依照法律规定先向人民法院提出异议、申请复议或者申诉；执行监督的主体是进行民事执行活动的法院的同级检察院或上级检察院，如果对法院回复检察建议的意见有异议的，提出监督意见的检察院可以通过其上一级检察院向上一级法院提出，上一级法院认为监督意见正确的，应当监督下级法院纠正；法院对检察院的监督行为有反向监督权，即法院发现检察监督行为违反法律或者检察纪律的，可以向检察院提出书面建议，检察院也必须回复，提出建议的法院的上一级法院也可以通过其同级检察院督促下一级检察院纠正；对于国家机关等特殊主体为被执行人的执行案件，法院因不当干预难以执行的，检察院应当向相关国家机关等提出检察建议。实践中，检察机关并未完全遵照该会签文件，表现在检察机关受理当事人执行监督申请，并没有强行要求当事人必须先向法院提出异议、申请复议或者申诉；绝大多数执行监督不是依当事人申请而是检察院“依职权发现”受理，如QY市HS区检察院2013年以来受理的民事执行监督案件，80%通过查阅法院卷宗“依职权发现”受理；XF区检察院受理的民事执行监督案件，全部通过参与法院评查“依职权发现”；PL市检察院2013年办理执行监督案件147件，“依职权发现”受理114件，2014年办理执行监督案件104件，“依职权发现”受理83件。“依职权发现”已成为检察机关民事执行监督案件的主要来源。2016年12月，《民事执行监督规定》对民事执行检察监督程序进行了完善，明确规定了检察机关可以依职权监督和“跟进监督”的情形，检察机关“依职权发现”受理民事执行监督案件可望走上规范化轨道。

（4）监督事由。2016年12月《民事执行监督规定》出台前，各地检察机关民事执行监督的事由主要是“两高”执行监督会签文件第2条规定的五种情形：一是人民法院无正当理由在收到执行案款后超过规定期限未将案款支付给申请执行人的；二是当事人、利害关系人向人民法院提出书面异议或者复议申请，人民法院在收到书面异议、复议申请后，无正当理由未在法定期限内作出裁定的；三是人民法院自立案之日起超过两年未采取适当执行措施，且无正当理由的；四是被执行人提供了足以保障执行的款物，并经申请执行人认可后，人民法院无正当理由仍然执行被执行人其他财产，严重损害当事人合法权益的；五是人民法院的执行行为严重损害国家利益、社会公共利益的。实践中，还存在其他执行活动违法情形，但法院对于检察院超出此五种情形的监督建议不予受理。《民事执行监督规定》规定人民检察院对人民法院执行生效民事判决、裁定、调解书、支付令、仲裁裁决以及公证债权文书等法律文书的活动实施法律监督；当事人、利害关系人、案外人认为民事执行活动存在违法情形，可以向人民检察院申请监督；具有“损害国家利益或者社会公共利益的”“造成重大社会影响的”“执行人员在执行该案时有贪污受贿、徇私舞弊、枉法执行等违法行为，司法机关已经立案的”“需要跟进监督的”等情形之一，人民检察院应当依职权监督，贯彻了对法院执行行为全面监督的原则。

（5）监督手段。实践中 G 省检察机关通常将民事执行监督与诉讼违法调查手段结合起来，在调查确认审判机关存在执行活动违法的情形下，向审判机关发出检察建议，审判机关往往容易接受监督意见。例如，针对执行人员常常以找不到被执行人或被执行人无财产可执行等理由不予执行或怠于执行等消极执行行为，运用诉讼违法调查手段查实是否存在执行人员所述情况，提出监督意见督促法院执行。

总体来看，《民事诉讼法》第 235 条为民事执行检察监督提供了明确的法律依据，使新法实施后民事执行检察监督案件数量大幅增长，G 省检察机关 2013 年办理民事执行监督案件数量相当于 2012 年办案数量的 2 倍。同时，我们也看到，“两高”执行监督会签文件与《民事执行监督规定》的相继发布，一方面为民事执行检察监督的范围、程序、方式、效力、保障机制提供了操作规范；另一方面也在一定程度上限制了检察机关民事执行监督权力的行使，影响了监督的效果。例如，《民事诉讼法》第 208 条规定，对于法院生效的判决、裁定，检察机关可以运用抗诉的方式进行监督，但“两高”会签文件与《民事执行监督规定》都明确规定，民事执行检察监督应遵守同级监督原则，检察院应当通过书面检察建议的方式对法院的民事执行活动进行法律监督，致使法院对于检察机关运用抗诉方式进行的执行监督，一般不予受理，导致民事执行监督刚性不足。又如，“两高”会签文件和《民事执行监督规定》都没有规定执行监督的后果，如执行违法行为依检察建议纠正后，是否更换办案人等，也影响了监督效果。“执行难、执行乱”是人民群众反映司法不公最突出的问题，G省检察机关的民事执行监督实践表明，完善民事执行检察监督立法迫在眉睫，这是保障民事执行检察监督效能的根本途径。当然，这对于消除各地检法两院认识分歧、保障检察机关规范监督、统一执法亦有重要意义。

4. 公益诉讼。现行《民事诉讼法》第55条第1款规定：“对污染环境、侵害众多消费者合法权益等损害社会公共利益的行为，法律规定的机关和有关组织可以向人民法院提起诉讼。”党的十八届四中全会公报指出，要“探索检察机关提起公益诉讼制度”；2015年全国人大常委会、最高人民检察院、最高人民法院先后出台有关决定、试点实施方案、实施办法，为检察机关开展公益诉讼提供了明确的法律依据和政策依据；2017年，全国人大常委会表决通过了《关于修改〈中华人民共和国民事诉讼法〉的决定》，检察机关提起公益诉讼明确写入《民事诉讼法》，这标志着我国以立法形式正式确立了检察机关提起公益诉讼制度。G省检察机关自2007年开始尝试由检察机关代表公益提起刑事附带民事诉讼；2008年开始试点办理督促起诉、支持起诉案件，2010年5月，G省检察院出台了《G省检察机关办理督促起诉、支持起诉案件规定（试行）》，自此，全省各地普遍开始开展督促起诉、支持起诉工作；2013年、2014年，个别市尝试参与公益纠纷的处理，为检察机关以参与诉讼方式提起公益诉讼进行了初步尝试，但并未形成规模；2015年，根据最高人民检察院试点公益诉讼改革精神，G省检察院起草下发了《G省检察机关提起公益诉讼试点工作实施方案》，自2015年7月起开展为期两年的试点工作，为完善检察机关提起民事公益诉讼立法探索了合适路径。

（1）代表公益提起刑事附带民事诉讼的尝试。G省检察机关代表公益提起刑事附带民事诉讼的尝试，始于 JYG 市检察院 2007 年办理的郑某某等五人故意毁坏财物案。2007 年 8 月，JYG 市某报纸报道了郑某某等五人故意毁坏财物案，引起了 JYG 市检察院民行处的注意。由于本案中郑某某等人毁坏的是雄关广场公共设施，涉及社会公共利益的损失，在省检察院民行处的支持协调下，JYG 市检察院民行处与市法院刑事审判庭联系沟通，就检察机关在附带民事诉讼中的法律地位、庭审程序等具体问题进行了研究探讨，达成了共识。2007 年 12 月 28 日，市法院开庭审理郑某某等五人故意毁坏财物案，市检察院民行处的同志作为刑事附带民事诉讼原告出庭参加诉讼，省检察院民行处也派人观摩了庭审。审判长当庭宣判，以故意毁坏财物罪判处五名被告人有期徒刑一年至拘役五个月的刑罚，同时判处五名被告人赔偿国家财产损失 6350 元，完全支持了检察机关的起诉意见。此后，全省各地陆续开展同类案件的试点，一方面为检察机关提起民事公益诉讼的条件、范围、程序、法律责任等方面积累了经验；另一方面也产生了一些疑问，核心是对于检察机关直接提起刑事附带民事诉讼的疑问。对于此类案件，检察机关应当先督促对社会公益负有监管职责的单位履行职责，待该单位不依法履行职责时再以原告身份起诉，还是为了及时防范社会公共利益受到不可逆转的侵害，而直接以原告身份起诉？对此，笔者认为，由于我国检察机关是《宪法》规定的法律监督机关，而不像国外，被定位为公益代表机关，因此，对公益诉讼的提起，应当在督促公益监管单位依法履行职责无果后再以监督法律实施（检察机关作为法律监督机关，有权对公民和组织是否守法进行监督）为由起诉。如果检察机关对任何损害国家利益、社会公共利益的行为都直接提起公益诉讼，一者不符合检察机关的定位，二者可能使检察机关陷入无限、繁重的公益诉讼诉累中。

（2）督促、支持起诉。自 G 省检察机关开展督促起诉、支持起诉工作以来，办案总量呈逐年递增趋势。2012 年《民事诉讼法》实施以来，由于检察机关进行公益诉讼有了法律依据，基层检察院受理当事人申诉案件急剧减少，急需拓展检察机关社会管理职能，实现多元化监督的职能转型，全省检察机关办理督促起诉、支持起诉案件数量陡增，2013 年相比 2012 年，增长了 27.8%，采纳率为 95.1%；2014 年相比 2013 年，又增长了 205%，采纳率为 97.3%。

首先，案件来源。案件主要来自四个方面：当事人、社会团体或其他组织申请或反映；检察机关设立专门举报电话、信箱，接受群众举报；国家权力机关交办或其他机关转办；上级检察院交办；检察院在工作中或办案中“依职权”自行发现。其中，检察院在工作中或办案中“依职权”自行发现是实践中检察机关督促起诉、支持起诉的主要途径。据笔者调研，G 省检察机关大多数县级院督促起诉、支持起诉的案源来自媒体报道等途径。

其次，案件范围。一是督促起诉的案件范围。主要集中在国有资产和公共财产流失方面，具体包括：在国有土地、矿藏、水流、海域、森林、山岭、草原、荒地、滩涂等自然资源出让、转让、开发过程中，国家或者社会公共利益受到较大损害的，或国家、社会公共利益受到损害造成不良社会影响的；在国有文物保管、收藏、使用、保护过程中，国家或社会公共利益受到较大损害的；在公共工程招标、发包过程中，国家或社会公共利益受到较大损害的；政府部门基于各类扶助目的而向企业或个人出借的专项财政资金未按合同约定及时收回，或违反相关政策规定将资金出借给不符合条件的当事人的；在国有企业改制、国有资产处置过程中，造成国有资产流失的；在国有或社会公共资产拍卖、变卖过程中，造成国有或公共资产流失的；其他由于监管不力或者滥用职权，损害国家、集体或者社会公共利益，需要督促起诉的。二是支持起诉的案件范围。主要是涉及农民、农民工以及其他相对弱势群体的权益受到严重侵害的案件，具体包括：因环境污染等公害案件造成不特定多数人人身、财产损害的；因产品质量存在缺陷造成不特定多数人人身、财产损害的；因垄断经营、虚假广告、串通投标等不正当竞争行为侵害消费者或者其他经营者合法权益的；因拒不支付劳动报酬、人身损害赔偿金等严重侵犯弱势群体合法权益，造成较大社会影响的；经督促起诉的案件又申请支持起诉的等。

最后，程序。督促起诉、支持起诉中，检察机关经常运用调查取证手段，对案件先搜集证据，再向相关单位发《检察建议书》或《民事督促起诉书》、《民事支持起诉书》履行职责。在办理支持起诉案件中，检察机关还经常向相关单位提供法律和政策咨询，对于支持起诉案件，检察院可以派员旁听法院庭审过程，经接受支持起诉的法院同意，检察院也可以参加法院的庭审活动，对《民事支持起诉书》或《检察建议书》作出说明，但不参与法庭调查和法庭辩论。

G 省检察机关通过以上模式开展督促起诉、支持起诉工作存在的问题：一是无法律依据，有些地区得不到相关部门和人民法院的配合。二是程序简单、混乱。有的地区履行职责的方式是制发《检察建议书》，有的地区则是制发《民事督促起诉书》《民事支持起诉书》；在督促起诉、支持起诉时，有的检察院引用《宪法》第 12 条关于严禁非法侵占国有资产的规定，或者第 134 条关于检察机关性质的规定，有的则引用《人民检察院组织法》关于检察机关性质的规定，还有的引用《民事诉讼法》的规定等。不少地区对督促、支持起诉既没有立案过程，也没有审查决定程序，个别基层院对同一监管单位的同一事项，针对该监管单位数个分支机构发出多份《民事督促起诉书》，引起监督对象的反感。三是对具有经营自主权的国有企业和国家控股、参股企业能否开展督促起诉存在不同看法。许多检察院认为侵害集体财产也是侵害集体利益，因此也督促有关部门起诉，导致司法标准不统一。四是在案件办理过程中，相关行政单位和国有企业因为担心向法院起诉后欠款不能执行回来而变成死账，不愿向法院起诉，而更愿意采取用检察院的督促起诉书向对方施加压力的手段自行催收欠款，这种做法虽然在客观上达到了挽回损失的部分目的，但实际上已经背离了开展督促起诉工作的初衷。

（3）2015 年 7 月试点前维护公益的其他尝试。一是对养老保险、土地管理等公益性问题主动介入，督促改进。自 2013 年以来，全省共提出此类检察建议 40 件，其中 LN 市两级检察院先后向有关单位发出公益性检察建议 10 件，有关单位已采纳 7 件。二是在维护社会弱势群体利益方面尝试了参与公益纠纷的处理。JT 县检察院根据群众反映，发现某建筑公司拖欠 90 名下岗职工养老保险金 21 万元，多年来下岗职工多次找政府有关部门解决，均未得到满意的答复，成为影响当地社会稳定的一大隐患，遂积极介入，先后走访了群众、企业、政府，与法院进行沟通协调如何通过公益诉讼解决该纠纷，最终企业方主动将所拖欠的 21 万元养老金如数交清，为检察机关以参与公益纠纷的处理为途径提起公益诉讼进行了有益尝试。

（4）2015 年试点后探索公益诉讼情况。G 省是最高人民检察院《检察机关提起公益诉讼试点方案》确定的 13 个试点省份之一。自 2015 年 7 月以来，G 省检察院根据其制定下发的《G 省检察机关提起公益诉讼试点工作实施方案》，明确了全省检察机关提起公益诉讼试点工作的目标原则、诉前程序、诉讼程序和工作要求等，成立了公益诉讼领导小组，在 LZ、TS 等 8 个地区检察机关试点。截至 2016 年 12 月，全省各试点地区共摸排民事公益诉讼案件线索 19 件，最终以诉前检察建议处理 2 件，试点工作初见成效。

首先，试点案件范围。主要是检察机关在履行职责中发现污染环境、食品药品安全领域侵害众多消费者合法权益等损害社会公共利益的行为，在没有适格主体或者适格主体不提起诉讼的情况下，检察机关可以向人民法院提起民事公益诉讼。

其次，试点案件的诉讼参加人。根据《G 省检察机关提起公益诉讼试点工作实施方案》，检察机关以公益诉讼人身份提起民事公益诉讼。民事公益诉讼的被告是实施损害社会公共利益行为的公民、法人或者其他组织。检察机关提起民事公益诉讼，被告没有反诉权。

再次，试点案件的程序。根据《G省检察机关提起公益诉讼试点工作实施方案》的规定，一般由县级检察院实施公益诉讼。各试点县检察院提起民事公益诉讼主要采用诉前检察建议和提起诉讼两种方式，提起诉讼程序必须先经过诉前程序。一是诉前程序，即检察机关在提起民事公益诉讼前，必须先行依法督促或者支持法律规定的机关或有关组织提起民事公益诉讼。法律规定的机关或者有关组织应当在收到督促或者支持起诉意见书后一个月内依法办理，并将办理情况及时书面回复检察机关。检察机关在提起民事公益诉讼的诉前程序中，可以走访有关机关或组织进行调查核实和沟通协调。二是提起诉讼程序，即经过诉前程序，法律规定的机关和有关组织没有提起民事公益诉讼，社会公共利益仍处于受侵害状态的，检察机关可以提起民事公益诉讼。检察机关提起民事公益诉讼，应有明确的被告、具体的诉讼请求、社会公共利益受到损害的初步证据，并制作公益诉讼起诉书。

复次，诉讼请求。试点检察机关采用向法院提起诉讼的方式提起公益诉讼，向人民法院提出被告停止侵害、排除妨碍、消除危险、恢复原状、赔偿损失、赔礼道歉等诉讼请求。

最后，试点效果。G省检察机关一年来的试点工作初步打开了检察机关提起民事公益诉讼的局面，但线索少、“成案率”低，目前状况形成的重要因素之一是检察机关与审判机关积极协调，形成了较好的办案环境。这表明，检察机关提起公益诉讼的“路”仍然很“崎岖”，仍然需要克服重重阻碍。目前存在的主要困难有三：一是缺乏明确、完善的执法规范开展试点；二是来自作为被告的行政机关的阻力；三是基层民行部门干警的办案能力与办案要求存在差距。

以上是G省检察机关多年来探索检察机关提起民事公益诉讼的概况，

证明了当前社会环境下检察机关提起民事公益诉讼的可行性和必要性。当然，目前《民事诉讼法》已经对检察机关提起公益诉讼作出了明确规定，2018 年 3 月 2 日，“两高”发布了《关于检察公益诉讼案件适用法律若干问题的解释》（以下简称《解释》），《解释》共四部分 27 条，对检察机关的诉讼地位、法院审判程序及审判职责作出了新的规定。《解释》的出台必将推动检察公益诉讼不断取得新的成效。

（二）G 省检察机关应对 2012 年《民事诉讼法》新要求的改革实验

检察改革是对检察制度中某些不合理的部分进行变革，因此在设计改革方案时需要对现行制度有一个清醒的认识。[①] 通过前文对 2012 年《民事诉讼法》修改后检察机关面临的风险和挑战的分析，对检察机关探索如何依法、有效履行法律概括赋予的新职能状况的描述，可以看到，现行民事检察监督制度虽然逐步完善，在民事诉讼领域发挥着不可忽视的作用，但也存在诸多缺陷，导致检法认识分歧。各地检察院为了解决监督无具体操作规范的问题，制定了层出不穷的政策性文件，既推动了民事检察监督工作发展，也造成了检察监督执法不统一，亟须改进完善民事检察监督制度，为民事检察监督提供可靠、利于操作的规范和法律依据，保障制度的功能在实践中切实有效发挥。在等待立法修改的漫长过程中，着眼于制度当前运行环境和条件，对制度进行体制内的改革，是检察机关应对当前工作中紧迫问题的权宜之计。G 省检察机关在近年来的民事检察监督工作中，开展了诸如民事检察监督与职务犯罪线索查证一体化、三级院民行部门办案一体化等一系列改革，规范了司法行为，提高了监督效能，提升了监督能力，强化了监督权威。以下对其在新法实施后进行的一系列改革实验进行归述分析，以期为检察机关应对民事检察监督制度新挑战提供参

---

① 参见王莉：《民事诉讼与检察监督》，中国检察出版社 2012 年版，第 198 页。

照，为探索改进和完善民事检察监督制度的具体路径提供实践依据和有益启示。

1. 层级对应式民事申诉制度。民事检察监督工作中的层级对应式申诉是指在民事检察监督中，申诉人向检察机关申请抗诉监督，原则上由对申诉案件有抗诉权的检察院初次审查处理。

（1）基本内容。层级对应式民事申诉制度主要包括以下内容：

首先，原则上由有抗诉权的检察院直接受理审查抗诉案件。当事人申请抗诉监督，原则上由有抗诉权的检察院直接受理审查并作出处理决定。为了方便当事人就地申请检察监督，对案件有管辖权但没有抗诉权的，作出生效裁判的法院的同级检察院也可以代为收取申请监督材料，但需向上级检察院转交该材料以便其审查处理。

其次，例外情形下无抗诉权的检察院可以审查抗诉案件。当事人申请抗诉监督，存在特定情形的，可以由有抗诉权的上级检察院交办下级检察院受理审查，也可以由下级检察院请示有抗诉权的上级检察院后，直接受理审查该案。这些特定情形是指：双方当事人众多的；需要大量就地调查核实案件事实的；存在审判人员违法情形的；存在其他就地审查更有利于案件处理的情形的。这里接受“交办”和请示有抗诉权的上级检察院要求本院直接办理的检察院，是指当事人申诉不服的生效裁判的作出法院的同级检察院，仍要遵守地域管辖原则。

最后，无抗诉权的检察院有协助上级检察院办理案件的义务。当事人申诉申请抗诉监督，有抗诉权的人民检察院对申请抗诉监督案件审查处理的，申诉不服裁判的作出法院的同级检察院有协助调卷、调查核实有关事实等义务，需要该下级检察院协助调卷的，该检察院应全卷复印并向上级人民检察院寄、送。有抗诉权的检察院对申请抗诉监督的案件作出不立案、不抗诉等决定，需要就该案向作出生效裁判的法院发出检察建议或进行息诉、检察和解、调查审判人员违法行为的，作出生效裁判的法院的同级检察院应当协助上级检察院或根据上级检察院的安排，做好该项工作。

（2）与现行制度的区别。现行《民事诉讼法》没有对检察机关办理民事申诉案件的内部程序作出规定。实践中，根据《民事诉讼监督规则》的规定，当事人申请抗诉监督，一般由作出生效法律文书法院的同级检察院先行受理并审查。审查认为符合抗诉条件的，由该检察院提请或建议提请有抗诉权的检察院抗诉；审查认为不符合抗诉条件的，由该检察院直接作出不支持监督申请的处理决定。层级对应式民事申诉制度与这种受理审查申请监督抗诉案件的工作模式不同，主要表现在：

首先，有抗诉权的检察院直接作出抗诉决定，一般不再经过提请抗诉（含建议提请抗诉）环节。

其次，有抗诉权的检察院直接作出不支持监督申请，不再由没有抗诉权的检察院作出该决定。

最后，没有抗诉权的检察院对于一些特定案件审查，并作出提请抗诉或不支持监督申请的处理决定，须经有抗诉权的检察院授权（须请示有抗诉权的检察院同意或经有抗诉权的检察院“交办”），不再能够直接审查处理。

（3）现实意义。层级对应式民事申诉制度是针对检察机关执行《民事诉讼法》第208条的弊端而设置的，有利于解决以下民事检察监督工作存在的紧迫问题：

首先，解决检察机关办理抗诉案件职、权、责不相称的问题。在现行制度下，没有抗诉权的检察院没有决定抗诉的权力，却必须履行审查案件的义务，还可作出不立案、不抗诉等不支持监督申请的处理决定，造成了该检察院职、权、责不相称，也招致申请抗诉监督一方当事人对检察机关决定的质疑。层级对应式民事申诉制度有利于促进各级检察院按照各自的法定职能各司其职，防止检察机关滥用职权或怠于行使职权，有利于当事人服从检察机关作出的处理决定。

其次，解决民事检察监督法定办案期限与实际办案期限不一致的问题。《民事诉讼法》规定检察机关办理民事抗诉案件的期限为3个月，但实践中因大部分符合抗诉条件的案件必须经过提请抗诉（含建议提请抗诉）环节，使抗诉监督的周期最长可达9个月（不含控申部门和案管部门受理审查的期限），人为延长了检察机关办理民事申诉案件的期限，与民事申诉制度的效率性要求相悖，影响了检察机关的形象，更影响了办案效率，增加了当事人的诉累。层级对应式民事申诉制度原则上使抗诉监督不再经过提请抗诉（含建议提请抗诉）环节，有利于促进民事检察监督实际办案期限与法定办案期限保持一致。

最后，减少涉检信访。层级对应式民事申诉制度防止现行民事抗诉案件监督模式下，相当一部分案件未经有权检察机关行使法定职权就由无抗诉权的检察院作出不支持监督申请的最终处理决定，当事人由此不服检察机关审查处理决定，但又穷尽了最后的法律救济途径，转而通过信访途径救济权益，增加信访案件的数量。层级对应式民事申诉制度严格依照各级检察院的法定职权行使权力，即使检察机关不支持监督申请，一般也由有抗诉权的检察机关作出决定，增强了检察机关处理决定的权威性，有利于减少涉检信访。

（4）功能愿景。实行层级对应式民事申诉制度，不仅对解决民事检察监督工作中的现实、紧迫问题具有重要意义，对民事检察监督工作实现科学、健康、可持续发展亦具有重要意义。

首先，促进检察权的依法行使。当事人申请检察机关监督法院裁判的一个重要目的是请求检察机关维护司法公正，救济其在原审裁判中因公平审判权受到侵害而缺失的法律地位或实体权益。“身正方可正人”，为了回应申请监督当事人对于司法公正的期待，检察机关首先应自身依法履行民事检察监督职能，其监督行为和监督效果才能得到当事人的信服。然而，虽然现行《民事诉讼法》第208条第1款规定最高人民检察院和申诉不服的生效法律文书的作出法院的上级检察院才有抗诉权，申诉不服的生效法律文书的作出法院的同级检察院有提请抗诉权，同时，根据现行《民事诉讼法》第208条第2款的规定，对于一个案件，提请抗诉程序与检察建议作为检察机关履行同级监督职能的方式，同样是抗诉监督之外的选择性监督方式，是抗诉程序的辅助程序，但实践中，由于《民事诉讼监督规则》第35条的规定，却普遍由申诉不服的生效法律文书的作出法院所在地的下级检察院受理审查申请检察监督案件，而且提请抗诉成为与抗诉并行的民事检察监督的主要方式。此外，对于当事人申请抗诉监督的案件，不支持监督申请与抗诉都是对该类案件的处理结果，理应由有抗诉权的检察院作出，但由没有抗诉权的检察院作出不支持监督申请的审查处理决定成为普遍现象，违背了《民事诉讼法》立法原意，违反了检察职能法定的原则。层级对应式民事申诉制度的施行，使有抗诉权的检察院得以充分履行抗诉职能，而无抗诉权的检察院只是辅助有抗诉权的检察院履行抗诉职能，回归了立法原意，增强了民事检察监督抗诉权能与法律规定的对应性，有利于推进检察机关依法监督、规范监督、公正监督，增强民事检察监督的公信力。

其次，强化民事检察监督的整体效能。在现行检察机关内部抗诉案件审查模式下，申诉不服的生效法律文书的作出法院的同级检察院和下级检察院没有案件处理决定权，却要履行调卷、核实案件事实和证据、询问双方当事人、提出审查处理意见等义务。而对申请监督案件有抗诉权的上级人民检察院具有法定的案件处理决定权，须承担案件责任，却主要只依据下级检察院报送的材料和意见审查案件，一般并不履行询问当事人、调查核实案件事实、证据等义务，造成了有抗诉权的检察院作出的处理决定依据客观性不足，而没有抗诉权的检察院则易滥用职权或怠于行使职权。层级对应式民事申诉制度使有抗诉权的检察院和下级检察院按照各自的法定职能既各司其职，也相互配合，有利于促进各级检察院履行客观义务，促使其依法、公正履行职能，维护司法公正，充分维护当事人合法权益，有利于促进民事检察监督制度整体效能的发挥。

再次，提升民事检察监督的工作效益。如前所述，司法效率是司法公正的题中应有之义。在现行民事申诉制度下，《民事诉讼法》第209条的规定延长了申诉案件处理流程，而检察机关现行的内部抗诉监督程序，不仅使检察机关办理抗诉案件的程序更加繁冗，流程进一步延长，增加了当事人的诉累，还因各级检察院审查办理申请抗诉监督案件不完全依照《民事诉讼法》对各级检察院的职权范围而降低了监督的公正性，不能满足当事人对民事检察监督效益的期待。层级对应式民事申诉制度使大部分申请检察监督案件不必再经过提请抗诉、建议提请抗诉阶段，得以严格遵守法定期限，使各级检察院能够按照《民事诉讼法》规定的职权范围各司其职，增强了检察机关办理民事抗诉案件的公正性和权威性，并贯彻层级对应申诉与就地申诉相结合的灵活性原则，兼顾了特殊案件的抗诉监督审查效率，有利于提高民事检察监督的工作效益。

最后，促进各级检察院适应新法要求的职能转型。2012年《民事诉讼法》对民事检察监督提出了救济、监督、终结诉讼等多元要求，市级检察院和县级检察院民事检察人员必须具备多元监督的能力，才能够推动民事检察监督工作的可持续发展。同时，《民事诉讼法》明确了民事检察监督"监督"的内涵，也要求检察机关摒弃过去立法规定抗诉单一监督模式下长期存在的"检察机关民事检察监督的主业就是办理抗诉案件"的传统观念，尽快实现"以抗诉为中心"到"以监督为中心"的监督观的转变。层级对应式民事申诉制度使有抗诉权的检察院实现了与现行《民事诉讼法》要求的职能对应。在该制度规定下，市级检察院和县级检察院民事检察监督部门办理抗诉案件的职能弱化，迫使其为了继续生存和发展，不得不尽快抛弃依靠办理抗诉案件求生存、求发展的理念，实现职能内容与《民事诉讼法》要求的对接，实现职能转换。

（5）设计依据。层级对应式民事申诉制度主要依据以下原理设计：

首先，职权法定原则。职权法定原则要求民事检察监督主体必须是宪法和法律授权的主体，民事检察监督主体必须按照宪法和法律规定的范围、程序、方式和职权内容行使民事检察监督权。现行《民事诉讼法》规定最高人民检察院和作出生效裁判的人民法院的上级检察院才有抗诉权，作出生效裁判的人民法院的同级人民检察院有提请抗诉权，最高人民检察院《民事诉讼监督规则》第11条也规定，对已经发生法律效力的民事判决、裁定、和解书的监督案件，最高人民检察院、作出该生效法律文书的人民法院所在地同级人民检察院和上级人民检察院有管辖权。而且，从现行《民事诉讼法》第208条第2款关于“地方各级人民检察院对同级人民法院已经发生法律效力的判决、裁定，发现有本法第二百条规定情形之一的，或者发现和解书损害国家利益、社会公共利益的，可以向同级人民法院提出检察建议，并报上级人民检察院备案；也可以提请上级人民检察院向同级人民法院提出抗诉”的规定来看，对一个案件，提请抗诉程序与提出检察建议作为检察机关履行同级监督职能的方式同样是抗诉监督之外的一个选择性监督方式，是抗诉程序的附属程序，依附于抗诉程序而存在，通过抗诉程序发挥效用，因此绝不应是民事检察监督的主要方式。但实践中，不但普遍存在由作出生效法律文书的人民法院所在地的下级人民检察院受理审查民事申诉案件，并“建议提请抗诉”的现象，而且提请抗诉成为与抗诉并行的监督方式（尤其在基层人民检察院，由于其没有抗诉权，提请抗诉和建议提请抗诉成为其履行职能的主要方式）。同时，对于当事人申诉或申请抗诉的案件，不抗诉与抗诉一样，是对该类案件的处理结果，理应由有抗诉权的检察院作出，但实践中大量存在没有抗诉权的检察院以不立案、不建议提请抗诉、不提请抗诉等方式对该类案件作出审查处理决定的现象，违背了立法原意，违反了检察职能法定的原则。层级对应式申诉制度的实行，将回归有抗诉权的检察机关充分履行抗诉职能，而无抗诉权的检察机关只是辅助有抗诉权的检察机关履行抗诉职能的立法原意，也避免了由无权机关对当事人申诉申请检察机关监督作出处理决定，增强了民事检察抗诉监督权能与法律规定的对应性，有利于推进检察机关依法监督、规范监督、公正监督。

其次，职、责、权相称原则。职、责、权相称原则，就是为了实现整体职能，按照系统的结构层层分解任务，根据实际需要和个人的能力，把工作人员安排于系统的某一层次，授予一定的权力，履行与权力相称的义务，承担与权力相称的责任，是系统管理的基本保障，也是使系统发挥整体效能的基本保障。然而，在现行检察机关内部抗诉案件审查模式下，作出生效裁判的人民法院所在地的同级人民检察院和下级人民检察院明明没有案件处理决定权，却要履行调卷、核实案件事实和证据、询问双方当事人、提出审查处理意见等义务；作出生效裁判的人民法院所在地的上级人民检察院具有法定的案件处理决定权，却主要只依据下级检察院报送的材料和意见审查案件，一般并不履行询问当事人、调查核实案件事实、证据等义务。而案件处理决定的责任依然由有抗诉权的检察院承担，造成了有抗诉权的检察院作出的处理决定依据客观性不足，违反了职、责、权相称原则，容易导致作出生效裁判的人民法院所在地的同级和下级人民检察院滥用职权或怠于行使职权。层级对应式申诉制度，使有抗诉权的检察院和下级检察院既相互配合，也各司其职（下级检察院虽然也可办理一些就地审查有利于案件公正处理的案件，但下级检察院办理的这些案件只是少数；下级检察院也可以按照上级检察院的安排承担调卷、核实事实、证据等工作，但在其中只起辅助作用），有利于职、权、责相称原则的贯彻，有利于促进民事检察抗诉监督制度整体效能的发挥。

再次，当事人意思自治原则。检察机关作为公权机关介入民事诉讼法律关系，与审判机关介入民事诉讼法律关系一样，须充分尊重当事人意思自治，保障当事人按照自己的意愿在依法的范围内行使自己的权利，包括申诉权利。据此，当事人既然申诉申请检察机关抗诉监督，检察机关就应当对申诉人的申请进行审查，而只有依据现行《民事诉讼法》有权行使抗诉权的检察机关所进行的审查才是适法的有权审查。设立层级对应式申诉制度，由有抗诉权的检察机关初次审查申诉人申诉申请抗诉监督的民事申诉案件，是检察机关尊重当事人申诉请求的重要体现。

复次，诉讼效率原则。著名法学家波斯纳认为，“法律的正义必须以经济上的可行性、合理性为基础”“正义的第二种意义，简单来说就是效率”。[①] 在诉讼活动中，除了公正以外，效率已成为衡量一个国家的诉讼制度是否科学与文明的另一重要尺度，世界各国一般都将诉讼效率作为诉讼制度的重要价值而孜孜追求。诉讼效益原则要求诉讼程序尽可能优化，使诉讼程序中资源配置尽可能最优化，资源投入尽可能最小化，而诉讼效率、效果尽可能最优化。层级对应式申诉制度贯彻了法定性原则，使现行《民事诉讼法》规定的各级检察机关在民事检察监督中的职能尽可能落实到位，有利于强化民事检察监督的权威性；落实了职、权、责相统一原则，有利于加强有抗诉权的检察院的客观义务，提高处理决定的公正性；简化了民事检察抗诉监督程序，有利于现行《民事诉讼法》规定的民事申诉案件检察机关办案期限的遵守执行，有利于降低当事人的申诉成本；贯彻了由有抗诉权的检察院的下级检察院对存在双方当事人众多、需要大量就地调查核实案件事实、审判人员违法等情形下，就地审查更有利于案件处理中案件受理审查的灵活性原则，兼顾了特殊案件的抗诉监督审查效率，是诉讼效益原则运用于民事检察监督改革的集中体现。

最后，维护当事人合法权益原则。现行《民事诉讼法》第 209 条第 2 款规定，当事人申诉申请检察机关抗诉或检察建议，检察机关已作出处理的，以一次为限。然而，现行民事检察监督模式下，大部分申诉案件由作出生效法律文书的法院所在地的同级人民检察院审查，作出不立案、不提请抗诉、不提出再审检察建议等处理决定。一旦申诉申请得不到检察机关

---

① ［美］波斯纳：《法律的经济分析》（下），蒋兆康译，中国大百科全书出版社 1997 年版，第 217 页。

支持，即使决定不启动监督程序的是没有抗诉权的检察机关，即使其申诉案件确有错误，也一样不能再有申请检察监督的机会，实际上造成了无权机关决定使当事人申诉权不能充分行使法律后果。尤其是现行《民事诉讼监督规则》规定申诉案件一律先由作出生效法律文书的法院的同级人民检察院受理审查，运用再审检察建议方式进行监督，以减轻检察机关“倒三角”办案现象，加强再审检察建议的适用。但由于再审检察建议没有法律效力保障，在实践中绝大多数不被法院采纳，实际上此种做法更加严重损害了当事人的合法权益，检察权威和审判权威因此更加受到削弱，增加了社会矛盾隐患。层级对应式申诉制度使申诉人申诉申请抗诉的要求能够得到检察机关的充分尊重，有权机关能够对当事人的申诉请求及时、有效处理，一旦申诉案件确有错误，可以抗诉程序保障该案件得到再审，有利于充分保障当事人的合法权益。

（6）试点情况分析。2013 年 12 月 30 日，经检察委员会会议讨论通过，G 省检察院下发《关于在 BY 等市民事检察监督工作中试行层级对应式民事申诉制度和抗诉案件分流制度的通知》（以下简称《通知》），开始在 BY、JQ、PL、ZY 四市检察机关试行层级对应式民事申诉制度。截至 2014 年 12 月，虽然取得了预期效果，但由于制度与《民事诉讼监督规则》第 35 条及全国检察机关统一业务应用系统相冲突的问题无法解决，检察人员监督理念、监督能力短期内难以与制度要求相适应，导致制度在试行中“走样”“变形”，产生了一系列问题，从 2015 年起，该制度在全省范围内停止试点。

首先，运行概况。由于受全国检察业务统一应用软件部署的影响，2014 年 3 月层级对应式民事申诉制度的具体实施和全国检察机关统一业务应用系统才得以衔接，试点地区的民事检察监督案件的受理、流转才步入正轨。截至 2014 年 10 月底，G 省检察院受理四个试点地区不服中级人民法院生效裁判申请检察监督的 35 起案件中，根据层级对应式民事申诉制度第 4 条的规定，向下交办“需要大量就地调查核实案件事实”的案件 7

件，除了未审结的案件外，省院全部作出了不支持监督申请决定；四个试点市院向省检察院移送符合条件的案件14起，按照《通知》第4条的规定请示省院自行办理案件，省检察院办理的案件中没有一起案件是根据制度第8条的规定，由省检察院作出不支持监督申请决定后发回市级院提出再审检察建议的案件。

其次，运行特点与成因分析。层级对应式民事申诉制度的运行主要具有以下特点：

其一，省检察院直接审查办理案件初显制度效果。制度试点以来，省检察院直接受理的案件比上年同期增加了41%，这些直接受理的案件均由省检察院审查，审查时间总计未超过法定3个月内期限，其中，最短的8天就办结了案件，平均2个月办结一起案件，相比原来大量案件超过3个月办结，大大提高了办案效率。作出不支持监督申请决定的案件，当事人均服判息诉。而其他未试点地区检察院作出不支持监督申请决定的省检察院才有抗诉权的案件，自从最高人民检察院民事行政检察厅《民事行政检察厅与控告检察厅办理民事行政检察案件第二次座谈会议纪要》下发以来，当事人可以申请有抗诉权的检察院复查没有抗诉权的检察院作出的不支持监督申请，仅2个月，当事人向有抗诉权的省检察院申请复查就达16件。层级对应式民事申诉制度由此也显现出其提升检察机关办案质量和司法权威的效果。

其二，试点市检察院审查案件沿袭旧习弱化了制度效果。由于制度的运行客观上加大了省检察院办理抗诉案件的工作量，使市、县两级检察院不再办理提请抗诉案件，使试点地区检察人员必须转变原来的“检察监督必须以办理抗诉案件为支撑”的传统观念，改变原来“坐等案件上门”的做法，积极主动履行新职能，提升同级监督、参与社会管理的能力。因此制度运行以来，在“一定要办理抗诉案件”的传统理念驱使下，四个试点市或者扩大制度关于没有抗诉权的检察院“请示自行办理”案件的范围，或者变通执行制度，受理案件后先作初步审查，只将可能作出抗诉决定的案件移送有抗诉权的检察院，导致试点后试点地区实质上仍然大量办理提请抗诉案件，对本院没有抗诉权的案件作出不支持监督申请决定。同时，由于制度规定，检察院受理其没有抗诉权的案件，原则上应移送有抗诉权的检察院直接办理。由此相比制度未实施前，试点地区检察院请示办理其没有抗诉权的案件，增加了受理后将案件移送上级检察院，上级检察院审查“请示”，再移送请示检察院办理的过程。非但没有达到制度缩短办案流程、提高办案效率的要求，反而使该类案件办案流程更长、办案效率更低，违背了制度设计的初衷。

其三，制度运行环境难以跟进影响制度推广。一是层级对应式民事申诉制度与《民事诉讼监督规则》第 35 条规定的“同级审查为先”的原则相冲突。该条规定，检察机关受理的民事检察监督案件，均须由作出生效裁判的法院的同级检察院先行审查处理，目的是强化再审检察建议的运用，解决检察机关办理民行案件的“倒三角”问题。虽然《民事诉讼法》规定了上级检察院对下级法院生效裁判以抗诉为主、同级监督（提请抗诉、检察建议）为辅的民事检察监督原则，层级对应式民事申诉制度符合这一原则，而《民事诉讼监督规则》第 35 条与《民事诉讼法》这一原则相悖。并且，在检察建议效力未在法律层面解决的情形下，《民事诉讼监督规则》要求所有的民事申诉案件“同级审查优先”，盲目扩大检察建议适用范围，可能浪费当事人申请监督一次为限的机会，损害当事人的合法权益，造成更多的上访案件。然而，检察机关实行上下级领导体制，在《民事诉讼监督规则》与《民事诉讼法》精神相悖的规定未被纠正之前，下级检察院也只能服从《民事诉讼监督规则》要求。二是层级对应式民事申诉制度难以与全国检察机关统一业务系统相融。最高人民检察院依据《民事诉讼监督规则》开发了全国检察机关统一业务系统软件，要求对于同一案件只能录入一次，但层级对应式民事申诉制度中关于交办案件、请示自行办理案件的规定与软件程序相冲突，使同一案件经两级院受理，两次甚至更多次地进入业务软件程序。制度设置交办案件、请示自行办理的规定，一方面为了增加制度的灵活性，另一方面为了适当缓解省院民行处因制度执行增加的办案压力。如果将此规定保留，则制度与业务软件的冲突难以解决；如果将此规定取缔，则制度难以与当前监督能力、案件的实际情况对接，使一些就地办理效率更高的案件反而因上提一级到有抗诉权的检察院办理而出现诸多不便、效率更低。三是层级对应式民事申诉制度影响了试点地区的通报数据。提请抗诉案件数量是G省检察机关要求通报的民行检察业务数据，层级对应式申诉制度试行后，使制度试行前由四个试点市级院提请抗诉后再由省院民行处作出审查处理决定的案件，现在直接由省院民行处审查处理，四个试点市级院提请抗诉案件的数量由此大幅下降，也影响了制度推广。

最后，发现与启示。G省检察机关关于层级对应式民事申诉制度的改革实验，说明一项检察改革的开展，即使具有好的创意，符合立法原意，有利于弥补立法缺陷，有利于强化民事检察监督制度效果，能促进民事检察监督工作发展，如果不能与制度运行环境和监督能力等制度实施条件系统对接、有机契合，将难以顺利实施并达到预期目的。事实上，就层级对应式民事申诉制度在运行中遭遇的尴尬而言，表面上显示了传统与创新的博弈，实质上表现了监督实践中检察人员对于强化同级监督的热切期盼和对于立法关于“上级抗”（检察院对下一级法院作出的生效法律文书进行抗诉）的无奈遵行。可以预见，如果立法规定了以“同级抗”（检察院对同级法院作出的生效法律文书进行抗诉）为主、“上级抗”作为保障的原则，那么，省级院不会因遵循职权对应原则而增加办理抗诉案件工作量，市、县两级院也不会因此而减少抗诉案件工作量，层级对应式民事申诉制度的负面效应将不再存在，其也必将在实践中受到普遍欢迎而充分发挥预期效能。

2. 抗诉案件分流制度改革。抗诉案件分流是指有抗诉权的检察院初次审查终结申请抗诉监督的民事申诉案件后，对符合《民事诉讼法》第 200 条第 1 款第 1 项至第 5 项监督事由，且有必要提出抗诉或由下级检察院提出再审检察建议的案件进行分流。其中，不符合抗诉或提出再审检察建议条件的，由有抗诉权的检察院自行作出息诉、检察和解、终止审查等处理决定。符合抗诉或提出再审检察建议条件，但依据法律规定不应当或不适宜由作出生效法律文书法院再审的，由有抗诉权的检察院向同级法院提出抗诉，并建议其提审；不具有上述情形的，由有抗诉权的检察院书面指示下级检察院向同级法院提出再审检察建议，并制作《建议采纳再审检察建议书》，说明该案件符合抗诉条件，作出生效法律文书的法院应当择机启动再审程序。

现行《民事诉讼法》第 211 条规定，人民检察院提出抗诉的案件，接受抗诉的人民法院应当自收到抗诉书之日起 30 日内作出再审的裁定；有本法第 200 条第 1 项至第 5 项[①]规定情形之一的，可以交下一级人民法院再审，但经该下一级人民法院再审的除外。据此，对于属于《民事诉讼法》第 200 条第 1 项至第 5 项情形，并且未经下一级人民法院再审的民事抗诉案件，有抗诉权的检察院向同级人民法院抗诉后，接受抗诉的人民法院可以交下一级人民法院再审。而根据《民事诉讼法》第 211 条的规定，无论抗诉理由在法院看来是否成立，只要检察院向法院提出再审，法院都必须作出再审裁定。事实上，从 G 省的民事抗诉实践来看，绝大多数抗诉案件以现行《民事诉讼法》第 200 条第 1 项至第 5 项为监督事由，对于这类案

---

① 《民事诉讼法》第 200 条第 1 项至第 5 项规定的抗诉监督事由主要是案件的事实问题。包括：（1）有新的证据，足以推翻原判决、裁定认定的；（2）原判决、裁定认定的基本事实缺乏证据证明的；（3）原判决、裁定认定事实的主要证据是伪造的；（4）原判决、裁定认定事实的主要证据未经质证的；（5）对审理案件需要的主要证据，当事人因客观原因不能自行收集，书面申请人民法院调查收集，人民法院未调查收集的。

件，只要未经下一级法院再审，接受抗诉的人民法院几乎毫无例外地全部交由下一级人民法院再审。这样，“上抗下审”就成为实践中的普遍抗诉再审方式。“上抗下审”方式与再审检察建议启动再审程序相比，在检察机关审查环节，增加了上级检察院审查的环节，在法院审查环节，增加了接受抗诉的法院审查检察院抗诉的时间，而上级检察院审查是实质审查，有保障全案案件质量的作用，接受抗诉的法院审查检察院抗诉，则因《民事诉讼法》第211条规定“接受抗诉的人民法院应当自收到抗诉书之日起三十日内作出再审的裁定”主要进行程序审查，而《民事诉讼法》第123条关于对当事人起诉的受理审查时间仅为7日。因此，对于此类案件，《民事诉讼法》第211条没有将之与其他抗诉案件加以区别，规定30日的受理审查期限，显然不符合诉讼效率的要求。鉴于此，G省检察院试行抗诉案件分流制度改革，旨在简化抗诉案件再审程序，强化再审检察建议的运用，并探索同级检察监督的有效方式。

（1）抗诉案件分流制度改革的基本内容。抗诉案件分流制度是对于现行《民事诉讼法》第211条规定的合理化改造，因此，应当以该条规定为基础，适用于该条规定的符合《民事诉讼法》第200条第1项至第5项规定的抗诉案件，且该案件必须未经监督针对的生效法律文书的作出法院再审。

首先，对以《民事诉讼法》第200条第1项至第5项为依据申请抗诉监督的案件，应由对该案件有抗诉权的检察院初次受理审查，提出审查处理意见，并以审查处理意见为依据进行案件分流。

其次，对于以《民事诉讼法》第200条第1项至第5项为依据申请抗诉监督的案件，有抗诉权的检察院审查后，认为该案不存在监督事由，或不符合《民事诉讼法》第200条第1项至第5项的抗诉条件，由有抗诉权的检察院自行作出息诉、检察和解、终止审查等处理决定。

最后，对于以《民事诉讼法》第200条第1项至第5项为依据申请抗诉监督的案件，有抗诉权的检察机关审查后认为符合条件，且该案未经监督针对的生效法律文书的作出法院再审，应当提出抗诉但可以由下一级检察院以再审检察建议方式建议其同级人民法院再审的案件，原则上以内部函形式或在《不支持抗诉监督意见书》中载明该案符合抗诉条件和有抗诉权的检察院认为该案符合抗诉条件的理由，建议作出生效裁判的人民法院同级的人民检察院就该案向同级人民法院提出再审检察建议，并在下一级检察院提出再审检察建议后制作建议人民法院采纳再审检察建议书，说明该案经审查符合抗诉条件，建议对该案作出生效裁判的人民法院采纳其同级人民检察院提出的再审检察建议，对该案予以再审；对于以《民事诉讼法》第 200 条第 1 项至第 5 项为依据，且未经作出该案生效裁判的法院再审的申请抗诉监督的案件，有抗诉权的检察院审查后，认为不宜由作出该案生效裁判的法院再审的，有抗诉权的检察院应当向同级法院抗诉，并制作建议函，建议由接受抗诉的法院再审而不是指令监督裁判的作出法院再审。

（2）与现行制度的不同。根据现行《民事诉讼法》第 211 条的规定，人民检察院提出抗诉的案件，接受抗诉的人民法院应当自收到抗诉书之日起 30 日内作出再审裁定；对于符合该法第 200 条第 1 项至第 5 项规定情形之一的，可以交由下一级人民法院再审，但经过该下一级人民法院再审的除外。据此，“上抗下审”成为实践中的普遍抗诉再审方式。实践中，为简化程序，减少上级检察院的工作量，加强再审检察建议的运用，对于当事人以《民事诉讼法》第 200 条第 1 款第 1 项至第 5 项监督事由提出抗诉申请的案件，上级检察院往往不经审查，直接由控申部门向下级检察院进行分流。与“上抗下审”方式和上述实践中的抗诉案件分流方式相比，抗诉案件分流制度具有以下不同：

首先，与“上抗下审”方式相比，在法院审查环节，大部分符合《民事诉讼法》第 200 条第 1 款第 1 项至第 5 项监督事由的案件不再经过法院对抗诉材料形式审查的 30 天期间。

其次，与实践中检察机关分流抗诉案件的方式相比，上级检察院对案件进行实质审查后才分流，需要由下级检察院提出再审检察建议的，分流的同时提出审查意见，并向接受再审检察建议的法院发出《建议采纳再审检察建议书》，保障了再审检察建议的质量和效果。

（3）制度的实施条件。制度的实施需满足如下条件：①草拟《G省检察院与G省高级人民法院关于在民事检察监督工作中加强配合的意见》，规定在G省范围内，检察机关以《民事诉讼法》第200条第1项至第5项事由向同级人民法院提出再审检察建议的，该人民法院接到提出检察建议的上级检察机关送达的《建议采纳再审检察建议书》的，应当采纳检察建议，并于30日内裁定再审；②拟定《G省检察院建议某人民法院采纳再审检察建议书》格式、内容样本，就《G省检察院与G省法院关于在民事检察监督工作中加强配合的意见》及其配套的《建议采纳再审检察建议书》格式样本与G省高级人民法院会商，形成会签文件下发全省检察机关执行；③拟定并审议通过、下发执行《G省检察机关关于实行抗诉案件分流制度的工作规定（试行）》，该工作规定应与已颁行的G省检察机关其他民事检察监督工作规定形成系统，相互协调。

（4）现实意义。实施抗诉案件分流制度改革能够解决以下问题：

首先，减少抗诉再审裁定的拖延现象。抗诉案件分流制度使大部分抗诉案件不再经过接受抗诉法院的30日形式审查期间，避免接受抗诉法院不及时作出再审裁定，甚至以难以调齐原审案卷等为由久拖不裁。

其次，解决实践中再审检察建议运用不足且效果不佳的问题。在抗诉案件分流制度中，大量的本应由上级检察院抗诉的案件流向下级检察院，以再审检察建议方式进行监督，扩大了再审检察建议的适用规模。上级检察院对案件实质审查后才指示下级检察院向同级法院提出再审检察建议，保障了再审检察建议的质量；下级检察院发出再审检察建议后，有抗诉权的检察院又向接受再审检察建议的法院发出《建议接受再审检察建议书》，保障了再审检察建议的效果。

（5）制度意义。实施抗诉案件分流制度改革，除了解决民事检察监督工作的现实问题，对于完善民事检察监督立法，优化民事检察监督工作机制也具有重要意义。

首先，探索再审检察建议的合理运用方式。抗诉案件分流制度强化了再审检察建议的运用，有抗诉权的检察院在下一级检察院向同级法院提出再审检察建议后，建议接受检察建议的法院采纳检察建议再审，有利于强化再审检察建议的效力，为优化检察权的配置提供了思路。检察机关可以循此思路，就法院采纳再审检察建议的具体情形尝试与法院进行协商、会签文件，从而为立法上强化再审检察建议的法律效力做出探索与努力。

其次，探索民事检察工作一体化的有效模式。由有抗诉权的检察院对以《民事诉讼法》第200条第1款第1项至第5项事由申请检察机关抗诉监督的案件受理审查后，以内部函或《不支持监督意见》的方式建议下一级检察院向其同级人民法院提出再审检察建议，有利于防止下级检察院滥用再审检察建议权，以检察权干涉当事人私权，有利于加强上级检察院对下级检察院的业务指导和工作领导，通过长期的个案指导提高民事检察监督能力；同时，有抗诉权的检察院对案件进行审查，有检察建议权的检察院对案件提出检察建议，有抗诉权的检察院再建议下一级检察院的同级法院采纳检察建议。上下级检察院各司其职、分工协作，有利于整合工作力量，促进层级监督与同级监督、抗诉监督与检察建议监督的相互补充、相互作用，促进各级检察院职能优势的合力发挥，探索了民事检察工作一体化的有效模式。

最后，探索提高审判监督效率的有效途径。抗诉案件分流制度贯彻了《民事诉讼法》第211条的规定，便于下一级人民法院进行证据审查，通过再审纠正事实认定方面的错误；合理地省略了对于符合《民事诉讼法》第200条第1款第1项至第5项规定，且未经案件中作出生效裁判的法院再审的抗诉案件在“上抗下审”模式中30日的法院形式审查环节，缩短了抗诉案件再审周期，节省了审判资源。在检察院内部，加强了上级检察院对下级检察院的指导和监督，有利于提高民事检察监督的质量，探索了提高民事检察监督效率的有效路径。

（6）设计依据。抗诉案件分流制度体现了以下原则：

首先，检察工作一体化原则。检察工作一体化是指在现行政治体制和法律框架下，基于检察工作规律、法律监督职能的正确认识，为有效解决影响和制约当前检察工作的障碍而创建起来的一种新型工作机制。2008年11月，时任最高人民检察院曹建明检察长在致信湖北省人民检察院主办的“检察发展论坛”时指出：“检察机关要按照科学发展观的要求，进一步完善和推进检察工作一体化，上下统一，横向配合、步调一致、检令统一，维护检察工作的整体性、同一性，增强法律监督的实效与合力。”由此可见，统一司法理念、强化上级领导、细化协作配合、优化职权配置是检察工作一体化的基本要求。抗诉案件分流制度运用有抗诉权的检察院的抗诉权强化下级检察院再审检察建议的效力，通过上下级检察院联动办理案件，加强上级检察院对下级检察院的业务指导和工作领导，通过长期的个案指导强化民事检察法律监督能力，充分体现了民事检察工作一体化的整体要求。

其次，谦抑监督原则。权力谦抑原则是现代法治理念中非常重要的内容，其基本含义是，国家公权力机关特别是司法机关，在行使权力时要保持克制，要尽量避免与其他机关的冲突以及对于公民生活的过度干预。民事检察监督的谦抑性正是权力谦抑原则的具体体现，是指检察机关在行使诉讼监督权力过程中，要保持谦抑的姿态，不能超越诉讼监督权的职权范围干涉当事人、诉讼参与人正当行使权利以及干预其他机关的职权行使，甚至越位进入其他机关的职权领域。抗诉案件分流制度，使大部分申请抗诉监督案件以较之抗诉监督方式更加柔和的再审检察建议的方式启动再审程序，有利于缓和监督者与被监督者之间的紧张关系，体现了民事检察监督的“克制”。同时有抗诉权的检察院对该类案件审查处理后，再建议该案件中作出生效裁决的人民法院采纳检察建议的做法，有助于防止下级检察院滥用再审检察建议权，以检察权干涉当事人私权利，是民事检察监督谦抑性原则的贯彻和体现。

最后，诉讼经济原则。诉讼经济是指活动的效益与该活动所花费成本之间的比率。它所描述的是诉讼进行的快慢方面解决纠纷数量的多少，以及在诉讼过程中人们对资源的利用程度和节省程度，强调的是要尽可能地快速解决纠纷和尽可能合理地充分利用各种诉讼资源。在司法改革的大背景下，检察机关日益参与到经济、社会总体规划的大局中来，检察权的行使就必须考虑“法”在管理和分配方面的效益。抗诉案件分流制度合理地省略了有抗诉权的检察院所在地的同级法院对符合《民事诉讼法》第 200 条第 1 项至第 5 项规定，且未经案件中作出生效裁判的法院再审的抗诉案件在法院被形式审查的环节，缩短了抗诉案件再审的周期，节省了审判资源，在检察院内部也加强了上级检察院对下级检察院的指导和监督，有利于提高民事检察监督的质量，是诉讼经济原则的集中体现。

（7）试点情况分析。2013 年 12 月 30 日，经 G 省检察院检察委员会讨论通过，G 省检察院下发《通知》，开始在 BY、JQ、PL、ZY 四地区试行抗诉案件分流制度。随后，试点各市州两级检察院分别与同级法院会签了文件，就抗诉案件分流制度相关事宜与法院达成了共识。其中，BY 市检察院与中级法院会签的关于《贯彻〈民事诉讼法〉加强工作配合若干问题的意见》中，还以此为契机对所有再审检察建议的效力进行了规定，如规定“再审检察建议应当纳入再审审查程序，统一由立案庭受理审查，对不符合再审条件的由立案庭报审委会研究后以通知形式在收到检察建议一个月内答复检察院；对符合再审条件的，由立案庭提交院长决定，依法启动再审程序。审监庭审理后，将审判结果送达同级人民检察院”“审委会讨论检察院作出的再审检察建议时邀请同级人民检察院检察长列席”等。截至2014年12月，四个试点地区共分流当事人不服生效判决、裁定申请抗诉监督的案件8件，按照抗诉案件分流制度的规定由县级检察院向同级人民法院提出再审检察建议，经市级检察院与该法院沟通后，法院全部采纳再审检察建议并作了改判，达到了制度预期效果。由于《民事诉讼监督规则》将当事人不服一审裁判、调解书的监督申请几乎全部排除在监督范围之外，该制度在市级检察院试行的空间不大。而根据《民事诉讼监督规则》规定的“同级审查优先”原则，省级检察院可直接受理审查并符合抗诉案件分流制度条件的案件也很少，自2015年开始，G省检察院停止了抗诉案件分流制度的试行。

尽管如此，抗诉案件分流制度的改革试验对民事检察监督工作的开展和民事检察监督制度的完善仍带来如下启示：

首先，上级检察院的示范行为是顺利实施民事检察监督改革的推动力。抗诉案件分流制度在试点地区实施，先由省级检察院下发通知，之后市级检察院以省级检察院通知为依据，与同级法院协商形成会签文件。县级检察院又以市级检法会签文件为示范，会签了本地区具体实施制度的文件，形成了自上而下一级推动一级的良好态势，保障了制度试点改革的顺利实施。

其次，“同级监督”制度在实践中具有优越性。抗诉案件分流制度试点运行范围的21起再审检察建议案件的办案期限，比原来县级检察院提请抗诉3个月、市级检察院审查抗诉3个月、市中级法院作出再审裁定1个月，再发回县级法院再审，整整缩短了4个月，表明在监督的质量通过制度得到保障的情况下，同级监督比现行立法规定的“上抗下”的层级监督模式更方便、更经济，更具有优越性。

最后，检察机关慎重提出的再审检察建议容易被法院接受。民事检察监督实践中检察机关提出检察建议一般不需要经过像作出抗诉决定一样的较严格的审批程序，这也是再审检察建议在一些地方不被法院重视的重要原因之一。抗诉案件分流制度试点期间，4 个试点市均就制度的实施与同级法院达成了共识，形成了会签文件，BY 市检察院还借此与同级法院达成了所有类型再审检察建议的共识。在笔者就 G 省检察院“民事检察监督工作与机制改革”主题与 BY 市检法律师界代表调研座谈期间，法官提出了再审检察建议经检察院检察委员会讨论决定，对于法院采纳再审检察建议的重要意义，认为再审的启动从法理上讲需要慎重，以便对既判力造成严重侵害，影响司法公信力，而检察机关通过本院检察委员会讨论决定向法院提出再审检察建议恰恰体现了检察院对法院既判力的尊重；同时，法院审查再审检察建议，决定依再审检察建议发动本院内部监督程序再审，也需要经过本院审判委员会讨论决定，而要求检察院提出再审检察建议必须经过本院检察委员会讨论通过，也体现了与法院审查再审检察建议程序的对等性。

3. “检法调联合式”检察和解制度的改革实验。“检法调联合式”民事检察和解是指在民事检察监督工作中，检察机关依法发挥主持、调停作用，同时与社会调解组织、司法行政部门或审判机关加强沟通配合，共同推动双方当事人达成并履行和解协议。这里检法调联合，贯穿民事检察和解始终。和解前，对不需要抗诉或提出再审检察建议的案件，检察机关与社会调解组织、司法行政部门或法院沟通，了解双方当事人有无和解可能，如有可能，促成双方当事人和解的关键性因素是什么；和解中，检察机关与社会调解组织、司法行政部门或法院相互配合，增进当事人双方的相互理解，打消当事人对和解后果的担忧和顾虑；和解协议达成时，邀请法院执行员在和解协议上签字，确认和解的效力；和解协议达成后，与法院相互协作，积极督促当事人履行和解协议。

民事检察和解是检察机关在办理民事申诉案件过程中，以履行检察职能为依托，依法在当事人之间调停、斡旋，促成当事人自行和解，从而定分止争的一种工作方法。在现行《民事诉讼法》规定下，民事息诉工作任务繁重，难度加大，作为一种重要的民事检察监督工作方式，民事检察和解并不违背宪法原则，符合我国国情，能够满足利益协调和纠纷解决的要求，不失为一种公平维护当事人合法权益、从根源上化解社会矛盾、消除社会不安定隐患的有效监督方式。目前实践中，检察机关运用民事检察和解的方式主要有三种：一是检调对接式，是指检察机关将民事申诉案件中涉检涉法矛盾中需要并可以适用和解的问题移送社会矛盾调处机构，与其和解机制对接，检察官引导和监督实现和解。这种方式虽然整合了检察资源、社会资源，力图将检察监督的刚性和人民和解的柔性结合起来，但使检察机关失去了监督者的主导地位，变成了参与社会和解的法律咨询者。而社会纠纷和解机构也由此处理本属于检察机关法定职责范围内的案件，把民事检察和解变成了人民和解的一种形式，削弱了民事检察和解的效力；同时，这种模式也人为造成了检察官工作环节的断裂，使检察机关处于履行检察职责、配合社会纠纷和解机构工作与法院职能相衔接的来往迂回中，繁冗了工作程序，加大了检察官的工作量，不利于达到定分止争的和解目的实现。二是检法对接式，是指检察机关在民事抗诉、民事检察建议前建议法院和解，在法院对民事抗诉案件的再审工作中参与法院的再审和解，包括庭前、庭后和解，依托申诉人对检察机关的信任，促成当事人达成协议，再依托法院和解的法律效力，使这种协议成为法院和解书的一部分，保证当事人履行。检法对接式是针对当前民事抗诉工作往往抗而无效、拖沓冗长的现状进行的一种设计，目的是通过民事抗诉方式和民事检察和解的取优补短，保证和解效果，促进民事申诉事项高效、快速解决。这种方式在实践中，在与法院沟通较好的地区取得了明显效果。但毋庸讳言，这种制度设计也违反了合法性原则，混淆了检察权和审判权的界限。三是检调式，即由检察机关单独和解，主张检察机关在民事检察和解中运用调查取证权、主动查询权、指挥权、协调权等与法院和解相似的权力进行和解。检调式可以克服检、调对接式的程序繁杂、画蛇添足之弊，避该模式偏离检察监督主要功能之嫌，也可以免使检察权干涉审判权或受到审判权的不当干涉，简便、直接。但检察机关在和解中的地位过于强势，又可能造成公权力对私法自治权的不当干涉，或变相成为一方当事人的代理人，引起新的司法不公。鉴于此，G省以民事检察和解的基本原则为方向，以民事检察和解适用的阶段、条件为框架，既考虑解决民事检察和解的效力和效果问题，又注重发挥民事检察和解的灵活性和制度优势，在部分地区试行"检法调联合式"民事检察和解制度。

（1）基本内容。"检法调联合式"民事检察和解制度包括以下内容：

首先，基本原则。其一，合法性原则。检察机关在民事检察和解中必须符合国家宪法法律对检察权的基本界定，体现宪法法律以公权力保障私权利的实现，民事检察和解活动的宗旨、范围、程序、方式方法等均不得与宪法法律相冲突。正如有学者所说，宪法法律并没有在内容上对检察机关行使法律监督权作出限制，检察机关监督民事法律的实施合宪合法同时也是宪法法律义务。[①] 遵守合法性原则是保障民事检察和解工作正当性的基础，为民事检察和解的运用划定权力界限。法律监督机关必须把合法性作为自己履行法律监督职能的基本标准，而不能按照自己的意愿任意选择监督方式。[②]

同时，以合法性原则为民事检察和解运用的原则，实质上就是强调保护宪法法律框架内以及在宪法法律前提下制定的民事法律设定的公民权利和义务，也是民事诉讼目的论的基本要求，能够为检察实践中运用民事检察和解确定方向，保证检察机关在民事检察实践中运用和解快速切入主

① 参见刘恒：《论民事检察监督的范围》，载《河北法学》2008年第7期。

② 参见济南市人民检察院课题组：《法律监督概念源考及其法理分析》，载金波主编：《法律监督的理论与实务研究》，中国检察出版社2007年版，第18页。

题，提高和解的效率。一是要始终以履行宪法法律规定的法律监督职能为主要视角，“任何人不能因其违法行为而获益”，[①] 注意发现和纠正案件背后隐藏的司法不公以及不法侵害当事人合法权益现象，正是在宪法和我国《民事诉讼法》框架下，民事检察和解工作的主要意义所在。[②] 二是要注意依法和解，以行使民事法律监督权为和解的职权界限。一方面，要恪守宪法规定的审判权独立原则，不能越权办案，同时，“当独立的司法审判权自身产生变异与腐蚀，偏离了司法公正的价值时，检察监督就应当成为这种变异的矫治者，纠正司法审判活动中的错误和腐败”；[③] 另一方面，在民事检察和解活动中，检察机关只能是居中调停者，虽然因为工作的需要，要尽可能避免倾向性，确保平等、公正地保护双方当事人的合法权益。

其二，尊重当事人意愿原则。检察机关进行民事检察和解工作要尊重双方当事人的合意，不得强迫。只有各方当事人均同意检察机关进行和解的，检察机关才可以主持和解。在主持和解过程中，检察机关必须充分重视各方当事人对自己实体权利的处分权，绝不能将检察机关的意志强加于当事人，不能以自己的处理意见代替双方当事人在检察机关协调、斡旋下的和解协议，更不能滥用公权力，造成对当事人合法权益的不当侵害。这方面，一是要注意平等地尊重各方当事人的意愿。应充分听取和考虑各方当事人的意见，以各方当事人的合意为和解内容的基础。二是要注意尊重法院判决的既判力。既判力是指确定的终局判决所裁判的诉讼标的对当事人和法院的强制性通行力，它的价值在于实现诉讼经济，维护程序和法的安定性，尊重审判权威；尊重当事人意愿，是遵守符合法律强制性规定前

---

① 陈忠诚：《法窗译话》，中国对外翻译出版公司 1992 年版，第 278 页。

② 参见宋胜杰、司献文：《和谐社会构建中民事检察和解机制的建立》，载《中国检察官》2008 年第 4 期。

③ 刘田玉：《民事检察监督与审判独立之关系的合理建构》，载《国家检察官学院学报》2004 年第 1 期。

提下的“意愿”，绝不能以干涉审判权独立、牺牲法律的权威性的代价来尊重当事人的“意愿”，造成当事人权利的滥用。三是尊重当事人意愿不能与检察权的必要行使形成冲突。尊重当事人意愿中的“意愿”，是当事人有权处分的意思，对于不属于此范围的“意愿”，如实践中常有权利方当事人以向对方当事人让渡自己的部分权利为条件要求检察机关终止对该判决中发现的审判人员徇私枉法行为的追究，不仅不会得到尊重，相反还应杜绝和纠正。四是尊重当事人意愿原则不能与民事诉讼法合法性原则相冲突，尊重当事人意愿，一定是尊重当事人的合法意愿，这种意愿不能违背国家政策、法律的规定，不能违背公序良俗，也不能损害国家、集体和其他公共利益以及他人的合法权益，否则，不仅达不到和解的目的，还会制造新的纠纷，形成新的矛盾。

其三，查明事实、分清是非原则。“查明事实”是指检察机关主持和解时，要查明申请监督的事实与案件的关联性、与其申请监督意欲保护的权益的关联性；查明法院生效法律文书是否已经根据现有的证据查明案件事实，和其所依据的证据的合法性、客观性、关联性，以及法院是否遵循审判原则、审判程序等。“分清是非”，是指检察机关主持和解时要分清申请监督事由的“是”与“非”，分清法院的裁判在程序运用、事实认定和法律适用的“是”与“非”，以及是否真正维护了双方当事人的合法权益，是否真正体现了司法公平正义。查明事实，分清是非，还要通过对以上两个方面的审查、判断查明申请监督案件中各方当事人的法律关系、事实关系，其矛盾不能平息的症结所在，即双方当事人真正争执的焦点，申请人不服法院判决的内在原因等。从而分清法院的裁判与当事人的申辩谁是谁非，是非之处何在。

其四，和解效率原则。效率是民事诉讼的基本价值目标，民事诉讼中的程序制度是否完备，应当充分考虑是否具备了良好的解决纠纷的快速机制。[1] 民事检察和解作为法定的民事检察监督形式——抗诉形式的补充，其出现并能够在实践中被越来越广泛地运用，原因就在于其简便、灵活、人性化、效果直接化的非讼特点弥补了抗诉形式程序严格、繁杂、周期性长、结果最终仍由法院来定而造成的抗而无果的缺陷，有学者因此将效益理念作为其在实践中运用的客观依据。因此，我们在民事检察和解中，要始终贯彻和解效率原则，唯有如此，才能充分彰显出民事检察和解特色，与民事检察抗诉相得益彰，形成优势互补，在民事检察监督中发挥出应有的作用。①在决定是否适用民事检察和解形式上，在案件属于和解的范围的前提下，要全面考虑案情、当事人的态度、司法资源有效利用的程度、人力耗费的多少等，再决定具体是否适用和解方式。②在和解程序上，应体现和解这种非讼形式的灵活性，尽量避繁就简。因为具有非讼性，不必在程序上非常正式，除了必要的程序如告知程序、询问程序等以外，其他对案件不发生实质影响的程序都可以省略；有些程序能合并的还可以合并。③在和解效果上，要以案结事了为目标，注重和解效果的即时性和终结性。和解时，要紧紧抓住申诉的核心事项，争取纠纷即时化解，协议即时履行。

其次，适用范围。和解适用于检察机关不适宜抗诉、提出再审检察建议的案件的处理，且案件中双方当事人必须有和解的意愿且有达成和解的可能。具体来说，下列案件考虑优先适用民事检察和解：一是涉及群体性利益，或者当事人众多的共同诉讼、集团诉讼或系列诉讼案件；二是敏感性强，当地党委、人大、政府或社会舆论关注的案件；三是当事人之间具有亲属关系、邻里关系等特殊关系的案件；四是有证据证明已经生效的法律文书中履行义务一方当事人履行确有困难，接受履行一方当事人可能作

---

① 参见陈桂明：《民事诉讼快速机制论纲》，载陈光中、汪建成、张卫平主编：《中国法学会诉讼法学研究会》（2006 卷），北京大学出版社 2006 年版，第 629 页。

出让步的案件；五是申请支付赡养费、抚养费、医疗费、标的物具有储存期或正在使用等需要即时解决纠纷的案件；六是其他具有明显和解因素的案件。具有下列情形之一的案件，不适用民事检察和解：一是有证据证明审判人员在审理案件时有接受当事人贿赂、徇私舞弊、枉法裁判行为的；二是有证据证明判决、裁定、调解书内容存在侵害国家利益、社会公共利益或者案外人合法权益的；三是其他不宜进行检察和解的情形。

最后，基本模式。一是检察机关在和解中发挥主持、斡旋作用。二是检察机关在主持和解过程中，与法院加强协调配合。三是和解达成时，邀请法院执行人员到场，由检察人员、法院执行人员共同签字。四是和解协议达成后，向法院进行通报，建议法院在执行当中尊重双方当事人在检察机关达成的协议。五是和解过程中注重运用公开审查、听证、评议制度、"检务公开"、案件跟踪、随访、监督履行一体化等制度，以提高和解效率。六是和解工作应当与司法所等社会调处机构加强配合，共同促进当事人双方相互理解，促成当事人及时履行和解协议。

（2）构造优势。实践中，检察机关运用民事检察和解的方式主要有三种：一是检调对接式，即检察机关将可以适用和解的案件移送至司法行政部门社会矛盾调处机构，由其进行和解，检察官引导和监督和解。二是检法对接式，即检察机关提出抗诉或再审检察建议前建议法院主持和解；抗诉或提出再审检察建议后参与法院的再审和解，使检察和解协议成为法院和解书的一部分，并督促当事人履行。三是检调式，即检察机关在民事检察和解中运用调查取证权、主动查询权、指挥权、协调权等与法院和解相似的权力进行和解。与这些民事检察和解方式相比，"检法调联合式"民事检察和解具有以下不同：

首先，强调检察权的依法、独立行使。以上三种和解方式，或者使检察机关变成了参与社会和解的法律咨询者，或者混淆了检察权和审判权的界限，或者造成检察机关在和解中的地位过于强势，易造成以公权力侵害私权利。

其次，强调与社会调解组织、司法行政部门或法院的配合协作。在“检调对接式”和“检法对接式”民事检察和解方式中，强调社会调解组织、司法行政部门或法院在和解中的主导地位，检察院作为引导者、监督者或参与者参加民事检察和解，检察和解中检察机关的地位和作用不能明显体现，检察监督的功能无法得到充分发挥。

最后，强调和解的效率。充分整合社会资源和司法资源，提高和解的效率，而“检调式”民事检察和解过于强调检察机关的独立作用，检察机关在和解中投入较大，效力和效果却没有保障。

（3）适用“检法联合式”应注意的问题。

首先，要摆正检察机关和法院在民事检察和解中的地位。一方面，在“检法联合式”下的民事检察和解中，检察机关始终独立发挥着主持和解作用，审判机关并不参与民事检察和解；另一方面，检察机关在和解中，应始终注重与审判机关的沟通。有些学者提出在民事检察抗诉案件中建立与法院的案件受理通报，与法院进行重大疑难案件研讨、举办检法联席会议、加强办案信息反馈，同样可以在民事检察和解中借鉴，因为这有利于全面了解案情，全面掌握当事人的心理和需求，减少一案重复审查的情况，避免重复审判机关已经做过的工作，在研讨中加强检法之间的了解和理解，积极促成法院对民事检察和解效力的认可。实践中，将民事检察和解的情况及时通报法院，还有利于促成和解协议的即时履行，即时履行后可联合法院执行员制作备忘录，不能即时履行的，可联合法院执行员将民事检察和解下达成的协议制作成执行和解协议，并由法院监督履行，以法院和解的法定效力保证民事检察和解下达成的协议的效力，保证和解的效果和工作的效率。

其次，要注意民事检察和解方式与其他民事检察监督方式的有机结合。民事抗诉方式、检察建议方式是法定方式、主要方式、刚性方式、直接方式，民事检察和解则是实践方式、补充方式、柔软方式、间接方式，在“检法联合式”的民事检察和解中，要善于利用民事抗诉方式的强势，弥补民事检察和解作为非讼方式的疲弱。综合运用、互补互济，形成合力，保障与法院的沟通及时有效，保障和解下的当事人协议调而有果。

最后，要提倡民事检察和解与检察改革相结合、相促进。实践中，引入公开审查、听证、评议、“检务公开”，以及案件跟踪、随访、监督履行一体化等制度可有效提高和解效率。

（4）制度的实施条件。①制定、审议和通过并下发执行《G省检察院关于在T地区检察机关试行“检法调联合式”民事检察和解制度的试行规定》。②由T市检察院制定《关于T市检察院与T市中级人民法院在民事检察和解中加强协作的意见》，规定本制度的内容，与T市中级人民法院会商后会签，在该地区下发执行。

（5）“检法调联合式”民事检察和解制度的构造优势。①从职权范围上来讲，保证民事检察和解在宪法和法律规定的范围内进行，不越权办案，保证检察权独立行使。②从功能上来讲，围绕民事检察监督职能的行使，兼顾和解协议能够和而有果，得到实际履行，注重和解的效率。③从和解效力上来讲，通过与法院的沟通与检察建议、提起抗诉等刚性监督方式保障和解协议能够得到法院的认可；同时，通过法院对和解协议的认可，赋予民事检察和解协议合法效力，防止当事人反悔，保证协议的履行。

（6）现实意义。“检法调联合式”民事检察和解制度有利于解决民事检察和解制度中的下列问题：

首先，保障了民事检察和解的效果。现行民事检察和解制度中和解协议的效力难以保障。“检法调联合式”民事检察和解制度规定和解协议达成时，案件已进入执行程序的，邀请法院执行人员在和解协议上签字，督促法院及时作出执行裁定，促成当事人及时履行，在一定程度上保障了民事检察和解的效力。

其次，提高了民事检察和解的效率。“检法调联合式”民事检察和解制度通过与社会调解组织、司法行政部门或法院的沟通配合，整合资源，使社会调解组织、司法行政部门或法院在人民调解或法院调解中已经取得的成果与检察机关在民事检察和解中的作用及检察机关的执法公信力相结合，促成民事检察和解协议的达成和履行，提高民事检察和解的效率。

（7）功能价值。“检法调联合式”民事检察和解制度对于完善民事检察监督制度具有以下意义：

首先，探索民事检察和解的合理模式。民事检察和解方式目前已在各地广泛使用，但形式表现各异，“检法调联合式”民事检察和解制度的试行，可以为探索依法、规范、有效的民事检察和解方式提供参考。

其次，探索检法衔接机制的具体内容。“检法调联合式”民事检察和解中，涉及民事检察和解中检察权和审判权如何既相互独立又相互配合，探索了检法关系如何定位、衔接等检法衔接机制的具体内容。

最后，探索检察机关参与社会治理的现实路径。“检法调联合式”强调检察机关与社会调解组织、司法行政部门或法院的配合、协作，共同在维护社会和谐稳定中发挥作用，为检察机关有效参与社会治理提供了实践参考。

（8）试点情况分析。2013 年 12 月 30 日，G 省检察院下发了《G 省人民检察院关于在 BY 等地区试行民事检察和解制度的通知》，开始在 BY、PL、DX、TS 等四个市的检察机关试点。试点期间，BY、PL、TS 三个市的市级检察院先后与同级法院会签了文件，DX 市检察院与中级人民法院达成共识，就各地检法两院落实省检察院下发的试行“检法调联合式”和解制度的通知细化了制度运行的程序，规范了工作细节，有的地区检法会签文件还充实了制度内容，弥补了制度缺陷，进一步强化了和解的效力。截至 2016 年 12 月，四个试点地区共办理和解案件 86 件，已全部执行完毕并无缠访闹访现象。制度试点达到了预期效果，对进一步优化制度功能进行了有益探索，主要体现在：

首先，充实了制度的具体内容。例如，TS 市检法两院会签的《关于加强民事检察和解工作的意见》，将民法中的“不违背公序良俗原则”“不侵害国家、社会、第三人利益”规定为民事检察和解的基本原则，进一步完善了检察机关主持民事检察和解时行使权力的边界；将虽然符合抗诉或再审检察建议条件但当事人有和解意愿的案件也纳入民事检察和解的范围，进一步彰显了民事检察和解属于当事人自由处分私权行为的性质；规定对于符合抗诉或再审检察建议条件但当事人有和解意愿的案件，检察机关主持和解必须以当事人提出书面申请为前提条件，检察机关不可以依职权主持和解，民事检察和解必须经过风险及权利义务告知、组织当事人协商、签订书面和解协议、及时督促履行四个环节，进一步完善了检察机关主持民事检察和解的程序。

其次，丰富了保障和解效果的方式。四个地区试点过程中，除运用制度规定的邀请法院执行人员在达成的和解协议书上签字的方式，督促法院及时作出执行裁定，保障和解的效果外，还探索了通过司法确认转化为法院再审和解、由当事人将书面和解协议提交执行法院转化为法院执行和解等方式保障和解协议履行。例如，BY 市中级人民法院、市检察院会签的《关于贯彻〈民事诉讼法〉加强工作配合若干问题的意见》第 3 条规定：“对于当事人向检察机关申请监督，经过检察机关做工作，当事人达成和解协议的，应由当事人将书面和解协议提交执行法院，按照《民事诉讼法》第 230 条规定处理。”DX 市检察院与中级人民法院会签的文件中要求，在检察监督环节，和解的案件直接送法院进行司法确认，案件抗诉后法院再审前检察机关主持的和解，直接按法院和解程序处理，丰富了保障和解效果的方式，提高了司法效率。

再次，取得了良好的效果。例如，TS 市检察院办理的师某申请监督一案，师某与对方当事人周某系妯娌关系，双方诉争0.52亩土地的承包权。办案人在审查过程中发现案件证据存在矛盾，即对案件存疑证据作了笔迹鉴定，查清周某向法院提供的证据系伪造。又从城建部门调取周某拆迁补偿表一份，证明周某所继承公婆的承包地已在拆迁中得到补偿。据此，办案人主动与周某联系，耐心细致地做其思想工作，最后周某表示愿意将一审、二审胜诉得到的0.52亩承包地全部退还师某。至此，一起长达四年之久的农村承包地纠纷最终达成和解。又如，M县检察院对农民工孔某某与中铁七局一公司兰渝铁路三标项目经理部医疗赔偿和劳动报酬争议纠纷引发的民事执行监督案件，促成了检察和解，当事人对处理结果非常满意。

最后，探索了检法良性协作的途径。民事检察和解减少了当事人诉累，减轻了司法机关工作负担，促进了社会和谐稳定，受到了法院的普遍欢迎。这启示我们，要实现检法两院作为监督者与被监督者的良性互动，不仅需要强化双方之间的权力制约，也需要加强监督者对被监督者的权力保障，这是和谐法治社会语境下改善监督环境、消除检法对立，实现审判机关与检察机关在法律实施环节上良性衔接、协作配合的有效途径。

三、中国民事检察监督制度的改革方向

检察权的优化配置是事关检察制度改革和发展的重要课题。检察权的配置是否科学合理，直接影响检察机关能否充分发挥宪法和法律赋予的法律监督职能，直接关系检察制度的发展完善。[①] 民事检察监督的天然使命是防止审判权的无限扩张和滥用，以此保护民事诉讼构造中处于弱势的诉权的充分行使。民事检察监督必须具有保障职能顺畅、有效履行的权力内容、权力效力和权力强度，才能对抗强势的审判权。同时，司法效益最优

① 参见张凌：《从民事诉讼法的修改谈我国民事检察监督制度的完善》，厦门大学出版社2009年版，第52~59页。

化是司法制度不懈的追求，而系统规定司法制度、科学设置司法程序，是实现司法效益最优化的重要途径。[①] 笔者认为，针对以上民事检察监督存在的结构性问题，应从以下方向努力，促进制度进一步完善，以此切实保障民事检察监督的力度、效果和公正性。

（一）优化民事检察监督权能

1. 赋予检察机关了解民事诉讼活动违法行为的知悉权

现行《民事诉讼法》规定民事检察监督是一种“事后监督”，使检察机关不能亲历民事诉讼过程，无法了解庭审活动，不能听取当事人的陈述和辩解，检察机关对于监督对象即法院的审判活动难以有充分的了解，其监督活动必然带有一定的盲目性。不但导致检察机关不能及时监督，防范和阻止法院违法行为带来的后果，而且常常因检察机关审查案件局限于“坐卷审查”而导致与审判实际脱节、劳而无功甚至造成错误监督。实践中，检察机关为了克服事后监督、坐卷审查对于了解案件审理真实情况的局限性，常采取对各方当事人一一询问和与监督对象沟通、了解情况的方式，加大了工作量。有时导致违法的审判人员和与之相关的当事人的警觉，提前防范，检察机关即使发现违法线索也难以提取到真实、有效的证据。应赋予检察机关诉前监督、诉中监督的权力，使其有权在民事诉讼的任何阶段针对法院的违法行为进行调查，以此保障检察机关履行民事检察监督有充分的知悉权，保障民事检察监督的针对性、及时性和有效性。

2. 赋予检察机关顺畅履行检察监督职能的结构性权力

目前《民事诉讼法》第 210 条虽然规定人民检察院因履行法律监督职责提出检察建议或者抗诉的需要，可以向当事人或案外人调查核实有关情况，但缺乏与此调查权配套的结构性权力，使检察机关在实践中行使调查

① 参见张智辉：《检察权优化配置初探》，中国检察出版社 2011 年版，第 1 页。

权运行不畅，效果不佳，常遭受当事人或案外人的无理拒绝。有时因法律对被调查人提供虚假证明没有法律规制，还发生被调查人提供虚假证据导致检察机关错误监督的情形。应规定检察机关办理涉及审判人员违法行使职权的案件，有权向人民法院、有关组织和个人调查取证，进行必要的勘验鉴定，规定当事人、案外人、人民法院、有关组织对于检察机关因履行法律监督职责必要进行的调查不得拒绝，提供虚假情况应负一定的法律责任，保障民事检察监督权有效行使。

3. 赋予检察机关有效履行检察监督职能必要的权力强度

国家权力是一柄“双刃剑”，“就一般情况来说，没有界限和不受制约的权力对社会造成危害的可能性极人；而软弱无力的权力也无法维护自由和正义”。① 针对实践中裁而不审、审而不判的现象，应明确规定人民法院再审开庭审理的期限和判决的期限，防止人民法院收到抗诉书后虽然依照《民事诉讼法》第 211 条的规定及时作出再审裁定，但因无法律明文对审理期限、判决期限规制而导致抗诉再审案件久拖不决，保障抗诉案件的力度和效果；针对现行《民事诉讼法》并未规定检察建议的法律后果和效力，导致实践中检察建议常流于形式，多数不被监督对象采纳甚至不被回复，考虑《民事诉讼法》未区分抗诉和再审检察建议的事由，实践中一般采用同一标准，应对再审检察建议和抗诉的法律后果也保持一致性，规定再审检察建议与抗诉一样，能够引起法院再审的法律后果；至于纠正违法性质的检察建议，应规定法院纪检部门对建议的事项作出处理，并回复检察机关。当然，在现行《民事诉讼法》规定下，民事检察监督权只是一种建议权，要保障此种建议权的强度，除对民事抗诉和检察建议的法律后果、法律效力、人民法院处理抗诉和检察建议案件的期限等进行规范外，还应赋予检察机关对人民法院处理抗诉和检察建议案件中违法行为的查处

---

① 张文显：《法哲学范畴研究》，中国政法大学出版社 2001 年版，第 396 页。

权，如此民事检察监督才能真正起到防范、纠正、威慑审判违法行为的作用。

（二）理顺民事检察监督的程序

由于民事诉讼结构规定和体现着诉讼主体之间的地位及其相互关系，检察机关基于不同的参讼目的参与到民事诉讼中成为民事诉讼法律关系的主体，甚至成为诉讼的主体，必然要受到民事诉讼基本结构的制约。针对目前民事检察监督程序中存在的失调问题，应从强化民事诉讼结构的平衡性和稳定性出发，校正检察机关在民事诉讼中的角色定位，理顺检察机关在民事诉讼结构中与其他民事诉讼法律关系主体的关系。

1. 民事检察监督与民事审判监督其他程序之间的关系

现行《民事诉讼法》较之修改前《民事诉讼法》，在程序上最大的变化是第209条对检察监督中的民事申诉制度作出调整，目的是减少民事审判监督二元主体结构下的多头申诉、重复申诉现象，进一步合理配置司法资源。然而，事实上，由于自我监督纠正的艰难，由于实践中法院普遍存在超负荷办案的状况，法院对于已由本院审理过的民事申诉申请再审案件，多驳回再审申请。使在2007年《民事诉讼法》规定下，当事人基于对法院的不信赖和申诉申请法院再审案件制度公正性的怀疑，直接选择向检察机关申诉申请抗诉再审的存在司法不公的案件。在新法实施后，当事人不得不怀着消极的思想向法院先行申诉，既延长了这类案件的纠错流程，加大了当事人申诉成本，也在事实上增多了重复申诉，加大了司法资源的浪费。由于此种情况下当事人申诉成本加大又未获得相应的回报，法院的司法公信力也受到了负面影响。由此可见，应在厘清民事再审程序价值功能和审判机关内部监督程序、民事申诉程序、民事检察监督在民事再审程序中的地位和作用、运行机理以及三者之间的关系的基础上，思考如何科学设置民事申诉制度，使制度既能充分保护当事人的诉权，又能防止当事人滥用诉权造成司法资源浪费，既不违反民事审判监督的谦抑性，又能符合法院、检察院的工作实际，不会造成检法两院怠于履行职责。

2. 理顺检察机关内部案件审查程序

要通过调整检察机关内部的监督结构，使各级检察院的工作重点和工作内容能够对应《民事诉讼法》赋予的职权范围，各级检察院的人力资源能够匹配其所承担的民事检察监督工作任务，使各级检察机关在民事检察监督中既能够各司其职，又能够协作一体，通过优化合力保证民事检察监督权的正确、充分行使。一是要始终贯穿依法履行检察权的基本原则，使各级检察院在民事检察监督程序中能够依据《民事诉讼法》赋予的职权依法办案，各负其责。当前，应改变检察机关内部下级检察院根据最高人民检察院民事行政检察厅内部工作规定，越权审查属于上级检察院审查范围案件的做法，加强各级检察院与《民事诉讼法》规定的检察权的职能对应。二是要贯穿责、权、利相统一原则，使有权的检察机关能够真正履行法定职责义务，承担履行职责的法律后果。三是要优化监督程序流程，通过减少重复审查，形成监督各个环节的有序衔接，提高监督的质量，简化监督的流程，提升监督的效率。

（三）强化检察机关内部机制改革

改革是发展的动力。从前文讨论可见，校正民事检察监督在实践中的误区、解决民事检察监督在实践中的问题，根本对策在于完善立法。然而，立法的完善是一个漫长的等待过程，当前形势下，唯有强化检察机关内部机制改革才是克服民事检察监督工作现实面临的诸多困难的权宜之计。据此，提出以下三项制度构想。

1. 层级对应式民事申诉制度设想

层级对应式申诉是指在民事检察监督中，申诉人向检察机关申请抗诉监督，原则上由对申诉案件有抗诉权的检察院初次审查处理。主要内容是：当事人申诉申请抗诉监督，原则上由有抗诉权的人民检察院直接受理审查并作出处理决定；存在双方当事人众多、需要大量就地调查核实案件事实、审判人员违法等就地审查更有利于案件处理情形的，可以由有抗诉权的上级检察院交办下级检察院受理审查，也可以由下级检察院请示有抗诉权的上级检察院后，直接受理审查该案。层级式对应申诉制度有利于强化民事申诉与各级检察院职权的对应性，解决无权抗诉的检察院职、权、责不相称以及民事检察监督法定办案期限与办案实际期限不一致的问题，有利于增强检察机关处理决定的权威性，有利于减少涉法、涉检信访。

2. 抗诉案件分流制度

抗诉案件分流是指有抗诉权的检察院初次审查终结申请抗诉监督的民事申诉案件后，对符合《民事诉讼法》第200条第1款第1项至第5项监督事由，且有必要提出抗诉或由下级检察院提出再审检察建议的案件进行分流。其中，不符合抗诉或提出再审检察建议条件的，由有抗诉权的检察机关自行作出息诉、检察和解、终止审查等处理决定。符合抗诉或提出再审检察建议条件，但依据法律规定不应当或不适宜由作出生效法律文书法院再审的，由有抗诉权的检察院向同级人民法院提出抗诉，并建议其提审；不具有上述情形的，由有抗诉权的检察院书而指示下级检察院向同级人民法院提出再审检察建议，并制作《建议采纳再审检察建议书》，说明该案件符合抗诉条件，作出生效法律文书的法院应当择机启动再审程序。该制度解决了实践中再审检察建议运用不足且效果不佳的问题，与“上抗下审”方式相比，也减少了抗诉再审裁定的拖延现象，有利于提高民事检察监督效率，维护群众合法权益。

3. “检法调联合式”民事检察和解制度

“检法调联合式”民事检察和解制度，是指在民事检察工作中，检察机关依法发挥主持、调停作用，同时与社会调解组织、司法行政部门或审判机关加强沟通配合，共同推动双方当事人达成和解协议并履行，探索检法衔接机制的具体内容。检察机关参与社会治理的现实路径，有利于促进检法和谐，保障社会和谐稳定。

四、本章小结

本章对2012年《民事诉讼法》实施以来G省检察机关开展的一系列民事检察监督新型职能探索和机制改革进行了归述、分析。一方面进一步展现了民事检察监督工作受立法限制在实践中开展的艰难，展示了实践探索和机制改革在民事检察监督制度、民事检察监督工作发展中的先行作用；另一方面也昭示我们，司法实践中的探索和改革只能暂时、局部解决民事检察监督工作中的问题，且具有司法标准不统一、效果存在差异等缺陷，有些做法还可能突破立法，导致民事检察监督职能异化，有损司法权威或造成其他负面影响。民事检察监督工作要达到国家法律治理目标，根本出路还在于完善立法，为民事检察监督工作提供科学的、可行的、有法律强制力的法律依据。

第七章　中国民事检察监督制度的完善对策

从前述对中国民事检察监督制度的历史考证和实然状况的分析来看，尽管从1982年《民事诉讼法（试行）》修订以来，中国民事检察监督制度不断发展完善，2012年《民事诉讼法》修订更是实现了制度的体系化革新，但制度的固有缺陷一直存在，是检察机关内部改革所无法弥补的。本章因循前文研究的思路，对如何解决民事检察监督制度的结构性问题，突破民事检察监督工作在实践中的困境作系统、深入的思考，提出以下具体改进对策，以期对中国民事检察监督制度实现科学化有所启示。

一、明确监督的基本内涵

民事检察监督制度作为我国宪政体制下的一项重要法律监督制度，其正当性毋庸置疑。目前，我国民事检察监督制度的健全完善已成为学界和实务界研究讨论的热点。然而，在此之前，立法首先应解决监督的基本内涵问题，这关系民事检察监督的职能内容和功能定位，是科学建构民事检察监督制度的基础。

（一）坚持监督的“制约”功能

通过实现检察权与审判权的有效制约，促进审判权的公正行使和诉权的充分行使，保障审判权与诉权在诉讼架构中的平衡，是民事检察监督的应然职责。针对现行民事检察监督中检察权监督审判权的范围广泛而强度、深度欠缺，无法对审判权形成有效制约的情形，建议从以下几方面加强民事检察监督的制约性：

1. 明确检察机关依职权监督。现行《民事诉讼法》第208条规定了检察机关发现人民法院已生效的判决、裁定符合该法第200条情形之一的，应当向人民法院抗诉或提出检察建议；发现人民法院民事审判行为和民事执行活动违法，有权向人民法院提出检察建议。表明检察机关发现监督线索，既可以“依职权”主动发现，也可以依当事人申请监督被动发现。然而，该法并未明确检察机关“依职权发现”监督事由的范围、条件、程序等，只是在第209条明确规定了当事人申请监督的条件，导致实践中形成了检察机关启动监督一般遵循“不告不理”的原则，限制了监督的案源。使检察机关监督审判机关违法行为以维护当事人权益为主要目的，偏离了检察机关法律监督的属性。

事实上，我国《宪法》将检察机关定位于国家的法律监督机关，我国《民事诉讼法》第14条规定“人民检察院有权对民事诉讼实行法律监督”，表明检察机关是民事诉讼活动中法律实施的监督者，监视、督促法律统一、正确实施是其法定职责。这意味着，民事诉讼活动中只要发生适用法律的违法行为，检察机关就应履行监督职责，并不以这种违法行为是否损害当事人的实体利益或当事人接受与否为转移。并且，只有在审判机关违法行为符合《民事诉讼法》第200条规定的情形时，检察机关才能采用抗诉监督的方式进行监督，再审程序才会因检察监督而启动。因此，检察机关积极履行职责，监督审判机关违法行为，并不与检察机关谦抑监督，谨慎行使抗诉权，以免给法院裁判既判力造成不当损害的原则相冲突。据此，建议立法对检察机关“依职权发现”监督线索的权力予以明确，对实践中试行有效的检察机关“依职权发现”监督线索的合理方式予以确认，使检察机关“依职权发现”监督与依当事人申请监督都能成为检察机关发现监督线索、制约审判权行使的有效手段，保障民事检察监督权充分发挥职能作用。

2. 准予检察机关随案监督。民事检察监督中，检察权对审判权有效发挥“制约”功能的前提是检察机关能够及时知晓审判权运行的状况，及时履行监督职责，以保证监督对审判权的“防”“治”作用能够有效实现。然而，从目前的立法规定来看，《民事诉讼法》规定的民事检察监督的事后监督方式，限制了检察机关介入民事诉讼的时间，使大量的司法不公行为因时过境迁而失去了纠正的实际意义，或者因难以及时搜集到证据而永远不可能得到纠正。《民事诉讼法》将民事检察监督的模式规定为“事后”监督，本意是为了防止检察机关介入民事诉讼，打破诉讼结构的平衡，造成对审判权独立行使的干涉和对当事人处分权行使的干扰。然而，从前文对民事检察监督与相关诉讼原则之间的关系的分析和结论来看，民事检察监督中的检察权只是一种“监视”权、程序建议权，权力行使的具体对象是法官审理案件的行为是否合法，而非具体案件。检察机关不代表任何一方当事人的利益，既无法介入法官审理案件的具体思维中，影响法官对案件的裁处，也没有具体的权限对当事人的权利、义务、责任进行划分。因此，以“事后”监督的方式限制民事检察监督中检察权行使的强度，非但没有必要，反而会使法官行使审判权时处于不被监督的情境之下，其审判（包括执行）案件时的违法行为，并不易被在审判（执行）现场的不具有法律专业知识的当事人所发现。即使被当事人发现，当事人也缺乏有效措施及时制止并阻止违法行为损害后果的发生，等到判决、裁定生效后再去申请检察监督，一则检察机关不在审判（执行）现场，审查、判断法官行为是否合法的依据主要依靠法院（一般是办案法官）自己装订的诉讼卷宗，难以确证违法行为；二则即使确证了法官的违法行为，可能该违法行为的后果已不可挽回，导致当事人权益不能通过检察机关监督审判权行使而得到保障。

鉴于此，建议立法赋予检察机关随案同步监督的权力，具体可参照法国民事检察监督制度的方式，对有关国家利益、社会公共利益的案件和法院通报要求检察机关监督的案件，规定检察机关必须随案监督，对于当事人申请随案监督的案件，检察机关经审查决定可以随案监督，以此保障检察权对于审判权的制约功能能够及时实现。

3. 明确检察监督的法律后果和法律责任。从前述民事检察监督制度运行状况来看，存在监督意见提出后保障监督效力的程序、手段不足，监督意见的法律后果、法律责任规定不明确等问题。最常见的是法律未规定检察建议的法律后果，致使实践中检察建议常不被受理、答复；即使对于刚性较强的抗诉监督，立法也未规定抗诉再审后法院拒不接受监督意见的后续处理措施，导致民事检察监督中检察权对于审判权的制约刚性不足。既有损国家法制的统一、尊严和权威，也未达到民事检察监督的预期目的。案例中因涉案房屋本系赃物，房价已成倍上涨，法院完全可以采取拍卖该房屋的方法，退还邹某某被公安机关没收的22万元房款和罗某付给卢某某的房款15万元，剩余的房款还可退还给被卢某某诈骗的被害人。但法院认为如此处理很麻烦，选择适用《物权法》关于原物追及权的规定维持原判，却不适用《物权法》关于区分物权原因行为和变动行为的规定，判决由邹某某对房屋拥有所有权，而检察机关对审判机关选择适用法律的行为却无法进行监督。

明确检察权行使的法律后果和法律责任是法律规范完整性的要求和体现。就民事检察监督而言，不仅应当明确监督的对象、范围、方式、手段，还应当规定监督的法律后果和监督者无正当理由拒绝监督的法律责任。针对现行立法关于民事检察监督后果和责任的缺失，建议规定审判机关回复检察建议的程序和期限，规定检察建议或抗诉意见不被采纳后的救济程序；对于审判机关既不采纳检察建议又不答复的，如属于再审检察建议，可允许提出再审检察建议的检察机关的上级机关抗诉（突破现行《民事诉讼法》关于检察监督一次为限的规定），如属于针对法院一般违法行为的检察建议，检察机关可以通过其上级机关提请接收检察建议的法院的上级人民法院督促纠正等，以此加强检察监督“制约”的强度，保障监督的效果。

（二）强化监督的“保障”内涵

尊重和保障人权是我国《宪法》的基本原则，维护司法公正、保障法制统一是检察制度主要的价值目标。在新形势下，民事检察监督的社会功能不能只停留在“纠错”这种一元化层面上，更应该防止将权利救济混同为监督的主要功能，导致把监督重点放在解决民事纠纷、注重“案结事了”等方面。建议从以下几方面着手促进监督回归其“权利保障”和“权力保障”的本源：

1. 贯彻“全面监督”理念。民事诉讼中，行使诉权一方往往是羸弱一方，民事检察监督的介入要以保障诉权依法行使、充分行使为重点，必须把监督的触角延伸到民事诉讼的各个阶段。不仅要对“事”（案件）进行监督，也要对“人”（司法人员）进行监督，形成以时间和空间交错分布的监督体系，全面防止当事人的诉讼权利被审判机关忽视或剥夺。就目前民事检察监督制度立法而言，《民事诉讼法》第 14 条“民事诉讼”的概念应当是指民事诉讼案件和非讼案件。因此，应明确将非讼程序纳入检察机关的监督范围，规定检察机关对非讼程序进行监督的程序、方式和法律后果等。

2. 规定“选择型”申诉制度和申请监督次数的例外情形。选择型民事申诉制度是指当事人不服法院的生效裁判，可以选择向法院申请再审，或向检察院申请抗诉（再审检察建议）监督。选择向法院申请再审的，只能在现行《民事诉讼法》第 209 条规定的三种条件下，再向检察院申请监督；选择了向检察院申请监督，检察院已经审查的，不得再次向法院申请再审，且当事人申请检察监督一般以一次为限。从民事检察监督制度设置的初衷来看，民事检察监督应当更加注重对两审终审程序的补救，而现行《民事诉讼法》第209条的规定，却将民事检察监督救济的侧重点限制在经过审判监督程序而终审的案件，既违反了“有权力就必然有制约”的全面监督原则，限制了检察监督的范围，也违反了民事诉讼保障诉讼自由、充分行使精神，限制了当事人向检察机关申请监督的时间和条件，不当延长了纠正司法不公案件的流程。选择型民事申诉制度设置当事人可以选择直接向检察机关申请监督，体现了当事人自由选择审查案件主体处分民事纠纷中其合法私权的“意思自治”，将检察监督的范围依照民事检察监督制度原意扩大到对所有发生终审效力的判决、裁定，有利于对当事人权益的全面、充分保护。同时，规定了当事人选择申请检察监督，就不能再向法院申请再审，且一般以一次为限，也有利于防止诉权滥用导致的多头申诉、重复申诉，强化诉讼资源的合理配置。当然，司法实践中的情形千姿百态。鉴于此，建议规定当事人申请检察监督一次为限的例外情形。例如，当事人有证据证明检察机关怠于行使职权、滥用监督权的，可以向该检察机关的上级机关申请复查或再申请监督一次，以充分保障当事人权利的实现。

3. 确认检察机关主持下和解协议的效力。从G省检察机关的改革实验来看，民事检察和解监督方式具有实践的可操作性，不仅有利于维护法院生效判决、裁定的效力，也有利于对“执行难”等问题的解决，对于保障审判权行使的效果和维护当事人权益都有重要意义。而且，赋予检察机关主持下和解协议的效力，与检察机关的监督属性并不冲突。因为法律监督的本质属性就是监视、督促正确遵守、实施法律，而民事检察和解协议虽然常常对判决、裁定已经确定的权利、义务重新划分，但本质上仍是检察机关通过主持和解，督促当事人执行法院判决、裁定，服从司法机关以法律方式对于纠纷的处理，也有利于民事自治原则的贯彻。

（三）明确监督的“公益”资格

所谓公共利益，包括国家利益和社会公共利益。国家利益包括国家的经济、军事、外交等各方面的利益，其中与民事检察监督联系比较密切的主要是国家的经济利益，其基本内涵是对国有资产的占有、使用、收益和处分；社会公共利益则包括社会生活的基础条件、环境、秩序、目标和道德准则以及良好的风俗习惯，表现在法律上就是公共秩序和善良风俗，也称公序良俗。[①] 现代社会连带性在广度上得以扩展，在深度上也得以加强，人们的行为（即便是私人行为）对公共利益的影响或侵害亦日益加强，针对我国民事法律领域与日俱增的侵害公共利益的现象，整个社会迫切要求通过多种合理、有效的途径来维护公共利益。[②]

如前所述，检察机关作为民事诉讼中的公益代表，具有不同于其他机关、团体、社会组织的优越性，G 省检察机关探索民事公益诉讼的实践也证明了赋予检察机关“公益”资格的可行性。然而，从现行立法来看，虽然《民事诉讼法》第 208 条明确规定，检察机关有权对损害国家利益、社会公共利益的调解书进行监督，赋予了检察机关在调解监督中的公益守护人的地位，第 15 条关于支持起诉的规定、第 55 条关于公益诉讼的规定也没有将检察机关排除在外，但由于缺乏更明确、更细化的法律依据，检察机关开展民事公益诉讼仍阻碍重重；最高人民法院 2015 年出台的《人民法院审理人民检察院提起公益诉讼案件试点工作实施办法》虽然对检察机关提起公益诉讼的范围、程序和试点实施内容进行了规范，但也对检察机关提起公益诉讼的范围、方式等作了限制。鉴于此，笔者提出以下完善建

---

① 参见王家福：《中国民法学——民法债权》，法律出版社 1995 年版，第 356 页。

② 参见韩大元：《中国检察制度宪法基础研究》，中国检察出版社 2007 年版，第 265 页。

议，便于检察机关在实践中统一把握。

1. 明确检察机关可以对虚假民事诉讼进行监督。虚假民事诉讼是指当事人一方，或当事人之间、当事人与法官之间，通过冒充原告或其代理人身份、虚构案件事实、伪造关键证据、虚构裁判理由等方式，虚假诉讼、调解，意图侵害他人利益或规避国家法律规定的行为。据有关资料统计，虚假诉讼中当事人恶意串通或当事人与法官恶意串通，意图损害国家利益（如逃税、漏税等）、社会公共利益占相当大的比例。对此，无论是从《民事诉讼法》第200条第1款第3项关于“原判决、裁定认定事实的主要证据是伪造的”的监督事由出发，还是从检察机关的公益职能出发，都应当赋予检察机关对此类严重破坏诉讼秩序、破坏法律实施、危害司法公正和权威的行为进行监督的权力。近年来，检察机关已经探索了对虚假诉讼的监督工作，从2006年至2010年，全国检察机关办理虚假诉讼案件由52件增至1124件，法院拒绝监督的仅约占案件总量的2%，接受监督的案件中，仅有1%维持原判；[①] 2016年，全国检察机关办理虚假诉讼案件1401件，证明检察机关对虚假诉讼进行监督，不但具有必要性，而且具有可行性。

2. 确认检察机关督促起诉、支持起诉的法律地位。所谓督促起诉，指检察机关并不直接提起公益诉讼，而是敦促其他具有公益诉讼的主体提起公益诉讼。对于公益诉讼，检察机关保留最终的启动权。[②] 所谓支持起诉，是指检察机关依照《民事诉讼法》第15条的规定，对损害国家、集体或者个人民事权益的行为，支持受损害的单位或者个人向人民法院起诉。从前文G省检察机关探索公益诉讼的实践来看，督促起诉、支持起诉作为检察机关在民事检察监督实践中试行以来，已经被证明有效地发挥了维护公

① 孙加瑞：《民事检察制度新论》，中国检察出版社2013年版，第44页。

② 参见汤维建：《检察机关提起民事公益诉讼》，载《人民司法》2010年第1期。

益的作用，应作为检察机关参与公益诉讼的有效方式被立法所确认，以增强督促起诉、支持起诉在实践中的效力，规范其程序，保障其效果。

3. 明确检察机关可以独立提起公益诉讼。检察机关独立提起公益诉讼始于1997年南京市某区检察院以原告身份起诉的一起工商管理部门与一自然人合谋，将古文化遗产低价出让的案件。该案件中管理公益的工商管理部门本来就是损害公益者，因此检察机关以原告身份起诉，诉求得到了法院支持，开创了检察机关独立提起诉讼的先河。此后各地对检察机关独立提起公益诉讼都有过不同程度的尝试。2015年，全国人大常委会赋予检察机关试点公益诉讼的权力后，最高人民检察院在13个省、市、自治区进行了试点，进一步证明检察机关以原告的身份提起诉讼，享有原告人一切诉讼权利，同时还履行对诉讼审判过程的监督职能，是检察机关参与公益诉讼最为完整的一种形式，应当被明确规定为立法内容，以利于更加有效地在实践中发挥效能。

二、保障监督的“独立”价值

现行民事检察监督制度徘徊在被监督者对于监督权扩张的忧虑和社会发展呼唤监督维护公平正义的矛盾中，立法理念交错、融合。一方面，检察机关被《民事诉讼法》第209条规定为后于审判机关的又一权利救济机关，民事检察监督程序变相成为民事申诉当事人权益的救济程序和审判机关内部监督程序的补充程序；另一方面，由于立法限制，导致监督过程时时被动，监督效果取决于被监督者对于监督的态度，监督者难以自主保障。鉴于此，应在民事检察监督制度完善方向上，着力回归民事检察监督的“监督定位”，保障民事检察监督的程序独立价值。

（一）修正当事人申请监督的条件

如前所述，民事检察监督并无审判机关裁断纠纷的职能和直接救济当事人权利的手段。而现行《民事诉讼法》将民事检察监督定位于当事人权益的终极救济程序，既对当事人形成误导，对检察监督形成过高期望，也因检察机关无法满足当事人的期望而影响司法公信力。建议回归民事检察监督性质的本位，明确区分当事人申请检察监督与当事人申请再审的条件，可规定"当事人认为法院在民事诉讼活动中违法"为当事人申请检察监督的条件（这里，民事诉讼活动中审判违法行为可以发生在任何阶段，因此，当事人申请检察监督也不应只局限于判决、裁定生效后，而可以是诉前、诉中的任何时段，以保障检察机关及时监督，预防和阻止法官违法行为的后果发生），保障监督与再审资源的合理搭配，保障适法诉求通过检察监督落实。

（二）区分再审与抗诉的事由

根据现行《民事诉讼法》的规定，民事再审事由与民事抗诉事由均为《民事诉讼法》第200条规定的13种情形。然而，再审的主要目的是保障当事人实体权利，而检察监督则以维护公正为己任，《民事诉讼法》上述规定混淆了民事诉讼中再审制度与检察监督制度的性质和功能。事实上，民事诉讼中，与检察监督制度相比，法院再审重在判明是非、确定当事人在纠纷中的责任。鉴于此，笔者认为，为贯彻民事审判二审终审制的基本原则，维护裁判的既判力和司法机关的权威性，可以以再审维护当事人实体权益的绝对必要性为标准确定民事再审的事由。亦即，具有审判机关、当事人主观过错以外的事由，如发现新证据、当事人因不可抗力在案件具有法定中止事由情形下未向法院申请中止审理等，规定为民事再审的事由；具有审判机关违法情形的，如具有《民事诉讼法》第200条第1款第2项至第13项事由的，鉴于监督法律正确实施是检察机关的职责和审判机关自行纠正违法的"艰难"，都应从民事再审事由中剥离出去，规定为民事检察监督事由。此外，《民事诉讼法》第208条赋予了检察机关有限的公益守护人职责，参照国际通例，民事诉讼活动损害国家利益、社会公共利益也应当成为检察机关抗诉的事由，以此实现民事诉讼制度体系内资源的有机整合和效率效益的优化。

（三）赋予检察机关独立的出庭地位

《民事诉讼法》规定只有人民检察院提出抗诉的案件，人民法院再审时，才应当通知人民检察院派员出席法庭，且没有规定人民检察院在法庭上的席位和出庭任务，一是限缩了检察机关对于民事诉讼活动违法行为的知悉权，与《宪法》和《民事诉讼法》总则对于民事检察监督的要求不符；二是导致实践中对检察机关出席再审法庭的定位和任务不明，使再审法庭常常将检察机关出席法庭的位置置于申请监督一方当事人同侧，就对方当事人提交的新证据询问检察机关意见，致使检察机关被误认为申请监督一方当事人的代理人，常常遭受对方当事人的人身攻击。根据我国《宪法》和《民事诉讼法》第 14 条的规定，检察机关监督的对象是整个民事诉讼活动中人民法院适用法律的情况。检察机关进行民事检察监督仅以法律为依据，不代表任何一方当事人；审判机关违法行为可能出现在民事诉讼中的任何阶段，民事检察监督应当贯穿整个民事诉讼活动，而不仅是一种“事后”监督。由此可见，检察机关应有权出席所有民事诉讼阶段的审判活动，出席法庭的位置应居于审判席的正后方。出席法庭的任务不是参加民事诉讼，也不是干预人民法院审判，而是不偏不倚地监督法官正确适用法律。

三、优化民事检察监督的职权配置

国家对社会领域，尤其是对司法领域的干预是检察权赖以产生的前提。无论哪个法系、哪个国家，还是哪一类型的检察制度，无不体现这一理念。检察权并不是与其他国家权力同时产生的，而是国家政治、经济、文化，尤其是国家统治权相对巩固、完善后，司法权的权威性日趋显著，才逐步从行政权和司法权中分离出来，成为一项独立的国家权能。检察制度和检察权的出现是现代国家司法制度发展、进步的必然选择。检察权职能的配置体现了法治国家对国家管理权，特别是司法权的制衡、制约、监督的理念。

民事检察监督的天然使命是防止审判权的违法行使，以此保障民事诉讼构造中处于弱势一方的诉权的充分行使。民事检察监督必须具有保障其职能顺畅、有效履行的权力内容、效力和强度，才能对抗强大的审判权，回应人民群众对民事检察监督维护司法公正的较高期待。从前述讨论可见，民事检察监督中检察权能的现有配置尚未达到民事检察监督履职的需要，亟须进一步优化，保证监督的力度、效果和公正性。

（一）保障检察机关知情权

现行《民事诉讼法》规定民事检察监督是一种“事后”监督，在此模式下，检察机关没有到场参加原审的庭审，难以充分、及时了解监督对象的活动，导致检察机关审查案件局限于“坐卷审查”而与审判实际脱节，其监督不可避免地带有一定的盲目性、主观推测性和滞后性。实践中，检察机关为了加强其监督的客观性，常采取一一询问各方当事人、与监督对象沟通等间接方式了解案件情况，不仅加大了工作量，有时还引起违法审判人员和与之相关的当事人的警觉，导致检察机关难以提取到真实、有效的证据支撑监督，从而影响监督效果。鉴于此，建议立法赋予检察机关调阅案卷权（目前主要通过各级检察院与法院会签文件来保障此权力，但该种形式赋予的权力缺乏刚性，且效力不确定），规定检察机关有权出席一审、二审、执行程序（检察机关是否出席可根据出庭的必要性自行决定），有权在民事诉讼的任何阶段针对法院的违法行为进行调查，通过保障检察机关充分的知情权，保证民事检察监督的针对性、及时性和有效性。

（二）完善检察机关调查权

根据《民事诉讼法》第210条的规定，人民检察院因履行法律监督职责提出检察建议或者抗诉的需要，可以向当事人或案外人调查核实有关情况。然而，检察机关履行法律监督职责的主要对象是审判机关和审判人员。实践中，检察机关仅向当事人或案外人调查核实有关情况，常常难以满足履行法律监督职责的需要，有时还被当事人或案外人拒绝，或发生被调查人提供虚假证据导致检察机关错误监督的情形。鉴于此，建议立法增加规定检察机关行使调查权，有权向人民法院调查取证，可以进行必要的勘验鉴定，被调查人无正当理由不得拒绝检察机关的调查，提供虚假情况应负一定的法律责任，保障民事检察监督中检察权的有效行使。

（三）赋予检察机关必要的权力强度

国家权力是一柄“双刃剑”，“就一般情况来说，没有界限和不受制约的权力对社会造成危害的可能性极大；而软弱无力的权力也无法维护自由和正义”。[①] 根据《民事诉讼法》第211条的规定，人民检察院提出抗诉的案件，接受抗诉的人民法院应当自收到抗诉书之日起30日内作出再审的裁定，但实践中裁而不审、审而不判现象严重。G省检察院向G省高级人民法院抗诉的案件，抗诉后再审案件的判决时间大部分在法院收到抗诉书1年后。鉴于此，建议立法明确规定人民法院再审开庭审理的期限和判决的期限，防止人民法院收到抗诉书并依照《民事诉讼法》第211条的规定及时作出再审裁定后，因法律未明文规定审理期限、判决期限而导致抗诉再审案件久拖不决，以保障抗诉案件的力度和效果。

---

① 张文显：《法哲学范畴研究》，中国政法大学出版社2001年版，第396页。

四、完善民事检察监督的运行依据

检察权行使的规定性和程序性是民主、法治国家的必然要求。国家干预和以保护国家利益、社会利益、公共利益等为原则的检察权介入不是无条件的。否则，就会走向专制的极端，有违检察权的使命，丧失其民主、法治的生命力。与国家行政权、司法审判权相比较，权力机关以宪法和法律的形式授予检察机关检察权，同时规定了检察权的法定性、专有性和干预制衡司法权的权威性，这既是对检察权的加强，也是一种制约，具体表现在检察权的行使要遵循法定的程序。无论是审查权、司法程序裁量权、侦查权，还是公诉权、检察弹劾（建议）权都具有一个鲜明的特征，那就是“法定程序性”，必须严格依照国家诉讼法规定，在司法程序的范围内（当然包括必要的延伸，如司法程序外的检察建议权、检察弹劾权）行使职权。检察官无权对实体问题作出终结性实体裁判，这一权力只有审判机关才能行使，充分体现了现代检察权与审判权相生相伴的制衡关系。

从前文分析可见，目前，立法虽然赋予了检察机关开展民事检察监督更广泛的权力，但对这些权力如何在实践中运行，尚缺乏细化的程序规范。各地主要依据《民事诉讼监督规则》和地方政策性规范履行立法赋予的职能，但因各地检察机关对同一规定的理解、适用有差异，导致各地政策性规范有差异，在一定程度上影响了法制的统一；易造成有些对民事检察监督认识有误区的法官以检察机关内部规定缺乏法律依据为由，排斥或消极应付检察机关内部规定，在检法两院无法沟通和达成一致的地区，该规定也只能有限遵循，不能充分发挥其效用。亟须立法从根本上对民事检察监督程序统一规范，为监督的顺利开展提供有力的执行依据和效力保障。

（一）改良抗诉案件再审模式

民事抗诉案件的审级模式，主要存在两种选择：一是上级抗，上级审；二是上级抗，下级审。司法实践中除非原审适用法律错误的，绝大多数抗诉案件实行第二种模式，但从有利于实现司法公正、提高司法效率的视角来看，笔者认为应当主要采取第一种模式，原因是：第一，可以使当事人对再审程序有信赖感；第二，有利于纠正错误，再审合议庭人员素质及专业水平应当高于原审合议庭，上级人民法院无论是法律专业知识、审判业务水平还是所处的地位来讲，都比下级人民法院优越，可以保证再审的公正性和正确性，达到优质审理的目的；第三，减少再审诉讼的中间环节，提高工作效率。当然，从民事抗诉再审程序的诉讼经济效益出发，在实行"上级抗、上级审"模式的同时，可利用下级人民法院对原案事实较为熟悉以及当事人多在原审法院所在地的便利条件，保留现行《民事诉讼法》在一定范围内允许接受抗诉的上级人民法院指令下级人民法院审理因事实不清再审的案件。但应更换审案法官尤其是审判长，也可以交巡回法庭审理，或指定异地法院再审，且应排除原审法官涉嫌职务违法的案件和重大、疑难案件，以保证抗诉案件审理程序的公正性。

（二）完善民事执行依职权监督规定

现行《民事诉讼法》第 235 条规定了检察机关对民事执行活动进行监督的原则，但未具体规定民事执行监督的程序。实践中，检察机关主要依据最高人民检察院、最高人民法院《民事执行监督意见》和各地政策性规范履行民事执行监督职能。但 G 省检察机关的探索实践表明，这些规范并未能给民事执行监督提供完善的依据。2016 年 12 月 9 日出台的《民事执行监督规定》，明确了对法院民事执行行为全面监督、采取检察建议方式进行监督、人民法院限期回复等核心问题，规范了民事执行监督案件的审查期限、管辖、法院受案部门、受理程序，规范了一般执行监督案件的办案流程、确定了依职权监督及跟进监督的案件类型，明确了检法两院加强联系沟通的机制，解决了民事执行监督实践中的主要问题。然而，一是这种工作规定性质的会签文件缺乏刚性效力；二是该《民事执行监督规定》中对于检察机关依职权监督案件类型的规定仍然较为概括，一些内容也过于严苛。鉴于此，笔者建议立法在全面确认《民事执行监督规定》内容的基础上，对《民事执行监督规定》第7条检察机关依职权监督的规定作以下修改完善：

1. 确立检察机关发现民事执行行为违法即可启动监督的原则。《民事执行监督规定》确认了检察机关依当事人申请监督为“一般”、依职权监督为“特殊”的原则，在第7条第1款第2项规定了检察机关在“执行人员执行该案时有受贿、徇私舞弊、枉法执行等违法行为、司法机关已经立案”的情形下，可以依职权监督。笔者认为，由于民事执行监督针对的主要是“执行难、执行乱”等审判机关执行违法问题，且如前所述，只要检察机关依法监督，就不会干涉审判机关独立行使执行权，也不会干涉当事人私权的处分，因此，检察机关对民事执行人员执行违法行为的依职权监督不应局限于“司法机关已经立案的”。亦即，只要检察机关发现民事执行人员在执行案件中存在违法行为，无论当事人是否申请监督，都可启动监督程序。据此，建议确立检察机关发现民事执行行为违法即可启动监督的原则。

2. 明确检察机关依职权监督的具体案件类型。《民事执行监督规定》在第7条同时规定了检察机关在民事执行案件“损害国家利益或者社会公共利益”“造成重大社会影响的”“需要跟进监督的”等情形下，可以依职权监督，但并未明确何为“国家利益”“社会公共利益”“重大社会影响”，也未限定跟进监督的案件类型范围。鉴于此，笔者建议立法在吸纳《民事执行监督规定》的同时，对上述表述的具体内涵、范围、标准作进一步明确，以免造成实践中认识不一、司法不一。

（三）健全提起民事公益诉讼规范

检察权以制衡、制约的角色出现，其权力的行使直接表现为代表国家干预社会生活，尤其是对危害国家利益和社会公共利益的行为的干预。近代检察制度形成后，检察权在民主法制的制约下，由过去代表王权利益进化到代表国家、维护法律所确认的公共利益阶段，反映了人类法治选择民主、文明进步的过程。在现代国家理论中，检察制度的完善和检察权的加强，绝不是单纯为了统治阶级的专政，而是保障国家权力在广大民众参与下，在国家认可制定的宪法和法律的轨道上有效运行。不但要防止危害社会的各种犯罪行为，而且要维护社会公益和法治秩序。大陆法系的国家正是依据这一理念才改革、完善民事检察制度，确定了检察机关有权对涉及公共利益的民事案件进行法律干预。

关于检察机关提起公益诉讼，除了在《民事诉讼法》第 15 条与第 55 条规定的基础上，明确规定检察机关参与公益诉讼的资格外，仍需要结合最高人民检察院《检察机关提起公益诉讼试点方案》和最高人民法院《人民法院审理人民检察院提起公益诉讼案件试点工作实施办法》在实践中的运行情况，在程序上具体规范，以利于实践操作执行，解决缺乏明确程序规范而引起的争议和司法不统一。

1. 明确检察机关提起民事公益诉讼的范围。关于检察机关提起民事公益诉讼的范围，最高人民法院《人民法院审理人民检察院提起公益诉讼案件试点工作实施办法》第 1 条将其限定为“人民检察院认为被告有污染环境、破坏生态、在食品药品安全领域侵害众多消费者合法权益等损害社会公共利益的行为”的案件，但从 G 省检察机关试行民事公益诉讼制度的情况来看，仅对上述类型案件提起公益诉讼，并不能满足实践的需要。笔者认为，检察机关可以对以下类型案件提起民事公益诉讼：

（1）国有资产流失案件。改革开放过程中，由于法制不完善，多种经济成分并存以及产权关系不明确等因素，造成大量国有资产流失，已经成为我国亟须解决的重大问题。赋予检察机关民事公诉权，使之有权代表国家对侵犯国有资产的行为提起民事诉讼，可以使国有资产置于国家的直接保护之下。

（2）污染环境、破坏生态、在食品药品安全领域侵害众多消费者合法权益等损害社会公共利益的案件。亦即，最高人民法院《人民法院审理人民检察院提起公益诉讼案件试点工作实施办法》第1条规定的检察机关试点案件类型。这类案件具有侵害行为的违法性、受害人数的不特定性、损害事实的客观性等特征，存在起诉主体障碍。由检察机关对这类案件提起民事公诉，请求人民法院依法判决，可以使公共利益得到有效保护，使污染环境的行为受到法律的制裁。

（3）侵害弱势群体利益的民事案件。在这些案件中，并不是没有适格的原告起诉，而是因为受害人力量较弱，很多人不敢提起诉讼以保护自己的合法权益。因此，检察机关应当承担起保护弱势群体利益的责任。具体可采取以下两种方式：一种是支持起诉；另一种是代其起诉。检察机关在这种民事公诉模式中，可以代其起诉，或者直接作为原告，或者与弱势群体作为共同原告。

（4）滥用市场支配地位不正当竞争的案件。任何滥用市场支配地位、破坏市场交易秩序的行为，都是对国家利益和社会公共利益的侵害，都应当追究其法律责任。例如，电力、通信、铁路、民航等政府垄断部门或企事业单位，倚仗自己的垄断地位，向消费者群体强制提供质次价高的服务，侵犯消费者的知情权、选择权和公平交易权。对于这些严重侵害消费者权益的案件，应当赋予检察机关依法提起公益诉讼的权力，追究其破坏市场公平竞争行为的责任。

（5）其他涉及国家利益、社会公共利益和公众利益的重大民事案件。

例如，损害公共设施、破坏自然资源以及名胜古迹、修建“豆腐渣工程”、违反公序良俗的活动等。对于此类案件，只有极少数人享有起诉权，即便是有的受害人具有原告资格，因为受害人众多，诉诸法律很不经济或者谁也不愿意付出代价让他人“搭便车”等原因而无人起诉。而且，民事诉讼遵循“不告不理”原则，审判机关也不能主动去解决此类纠纷。赋予检察机关这样的职能，解决了技术上谁作为公益的法律主体向法院提起诉讼的问题。

2. 规范检察机关提起民事公益诉讼的程序。关于检察机关提起民事公益诉讼的程序，学术界提出了诸多操作方面的疑问。例如，如果检察机关提起民事公益诉讼败诉了，是否需要承担诉讼费用以及民事责任？是否适用反诉等民事诉讼程序等。笔者认为，检察机关提起民事公益诉讼本身就带有公益性，因而其参加诉讼的费用和责任理应由公益管理部门承担（如无公益管理部门，则应当由国库承担，因为国家本身就负有维护公共利益的职责）。至于是否适用反诉，既然民事公益诉讼属于民事诉讼，当然适用民事诉讼中一切审判原则和诉讼规则。

（四）理顺内部案件审查程序

现行《民事诉讼法》仅规定了有权提出抗诉、提请抗诉和检察建议的检察院，没有对检察机关办理民事检察监督案件的程序予以细化规定。实践中，各级检察院主要依据《民事诉讼监督规则》的规定，对检察机关审查案件的程序进行细化规范，造成各级检察院对同一案件都有权受理、有权审查、有权作出决定，在一定程度上违反了职权法定原则，降低了监督效率。这亟须调整检察机关内部监督结构，通过加强各级检察院的工作内容、重点与其职权范围的对应性、人力资源与其所承担的工作任务的匹配性，促进它们各司其职、协作一体，合力保障检察权的正确、充分行使。

1. 坚持依法履行检察权原则。当前，由于《诉讼监督规则》贯彻强化同级监督的精神，检察系统内部普遍存在对属于上级检察院审查范围的案件，由下级检察院越权作出不支持监督申请决定的做法，亟须贯彻“谁决定谁审查”的职权法定精神，增强民事检察监督的权威，提高监督的司法公信力。

2. 坚持责、权、利相统一原则。如前所述，在《民事诉讼法》第 208 条和第 209 条规定下，为了解决检察系统四级检察院从上级到下级案件数量“倒三角”问题，《诉讼监督规则》贯彻“同级审查优先”原则。但即使如此，也应坚持责、权、利相统一，即一级检察院可以受理审查其没有抗诉权的案件，但对该案件作出的不支持监督申请的决定，只具有不提请抗诉的含义，不是最终处理决定。当事人收到检察机关不支持监督申请的决定后，仍可以申请对案件有抗诉权的检察院进行复查，对是否支持其监督申请作出最终处理。

3. 坚持效率原则。目前检察机关的内部审查程序，常常使同一个案件经过提出（再审）检察建议、提请抗诉、抗诉等三个阶段，延长了监督流程，浪费了检察司法资源，亟须优化监督流程，减少重复审查，形成监督各个环节的有序衔接，提高监督效率。

五、健全民事检察内部监督制约

我国宪法把检察权规定为一种独立的国家权力，并设有检察机关来专门行使该种权力，既借鉴了列宁的法律监督思想和苏联的检察制度模式，也传承了我国悠久的历史文化传统，其合理性毋庸置疑。同时，检察权与审判权虽然同为司法权，但由于权能内容和主体诉讼立场的不同，相对于审判权，检察权不但与审判权在程序进程中关系定位不同，对当事人的程序处遇影响不同，因而具有不同于审判权的异质性，而且在诉讼程序中对审判权进行监督制约，但现行立法对于检察权相比审判权的规制则少得多，尤其体现在检察机关内部监督制约立法方面。多年来，检察机关虽然以中央司法体制机制改革为契机，在健全完善内部监督制约机制方面进行了不懈努力，但仍有较大的提升空间。当前情形下，应当围绕民事检察监督权运行的重点环节，与时俱进提高内部监督制约意识，平心静气认识司法规律，通过强化全方位内部监督制约，弥补立法缺失，补齐监督制约“短板”，使民事检察监督工作的整体运行态势和质量效果得到有效提升。

（一）遵循检察工作规律，校正机制建设方向

民事检察内部监督制约机制植根于检察实践这块土壤，归根结底为提高检察权运行的品质而存在。监督制约是手段，通过监督制约促进检察人员养成自觉守法、规范司法的自律习惯才能从根本上解决民事检察监督权行使不规范、不廉洁、不公正等问题。健全和完善民事检察内部监督制约机制，就是要在充分认识、准确理解支配机制运行、发展、变化的这些检察工作基本活动规律的基础上，发挥人的主观能动性，积极探寻这些规律通过机制各个要素相互制约、相互联系的合理方式，促进这些规律与民事检察内部监督制约工作协调、一致运行。

1. 遵循民事检察监督权运行规律。民事检察内部监督制约机制建设，既要注意不因监督制约程序的介入而破坏民事检察监督权内部组织系统的和谐统一，保证检察权的统一行使，又要防止过分强调配合而导致监督制约机制虚化。这方面，无论是上下级检察院之间的内部监督制约机制，还是一个院内各部门之间的监督制约机制，都应当进一步加强监督制约主体的协调性、司法标准和行为准则的统一性，防止多元、层叠监督制约和监督制约主体、监督制约对象对监督制约标准的认识不一而弱化监督制约效能。在民事检察内部监督制约机制建设中遵循检察权运行规律，还要注意处理好检察机关和外部环境的关系，保证检察权依法独立行使。例如，有些实行考核制度的检察院，在民事检察办案指标中，单纯以其他机关的办案结果评价检察权行使的结果，而不限定抗诉案件维持原判成为错案的条

件（有的抗诉案件没有改变原判是由于当事人再审时不能通知到庭，当事人不服原审，抗诉后又与对方当事人自行和解，抗诉后原审判决依据的法律、政策已变化等客观原因），可能会造成检察机关在办理民事抗诉案件时以法院的办案理念和思维为依据，造成检察权行使的弱化。

2. 遵循检察工作管理规律。检察工作管理的规律性形成于两个方面：一是工作性质；二是法律规定。其中，法律业务工作是检察工作的主要方面，其性质是依据实体法和程序法的规定执行法律，履行职能，而法律业务管理则是通过对法律业务工作执行法律、履行职能活动的监督与保障，保证检察机关和检察人员依法、正确、高效地履行职责，从而维护司法公正，保障公民合法权益。这就要求检察机关在民事检察内部监督制约机制建设中，要研究清楚、琢磨透彻民事诉讼法律规定的检察机关办案涉及的每一个程序，如此才能根据程序法规定设置科学的办案流程，构建加强各职能部门诉讼程序制约的平台；要确实理解、掌握法律规定的每一个诉讼阶段的办案质量标准，如此才能在检察机关内部案件质量管理监督方面，设置规范的评价标准。遵循检察工作管理规律，当然也包括要遵循检察工作财务保障规律和人力资源管理规律。要充分认识检务保障与司法公正的辩证关系，善于运用检察机关人、财、物管理规律对检察办案、检察人员进行科学管理，实现对检察人员办案活动既依法约束又有效激励。

（二）坚持法制建设基本原则，提升机制创新能力

检察工作活动规律，是健全完善检察机关内部监督制约机制的内在遵循；机制建设应当遵循的基本原则，则要从立法技术和监督制约权力运行需要来研究和分析健全完善机制建设需要参考的因素，目的是发掘机制建设的内在潜力，提升机制创新的能力和水平。

1. 坚持系统原则。民事检察内部监督制约机制是一个系统，这就要求健全完善机制，必须注重整体与各要素之间的关系，既要使机制本身的要

素健全、内容完整，又要使机制各要素之间有机协调，能够促进机制整体功效的发挥。

（1）坚持机制目标的一致性。实践中，民事检察内部监督制约机制的种类和表现形式多种多样，无论是诉讼性监督制约机制、非诉讼性监督制约机制，还是检察司法监督制约机制、检察管理监督制约机制，各类机制都应具有统一的价值追求，这就是提升民事检察监督内部监督制约立法的实施效能，促进检察权的规范行使，保障检察机关依法公正行使检察权，正确履行法律监督职责。各级检察机关制定的民事检察内部监督制约机制的所有目标，都要始终围绕这个价值追求，确保各类民事检察内部监督制约机制在总的价值追求上高度一致。

（2）坚持机制内容的协同性。各类民事检察内部监督制约机制可能会因监督制约对象不同，因机制创建时所处的阶段工作要求不同，而在具体表现形式上各异，但它们始终具有目标的一致性、职能的一体性。因此在内容上必须互相结合、互相补充、互相支持，从而发挥更大的整体效能。例如，如果在非诉讼性监督制约中发现检察人员违纪违法行为，可以启动对该检察人员违纪违法办理的民事检察监督案件的质量评查程序，看是否有错案需要纠正，检察机关内部监督制约机制建设中应充分考虑各类机制在内容的协同性、在功能的互补性。

（3）坚持监督制约标准的统一性。各类民事检察内部监督制约机制对于同一监督内容，都应当保障监督制约标准的统一性，至少要保持监督制约标准依据的统一性。例如，对于何为民事检察监督“错案”，无论从“案”的角度监督，还是从“人”的角度监督，都应当以民事诉讼法为依据，确定行为的性质和行为人的责任，而不能仅凭主观理解来进行界定。

2. 坚持职、权、责明晰原则。职、权、责明晰，是健全民事检察内部监督制约机制的前提，是民事检察内部监督制约机制公正、有效实施的保障。就当前多元、重叠、交叉监督制约的现状而言，亟须明晰各监督制约主体的职责，并努力做到各监督制约主体的职能性质、职权范围与其承担的监督制约责任相适、相称。

各级检察院、一个检察院内部各部门的性质、地位和各部门各岗位在检察工作中的作用是界定各监督制约主体职能、职权、职责的基础。在此基础上，明晰各民事检察监督监督制约主体在机制中的职、权、责要符合以下三个标准：

（1）符合功能标准。要根据民事检察监督各监督制约主体在诉讼中的职能内容和在检察机关中承担的工作任务，确定其在民事检察内部监督制约机制中的功能，从而对监督制约事项进行专业分类、分工，加强人、财、物的统一分配和使用，提高监督制约效率。

（2）符合程序标准。要根据检察工作流程和诉讼阶段，分配民事检察各监督制约主体在内部监督制约机制中的职权，确定它们的职责，加强内部监督制约工作程序的标准化、规范化，加强内部监督制约管理，提高监督制约质效。

（3）符合监督制约对象的性质。要根据内部监督制约对象的性质、所属种类等确定民事检察各监督制约主体行使职权的对象和承担职责的限度，做到监督制约主体的职能性质与监督制约对象的性质相匹配。

3. 坚持公正与效率相统一原则。加强民事检察内部监督制约的最终目的是维护司法公正，但公正与效率并不是截然对立的，某种意义上反而是密切联系的，没有效率的公正就是不完整的公正。我们在健全民事检察内部监督制约机制时，应当充分考虑机制的效率。监督制约程序越多，耗费的时间也就越多。因此，民事检察内部监督制约机制构建时，必须考虑效率因素，本着精干、高效的原则，对有限的司法资源进行合理、有效地配置，在公正与效率之间实现有机统一。

（1）把握好民事检察内部监督制约工作的重点环节，通过在检察权行使的关键环节上建立严密关口，解决检察权行使中有碍司法公正的突出问题。这方面，群众反映强烈的突出问题事关人民群众切身利益，关乎检察机关形象和司法公信力，尤其要针对这些问题特别是其中的司法办案程序问题、司法效率与作风问题和遵纪守法问题，采取有针对性的内部监督制约措施，及时纠正司法办案中不作为、乱作为和监督不到位的问题。

（2）加强民事检察监督各监督制约主体的协作配合。要通过优化、整合内部监督制约的资源和力量，提升监督制约合力，从而提高监督制约效率。建议形成以纪检监察部门为龙头，以民事检察监督部门为主体，以案管、控申部门为助力的内部监督制约工作格局。民事检察部门要积极配合，担负好“一线监督”的职责，通过事前、事中、事后监督的紧密结合，纪检监督、检务督察、流程监督、职能监督的相互协作，使监督制约贯穿于检察权行使的全过程，保证权力沿着正确的轨道运行。

（3）强化机制的效能保证。民事检察内部监督制约活动维护的是检察机关的公信力，必须具有一定的权威性，对监督制约对象有一定的影响力。因而民事检察内部监督制约机制规定任何一项监督制约权力，都应当明确其效力，规定其后果。同时，为切实解决机制形式化、操作性差、实际效果不彰的问题，民事检察内部监督制约机制建设中也要重视机制可行性的实践评估，重视在实践中校正和丰富机制的内容。要在充分收集实践资料的基础上对实际情况进行分析研判，对机制的内容、可行性予以全面考量、综合权衡；要重视民主沟通、实践改进，在实践中不断探索、修正错误。

（三）强化系统性，实现机制建设科学发展

以上为健全完善民事检察内部监督制约机制在理念指引和方法论上提供了思路建议。具体到机制健全完善的路径上，针对当前民事检察内部监督制约机制在立法上和实践中存在的问题和原因，亟须加强机制的系统性建设。

1. 完善民事检察内部监督制约体系。如前所述，目前民事检察内部监督制约体系虽然总体上形成了完整框架，但仍然存在内容缺失、原则性规定较多、各要素不协调、效力缺乏刚性、可操作性不强等问题。针对这些问题，应从以下三个方面进一步完善民事检察内部监督制约机制体系：

（1）完善上下级检察院之间民事检察监督的监督制约机制。现行法律、法规就上级检察院对下级检察院开展民事检察监督的监督制约内容和程序进行了明确规定，各地、各级检察院通过机制创新对此进行了完善，但仍未走出程序监督和事后监督的局限，导致监督缺乏权威性。今后，应通过明确上下级检察院在监督制约中的职权、丰富上级检察院对下级检察院监督的方法、拓展上级检察院对下级检察院监督的内容、强化上级检察院对下级检察院监督的权威，进一步加以完善。

在监督制约的方法、内容、途径上，可以规定上级检察院对下级检察院要开展经常性的督导调研，上级检察院的民事检察部门应重视和突出具有本条线业务特点的对下指导、沟通和监督，明确业务规定、规范运行程序、监督进展情况；上级检察院要坚决纠正有令不行、有禁不止的现象，严肃处理民事检察人员的各种违法违纪行为，保障对下监督的有效性；上级检察院发现下级检察院有违法违纪行为时，可以责成下级检察院纪检监察部门查处，必要时，上级检察院纪检监察部门可以直接查处，以进一步解决上级检察院监督制约下级检察院走过场、形式化、缺乏刚性等问题。

当然，任何一个权力结构中，上级滥用权力的可能性更大，为了解决上级检察院在履行监督职能中自身滥用权力的问题，在强化上级检察院对下级检察院监督的同时，完善上下级检察机关监督制约机制还必须加强下级检察院对上级检察院的制约。建议出台侧重于检察业务规范、有别于检察职业道德的检察官职业群体行为规范，一旦上级检察院作出不合理的指令，下级检察院可以据此抗衡上级检察院；设立下级检察院异议救济制度，在下级检察院认为上级检察院的指令违法或不当时，可以向上级检察院提出异议，请求变更指令；在考评上级检察院的指标中，设立下级检察院评价上级检察院履职能力的硬指标，由此对上级检察院违规下达指令、以权压法、工作作风不良等情况形成一定制约。

（2）完善检察委员会对民事检察监督工作的监督制约机制。检察委员会对民事检察监督工作质量的监督制约直接影响民事检察监督办案质量，影响着检察权行使的公正水平。当前，针对各地、各级检委会工作普遍存在的司法属性淡薄、议事程序不规范、议事效率与质量不高、司法责任不规范等问题，有必要在提升检委会规范化水平上下工夫，通过加强检委会规范化建设提升检委会监督制约民事检察办案的质量和水平。

（3）完善检务督察机制。建议最高人民检察院、省级检察院及有条件的市级检察院，应单设检务督察室，不具备条件的市级检察院和基层检察院，可以将检务督察室与纪检监察部门合署办公。检务督察机构在检察长的领导下开展工作，可以根据工作需要，经检察长批准派出检务督察组，委任督察工作人员，采取暗访督察、现场督察、专项督察等方式，紧紧围绕遵守和执行国家法律法规以及民事检察工作重大部署、决议、决定、指示的情况，在民事检察监督办案活动中遵守办案程序和办案纪律等情况，执行各项规章制度的情况，严明司法作风、遵守检容风纪的情况等，切实履行督察职责。

2. 完善民事检察监督办案廉政风险防控体系。当前，民事检察人员违纪违法的表现形式多样，虽然形式不同，但大多数与行使民事检察监督权有关。也就是说，大多数违纪违法案件是在民事检察监督办案过程中发生的。民事检察监督涉及的业务比较宽泛，随着法律监督触角的进一步延伸，其法律监督重要性越发显现，司法办案中的风险问题越来越值得关注，就现在来看主要有两点：

（1）申诉案件立案标准的风险问题。当事人申诉是民事检察部门受理案件的主要来源，有的当事人向检察机关申诉，想假借检察机关法律监督的公权力达到自己的诉讼请求。有的当事人委托律师进行申诉，律师实行按阶段收费，且不同阶段收费标准不一样，而检察院受理、立案、抗诉，往往会成为三个阶段。所以，无论是当事人或是当事人委托的律师，都会通过各种手段、关系游说民事检察干部，这种行为往往又是通过非正常渠道进行，对民事检察干部来说就面临可能的风险。

（2）内部监督制约制度欠缺的风险。民事检察部门司法办案出台了不少规范性意见，但在加强内部监督制约方面的建设尚显不足，如存在单独或在非办公场所接待当事人，有的将内部规定和讨论意见提供给当事人，还有与律师交往甚密等。目前，这些方面的监督制约制度尚不够完善。

针对上述问题，首先，要进一步深化和完善申诉案件立案条件。随着民事检察业务的拓展，当前或今后可能还会遇到涉及立案条件的问题，有必要加强研究和指导，这不仅是规范申诉案件立案条件的需要，更是在防止人情案、关系案的风险上增设一道“防火墙”。其次，要加强和完善内部监督制约制度建设。要严格办案纪律，进一步完善内部监督制约机制，制订民事检察办案纪律规范。

六、完善民事检察外部监督制约机制

历史与现实已经反复证明，不受监督制约的权力必然被滥用或误用。鉴于我国现行民事检察外部监督制约机制存在的问题，结合机制发展的现实要求，提出下列完善民事检察外部监督制约机制的对策建议。

（一）坚持法治原则，强化制度权威

针对实践中民事检察外部监督制约机制规范不一影响法制统一的问题：

1. 确立机制创设的标准。机制的表现形式可以创新，但为了实施同一法律规定而创设的同质机制，都要将立法关于民事检察外部监督制约的规

定作为机制建设的基本标杆，机制设定的监督制约范围、方式、手段、程序不能突破立法的基本框架，监督的内容要符合立法精神，防止同质机制内容冲突、司法标准不一。要以法律规定的基本尺度为机制创设的基本标准，即使各地同质机制的表现形式不同，也不会影响法制的统一。

2. 遵循立法关于民事检察外部监督制约的内在机理。机制构建中要遵循要素全面、职责明晰、权责相当原则；机制中作为监督主体的权力要具有法律授权的督促民事检察干警依法用权的地位和权威，作为制约主体的权力、权利要与民事检察监督权之间存在相互牵制、相互约束的关联等。例如，健全政党、人大、政协监督机制，应在机制中规定明确的监督效力、监督落实、反馈机制等；在健全媒体舆论监督、社会群众监督机制和律师、当事人对民事检察监督的诉讼制约机制时，考虑到在这些机制中是以权利监督制约权力，监督制约主体的权利相对于民事检察监督权处于弱势，应当规定保障他们充分行使权利的内容，规定民事检察干警剥夺其权利的防范、惩戒措施，赋予他们了解监督制约信息的知情权等。美国学者博登海默说："法律的基本作用之一乃是约束和限制权力。"民事检察外部监督制约机制的创设，就是要通过外部监督制约的力量规范民事检察监督权行的行使。

3. 重视司法的法治功能。坚持法治原则，依法律规定办事仅仅是最基本的要求，还要强调司法的法治功能，避免机械司法，即在完善、创新机制时，既要注重法律的治理功能，也不能随意突破法律规定，而应追求社会效果、政治效果和法律效果的统一。这方面，典型的反面例证是目前根据最高人民检察院出台的《民事诉讼监督规则》，各地检察院建立的先同级监督再层级监督的机制。《民事诉讼法》第 209 条规定了当事人申请检察监督以一次为限的原则，该法同时虽然确认了"检察建议"的法律地位，但并未规定"检察建议"的法律效力，"先同级监督再层级监督"机制致使一些案件经检察机关提出再审检察建议而法院未予采纳后，该案也不能抗诉，失去了最后的法律救济途径。虽然《民事诉讼监督规则》针对此种情形又规定，对于此类案件，检察机关可以跟踪监督再行抗诉，但此种方式既违反《民事诉讼法》第209条申请监督以一次为限的规定，又人为延长了监督流程，浪费了司法资源，扩大了检察人员的自由裁量权，使检察机关“依职权”受理案件的范围违反立法原意而进行扩大。由于实践中检察机关对此类案件有的跟踪监督，有的不跟踪监督，这种机制又造成此类“同类”案件却不同处理。此外，从《民事诉讼法》规定“抗诉”和“检察建议”的条款次序和内容来看，“抗诉”是民事检察监督的主要方式，而“检察建议”是民事检察监督的补充方式，“先同级监督再层级监督”机制人为地扩大了再审检察建议的适用，不仅违反立法原意，也人为增强了民事检察监督的“协调”性，弱化了监督的刚性和权威。

（二）坚持科学原则，协调机制功能

民事检察监督制约机制是以我国宪法和法律规定的检察制度为基础，以司法工作体制为载体的多层次之间紧密联系、相辅相成的有机系统。民事检察外部监督制约机制是这个大系统中的一部分，必须坚持科学原则，既保证民事检察外部监督制约机制与民事检察监督内部监督制约机制这个大系统有机协调，也要实现民事检察外部监督制约机制内循环各部分、各要素的有机互补、协调对接。

1. 处理好机制中相邻概念的关系。要厘清监督制约主体在机制外职能与机制内职能的关系，明确监督制约主体在机制外的职能，如新闻媒体宣传教育警示的职能是监督制约主体履行机制内监督制约职能的载体、手段而非目的。从而明确机制构建的目标和重点，实现监督制约主体机制外职能与机制内监督制约职能的有机协调，防止机制创设目标偏离监督制约民事检察监督权的价值目标。

2. 实现“监督”与“制约”的有机结合。“监督”与“制约”各有特点："监督"具有单向性、滞后性，一般要求监督者的地位高于被监督者，而"制约"具有内在性、双向性、制约者与被制约者的相互关联性、超前性,[①] 二者各有优势与不足，对约束民事检察监督权的运行会产生不同作用。在当前民事检察外部监督制约机制体系中，适用"监督"的情形较多。由于监督的"度"不好把握，容易在到位与越位问题上徘徊，且监督者的监督范围从目前立法规定来看，较为笼统、宏观、概括，这也导致监督者容易与被监督者进行权力交换，导致监督者滥用裁量权，应该监督的放弃监督，不应该监督的越权监督，需要在明确监督与被监督、制约与被制约的对立统一关系，厘清监督制约中"监督"、"制约"与"配合"的界限、职能配合与监督制约利益妥协界限的基础上，加强民事检察外部监督制约机制的"制约"性，通过机制内各要素的相互约束机制，实现对民事检察监督权的依法、有效约束。

3. 实现机制内各项具体内容的有机配合。在民事检察外部监督制约机制实践中，不但常见同机关、同类、同质、同目标的机制内容重复、冲突，更常见机制内不同内容的交叉、冲突。例如，G 省检察机关为实现《民事诉讼法》第 209 条修订后省、市、县三级检察院民事检察监督职能转型，实现三级院各行其权、各取所长、各司其职、三级联动、职能互补，提高检察机关监督审判机关生效民事判决、裁定的效率，在全省四个地区试行民事检察监督案件层级对应式申诉制度，鼓励检察机关直接办理具有抗诉权的民事申诉案件。但部分试点院为了降低此机制的实施难度，又制定了本地区的实施细则，将没有抗诉权的检察院转报的申诉案件，又交回转报单位办理，人为延长了办案流程，削弱了机制效果。对于此类情况，机制制定单位属于同一部门的，无论是上下级还是同级，上级院都应加强机制的规范管理，属于不同部门的，应相互沟通，加强机制内容信息

① 李思远：《司法权运行制约机制的完善》，载《法制与经济》2014 年第 9 期。

通报，努力实现机制内容的协调、统一。

（三）坚持效率原则，增强机制实效

民事检察外部监督制约机制的核心功能是维护司法公正，而效率是公正的题中应有之义。针对目前民事检察外部监督制约机制形式化、功能虚化问题严重的情况，要努力探索科学、有效的机制设置方式，大力增强机制的效率、效果、效能。

1. 健全监督制约措施落实机制。要强化邀请人大代表、政协委员视察和听取民事检察监督工作汇报的计划性，有计划地邀请人大代表、政协委员旁听或列席人民群众普遍关心、社会反响强烈的重大民事检察监督案件；要认真听取人大代表、政协委员的意见建议，提高落实建议意见的效率。

2. 健全监督信息获取机制。要建立健全有序开放、有效管理的旁听和报道庭审的规则，积极主动、及时快捷的发布信息机制，为新闻媒体提供相关资料的机制和民事检察部门与媒体的沟通联络机制和调查处理机制。对于社会关注的民事检察监督案件和民事检察工作重大举措，要通过各种形式向新闻媒体及时发布相关信息，对媒体反映的问题及时调查、核实，并反馈处理情况，消除公众和媒体知情权的障碍。

3. 健全监督主体职业化增进机制。要明确人民监督员的专业准入条件，通过加强培训等方式提高人民监督员的专业化程度，鼓励懂得相关法律知识的群众作为人民监督员参与民事检察监督办案过程，从而对民事检察官的办案行为进行有效监督制约。

第八章　结论与展望

在我国，检察权被界定为法律监督权，因此检察权又被称为“检察监督权”，由此，中国民事检察制度也被习惯称为“民事检察监督制度”。民事检察监督制度是我国检察制度的重要组成部分，对于保障法律的统一正确实施、维护司法公正、维护群众合法权益发挥了积极作用。与此同时，作为一项中国独有的检察制度，理论界和实务界对于该制度的存废、性质、运行方式等方面一直存在种种分歧，立法上对于民事检察监督范围、权能内容、权力行使方式和效力等方面的规定也存在缺失。加之实务部门、人员对民事检察监督制度具体操作上的偏差，限制了该项制度功能的充分发挥，甚至由此影响了人们对检察机关性质、功能的认识，动摇了检察机关的宪法地位，影响了检察工作、检察制度的长远和健康发展。

本书历史地分析了我国民事检察监督制度的发展方向、发展特点和内在动因，实证辨析了制度的法理争议并得出确定性结论，辩证地剖析了制度的结构性问题及检察改革应对此问题的得失成败，提出了完善制度的对策和建议。希望为结束理论争议，明确制度发展方向和路径，健全制度体系提供理论参照和实践证据。

当前，在社会转型时期，随着经济的快速发展，社会矛盾复杂化、多元化，检察机关维护司法公正的任务越来越艰巨。由于立法的局限、理论的争议、监督环境的制约等原因，民事检察监督的现状不能完全满足“法治”的要求和人民群众的期待。在等待立法完善的漫长过程中，本书对2012年《民事诉讼法》的立法要求和司法现状进行了对比分析，寻找二者之间的差距和原因；对G省检察机关实施新职能、进行改革实验的状况进行了实证研究，探索了检察机关克服立法缺陷、应对形势挑战的可行路径，为检察机关破解民事检察监督制度实施中的难题，依法深化检察改革探明了方向和路径，提供了可资参照的模型。

司法始终是国家法律治理的集中体现，司法的效果检验了国家法律治理的效果。自中国民事检察监督制度产生以来，关于它的理论争议深刻影响了立法的立场、态度和内容，导致制度在实践中运行样态、效果不一，反过来又影响了立法，折射出理论、立法、司法之间的互动过程。本书既是对民事检察监督制度本身的研究，也是对民事检察监督制度如何契合司法规律、运行环境和实践需要的研究，有助于我们探寻当代中国法治建设中“良法”与“善治”的标准以及二者之间协同共进的规律，从而为“依法治国”方略实施进程中如何科学运用法律制度实现国家、社会治理目标提供启发和参考。

在现有文献中，关于民事检察监督制度的存废之争，学者们的研究大多从理论分析中得出结论；关于民事检察监督制度完善性、科学性的研究，学术界和实务界均未提出具体的完善方案和解决现存问题的可行措施；关于民事检察监督工作机制的研究，仅以解决民事检察监督工作的阶段性困难为目标，实践创新有余，理论分析不足，即使研究成果转化为工作机制在实践中行之有效，也常遭外界质疑，难以为立法参考；民事检察监督具有监督主体的专属性、范围的特定性、对象的公权性、行为的法定性、功能的终结性、效力的程序性等立法特征，在实践中对其内涵有限缩性和扩大性两种理解；民事检察监督制度包括以《民事诉讼法》和司法解释形式表现的民事检察监督诉讼法律规则，用于规范检察机关与党的领导、权力机关、审判机关相互关系和上下级检察机关、检察机关内设机构之间相互关系及检察人员权限划分的民事检察监督体制，以及包括案件管理机制、办案工作机制、队伍建设工作机制在内的民事检察监督机制。要研究民事检察监督制度，也需要研究民事检察监督与民事申诉，以及审判机关内部监督如何实现目标统一、程序衔接、功能互补等问题，这关乎民事审判监督中公权力资源的合理配置，民事审判监督的效率提高、效能提升等问题。

中华人民共和国成立以来，我国民事检察监督制度经历了从初建、肇始、停滞、重建，到争论、发展，再到明确、强化的曲折的发展历程，表现出“方向始终明确而对策不明、功能逐渐多元而冲突叠生、内容逐渐确定而原则概括、体系逐渐完善而结构性问题突出”等矛盾性特征。而理论争议、检法两院关系和检察改革是形成这些特征的重要影响因素，提出我国民事检察监督制度是立法的理性选择，渐进加强制度是其发展的必然趋势，需要通过完善制度理论体系、夯实制度实践基础、坚持制度改革探索等途径，促进制度的科学发展与完善。

民事检察监督具有权力制约、权利保障和公益守护等三方面确定性内涵；从检察权与审判权的关系、检察机关介入民事诉讼的状况、民事检察监督下审判权运行的状况来看，“维护司法公正”是民事检察监督与审判独立原则共同的价值追求。民事检察监督从形式上体现了司法的公正性，有利于实现审判程序公正和结果公正，有利于推动加强法官职业道德建设，提升法官职业素养；民事检察监督对于司法终局性原则有缺陷弥补、效能保障、目标促进等功能，二者优势相长，有利于共同实现诉讼法律制度的法律治理功能；在依申请、依职权抗诉（再审检察建议），检察和解，督促履职，支持起诉，监督一般违法程序，公益诉讼等民事检察监督活动中，民事检察监督尊重当事人私权处分，有利于促进当事人私权处分原则的实现，有利于保障当事人权益；民事检察监督中双方当事人行使诉讼权利具有内容的相关性、行使时间的紧密衔接性、行使后果的对等性等特征，民事检察监督介入民事诉讼是为了实现双方当事人的平等，而非破坏这种平等，是在尊重当事人诉讼权利平等的前提下实行的监督和制约，是为了从外部助推失衡诉讼架构回复本位，从而实现当事人诉讼地位的平等；民事检察监督中，只要检察权依法行使，就不会对审判独立、法院裁判的终局价值、当事人私权处分、当事人诉讼权利等造成侵害。从民事检察监督中审判权对检察权、当事人权利对检察权及检察机关内部监督制约的状况来看，现行立法关于防止检察机关滥用不支持监督申请决定权、检察和解权以及督促履职、支持起诉等权力，侵害当事人或案外人合法权益的监督制约措施仍相对较弱。因此，目前民事检察监督中强化检察权监督制约的方向，除了进一步强化内部监督制约外，设立监察委员会强化外部监督尤为重要，回答了对“监督者由谁来监督”的质疑。

现行中国民事检察监督制度在立法上具有“制约”性监督与“救济”性监督交错、多元监督与有限监督并存、全面监督与事后监督交融等理念基础；民事检察监督权可划分为生效法律文书监督权、违法行为监督权、提起公益诉讼权、支持起诉权、保障性权力；制度的立法内容方面具有监督范围广泛而原则、监督对象多元而概括、监督模式外在而严格、监督方式两元而交错、监督手段单一而笼统、监督事由特定而模糊、监督程序被动而概括、监督效力弹性并断裂等特点；民事检察监督程序与申诉程序、审判机关内部监督程序之间不尽协调，未能完全达到民事审判监督程序系统整体性的要求；民事检察监督制度在实践中运行，总体上具有以立法性规范为基本界域、以政策性规范为重要依据、改革先行于立法并推动立法发展、运行依赖于被监督者的配合等特点，对民事检察监督实践形成了监督格局多元化、结构失衡化、利益调和化、权威中心化等影响；民事检察监督制度存在立法理念矛盾、监督权能缺失、监督程序失调、监督环境束缚、监督能力阻碍等结构性问题。

2012 年《民事诉讼法》实施，引发了办案数量在各级检察院分布不平衡、检察机关依职权发现案件数量激增、信访案件数量增加、息诉压力增大等问题，给检察机关带来了监督功能可能异化、监督职能亟须转型、监督能力亟待提高等风险和挑战；《民事诉讼法》关于调解监督的新规定要规范、有效地落在实处，应加强立法的科学性，加强检察人员对调解监督的正确认知；检察机关开展审判程序、审判人员违法监督存在“依职权发现”受理案件泛滥、运用诉讼违法调查手段对审判人员进行调查突破了《民事诉讼法》规定、审判程序违法监督建议在一些县级检察院滥发等问题，对于这些问题，除了立法应对检察机关依职权发现受理监督案件予以明确规范，加强对民事检察监督权的制约外，各级检察院也应当加强内部监督，如规定所有的审判程序违法监督检察建议均应由本院检察委员会决定等；《民事诉讼法》只明确规定了民事执行活动检察监督原则，“两高”执行监督会签文件虽然为民事执行监督提供了具体规范，但这样效力较低的规范性文件在实践中并不能得到完全贯彻执行，完善执行监督立法迫在眉睫；对公益诉讼的提起，应在督促公益监管单位依法履行职责无果后再以监督法律实施（检察机关作为法律监督机关，有权对公民和组织是否守法进行监督）为由起诉；督促起诉、支持起诉工作存在无法律依据而在有些地区得不到相关部门和法院的配合，程序简单、混乱，对具有经营自主权的国有企业和国家控股、参股企业能否开展督促起诉存在不同看法等问题；层级对应式申诉制度在运行中遭遇的尴尬表面上显示了传统与创新的博弈，实质上体现了实践中检察人员热烈期盼强化同级监督和无奈遵行立法“上级抗”模式的矛盾；抗诉案件分流制度在试点地区实施的效果表明，上级检察院的示范行为是顺利实施民事检察监督改革的推动力，“同级监督”制度在实践中具有优越性，检察机关慎重提出的再审检察建议容易被法院接受；“检法调联合式”检察和解制度的改革实验探索了民事检察和解的合理模式，探究了检察院、法院与人民调解机构衔接机制的具体内容和有效途径，以及检察机关参与社会治理的现实路径。

从立法上完善民事检察监督制度，要明确监督的基本内涵，即坚持监督的“制约”功能，强化监督的“保障”内涵，明确监督的“公益”资格；要保障监督的独立程序价值，要修正当事人申请监督的条件，将“当事人认为法院在民事诉讼活动中违法”规定为当事人申请检察监督的条件，根据民事再审与民事检察监督的不同性质和功能，区分再审与抗诉的事由，赋予检察机关独立的出庭地位，以保障监督的独立程序价值；要优化民事检察监督的职权配置，建议立法保障检察机关的知情权，建立随案同步监督机制，完善检察机关的调查权，赋予检察机关必要的权力强度；要完善民事检察监督的运行依据，建议立法改良抗诉案件再审模式，完善民事执行依职权监督规定，健全提起民事公益诉讼规范，理顺内部案件审查程序等，提出了构建随案同步监督机制，选择型申诉制度，“上级抗、上级审”模式等观点。

本书坚持“老话不说、旧话新说、独立思考、创新思维”的研究原则，在以下方面实现了创新。

（一）立意新

与以往文献仅立足于民事检察监督制度本身的发展、完善和实施不同，本书力求通过对民事检察监督制度立法内容、运行状况、实践探索等方面的研究，对如何科学立法、公正司法并实现二者的有机契合，协调统一有所启示。在研究制度本身的存与废、利与弊、改革与完善的同时，也探究了法律治理技术的科学运用。

（二）视野新

与以往文献仅研究制度的历史与现状、理论与实践、应然与实然、体制性问题与机制性问题等其中一方面不同，本书放眼民事检察监督制度的历史、现状与未来，探析制度的宏观与微观，结合理论与实践，既梳理制度的发展轨迹，又分析制度的立法与运行现状；既研究制度的理论基础，又研究制度的实践演化状态与例证；既研究制度的已然状况，又研究正在探索实验的制度和应然的制度；既研究体制性问题，又研究机制性问题。研究内容辐射到民事检察监督的范围、对象、模式、方式、格局、环境、能力及与民事检察监督相关的民事申诉、审判机关内部监督程序等方面，研究视野广阔而全面。

（三）内容新

与以往文献仅从“监督”的字面含义和历史渊源、法律定位等方面定义其内涵不同，本书结合民事检察监督特有功能，提出了民事检察监督包括权力制约、权利保障和公益守护三方面的确定性内涵；与以往文献仅从一个维度总结制度理念、立法内容、存在问题不同，本书用辩证思维总结了制度理念基础、立法内容和结构上存在的矛盾交融等特点，创新性地提出了民事检察监督的有限监督在于“控权”而不在于“限权”，救济监督在于保障性救济而不在于直接救济。本书亦创新性地提出了层级对应式民事申诉制度、抗诉案件分流制度、“检法调联合式”民事检察和解制度的设想和模型，并对之进行试点、分析、总结；创新性地提出了随案同步监督机制、选择型申诉制度的设想，以及根据民事再审与民事检察监督的不同性质和功能，区分再审与抗诉的事由。对于G省检察机关探索提起民事公益诉讼、开展民事执行监督、审判程序违法行为监督等履行新职能的实证分析，也提出了不同于以往文献的全新的观点。

（四）方法新

与以往文献不同，本书在研究方法上更“实”，更突出问题意识。一是研究视角着眼于解决实际问题。例如，本书关于民事检察监督制度发展趋势的分析，即着眼于实践中对于民事检察监督制度发展信心不足的问题；关于制度法理问题的辨析，着眼于制度发展中的理念困惑；关于我国民事检察监督制度实然状况的分析，着眼于解决实践中认识制度理性不足的问题，客观探寻制度的完善思路和内容；本书提出的层级对应式申诉制度等三项机制改革模型，也是为检察机关应对《民事诉讼法》新要求、解决抗诉案件办理的效率问题、再审检察建议的效力问题和探索检察机关参与社会管理创新的途径等提供实践参照和模型；提出的选择型申诉制度、随案同步监督机制等设想同样为解决实践中申诉和监督流程长、效率低、效果不彰等问题。二是研究方法突出实证特色。本书在综合运用多种研究方法的同时，突出运用数据的概括分析和分类比较、典型案例的个案分析和类案比较，以及调研、访谈情况的综合分析，经验、做法的归纳总结，诉讼流程的图表演示等实证研究方法。其中，分析了 G 省检察机关 1992 年至 2016 年《G 检察工作年鉴》中 25 年的民事检察监督工作总结、数据和案例，以及最高人民检察院 2007 年至 2016 年民事检察监督工作总结、数据，G 省高级人民法院 2007 年至 2016 年工作报告中的数据，尤其是 2007 年至 2016 年 G 省各级审判机关审结的约 300 个案例；总结评析了 2012 年《民事诉讼法》实施以来 G 省检察机关探索民事检察监督新职能的做法，以及 G 省检察机关试行层级对应式申诉制度、抗诉案件分流制度和“检法调联合式”民事检察和解制度等改革实验的状况，全文引用案例 20 余个，制作图表 9 个，引用数据 240 余处，力求客观展现民事检察监督的实然样貌，探寻完善民事检察监督制度和解决民事检察监督工作实际问题的可行性方案，验证文中提出观点的科学性、正确性。

本书所作的思考仅为抛砖引玉，限于研究主题和篇幅，本书主要围绕“如何从立法上完善我国民事检察监督制度”进行研究，而对于如何优化制度运行的环境，如何促进监督能力提高（这是制度取得良好效果的基础要素）等问题未作深入探索；对于实践中一些正在尝试，但尚未彰显效果的机制改革，如检务公开、民行岗位素能标准运用等，也未一一介绍，有待今后结合实践进一步深入思考和研究。

参考文献

一、中文文献

［1］杨迎泽、薛伟宏主编：《诉讼监督研究——中国检察诉讼监督视角》，法律出版社 2012 年版。

［2］汤维建：《民事检察法理研究》，中国检察出版社 2014 年版。

［3］江必新主编：《民事诉讼新制度讲义》，法律出版社 2013 年版。

［4］［德］米夏埃尔·施蒂尔纳编：《德国民事诉讼法学文萃》，赵秀举译，中国政法大学出版社 2005 年版。

［5］［日］法务省刑事局编：《日本检察讲义》，杨磊等译，中国检察出版社 1990 年版。

［6］［英］里约翰·J. 爱德华兹：《皇家检察官》，周美德等译，中国检察出版社 1991 年版。

［7］［美］琼·雅各比：《美国检察官研究》，周叶谦等译，中国检察出版社 1990 年版。

［8］孙加瑞：《民事检察制度新论》，中国检察出版社 2013 年版。

［9］全国人大常委会法律工作委员会民法室编：《中华人民共和国民事诉讼法条文说明、立法理由及相关规定》，北京大学出版社 2012 年版。

［10］中国社会科学院语言研究所词典编辑室编：《现代汉语词典》，商务印书馆 1988 年版。

［11］尹吉、倪培兴：《当代中国检察监督体制研究》，中国检察出版社 2008 年版。

［12］张文志：《民事诉讼检察监督论》，法律出版社 2007 年版。

［13］赵泽君：《民事诉讼快速解决机制的立法研究》，中国检察出版社 2011 年版。

［14］［美］弗里德曼：《法律制度》，李琼英、林欣译，中国政法大学出版社 1994 年版。

［15］张文显：《法哲学范畴研究》，中国政法大学出版社 2001 年版。

［16］林钰雄：《检察官论》，台北，学林文化事业有限公司 2000 年版。

［17］张显伟、杜承秀、王丽芳：《民事行政诉讼检察监督制度研究》，中国法制出版社 2011 年版。

［18］［法］孟德斯鸠：《论法的精神》（上），张雁深译，商务印书馆 1961 年版。

［19］韩大元：《中国检察制度宪法基础研究》，中国检察出版社 2007 年版。

［20］陈桂明：《诉讼公正与程序保障》，中国法制出版社 1996 年版。

［21］江伟主编：《民事诉讼法》（第二版），高等教育出版社、北京大学出版社 2004 年版。

［22］杨荣馨主编：《民事诉讼原理》，法律出版社 2002 年版。

［23］邵明：《现代民事诉讼基础理论——以现代正当程序和现代诉讼观为研究视角》，法律出版社 2011 年版。

［24］孙谦等主编：《司法改革报告：检察改革·检察理论与实践专家对话录》，法律出版社2002年版。

［25］张智辉：《检察权优化配置研究》，中国检察出版社2014年版。

［26］汤维建主编：《新民事诉讼法适用疑难问题新释新解》，中国检察出版社2013年版。

［27］刘东平、赵信会、张光辉编著：《民事检察监督制度研究》，中国检察出版社2013年版。

［28］汤维建主编：《民事诉讼法学原理与案例教程》，中国人民大学出版社2006年版。

［29］孙祥壮：《民事再审程序原理精要与适用》，中国法制出版社2010年版。

［30］王莉：《民事诉讼与检察监督》，中国检察出版社2012年版。

［31］张智辉：《检察权研究》，中国检察出版社2007年版。

［32］冯中华：《检察管理论》，中国检察出版社2010年版。

［33］景汉朝主编：《司法成本与司法效率实证研究》，中国政法大学出版社2010年版。

［34］马骏驹、聂德宗：《当前我国司法制度存在的问题与改进对策》，载《法学评论》1998年第6期。

［35］扈纪华：《关于民事诉讼中的检察监督问题》，载《河南社会科学》2011年第1期。

［36］李浩：《民事再审程序改造论》，载《法学研究》2000年第5期。

［37］段厚省、郭宗才：《既判力与民事抗诉机制的冲突及协调》，载《人民检察》2006年第7期。

［38］徐胜萍：《民事再审程序的法理审视》，载《湖南大学学报》

(社会科学版) 2008年第6期。

[39] 陈桂明:《民行检察监督之存废、定位与方式》,载《法学家》2006年第4期。

[40] 李浩:《民事检察监督制度否定论评析》,载《中山大学法律评论》2000年第1卷,法律出版社2000年版。

[41] 李浩:《法官素质与民事诉讼模式的选择》,载《法学研究》1998年第3期。

[42] 傅郁林:《我国民事检察权的权能与程序配置》,载《法律科学(西北政法大学学报)》2012年第6期。

[43] 吴明童:《检察机关提起或参与民事诉讼立法过程回顾》,载《现代法学》2004年第1期。

[44] 汤维建:《民事检察监督制度的定位》,载《国家检察官学院学报》2013年第2期。

[45] 王鸿翼:《谈民事行政检察权的配置》,载《河南社会科学》2009年第2期。

[46] 顾培东、张建魁:《我国民事经济审判制度的价值取向》,载《中国社会科学》1998年第6期。

二、外文文献

[1] Rassat, Le ministère public-entre son passé et son avenir, 1965, p.1 et s. ěóòúù.

[2] Jean Volff, Le ministère public, Que sais-je, PUF, 1998.

[3] M. Deguergue, L'ordre public et la doctrine, éd, du Cnfpt, colloque de Tours, 27-28 janvier, 1999.

[4] J. Volef, Le ministère public PUF, 1998.

[5] Ghristian Dadomo and Susan Farran, *The French Legal System*,

Sweet and Maxwell, London, 1996.

[6] Garraud, Traité théorique et pratique d' instruction criminelle et de procédure pénale, 1907. t. 1, n°78.

[7] Gérard Cornu et Jean Foyer, Procédure civile. Thémis. PUF, 1996.

[8] Alglave, Droit d' action du ministère public en matière civile dans l' intérêt de l' ordre public, Thèse, Paris, 1868.

[9] Raymond Martin, Faut-il supprimer le ministère pulic. in RTD 1998.

[10] R. G., Get tells, *History of Political Thought*, New York, Appleton-Century-Crofts, INC. 1924.

[11] Frans Wieacker, Privatrechtsgeschichte der Neuzeit, Göttingen 1952.

[12] Wassermann, Der Soziale Zivilprozeβ-Zur Theorie und Praxis des Zivilprozesses im sozialen Rechtsstaat, Luchterhand, 1978.

[13] Entwurf einer Zivilprozessordnung, veroeffentlicht durch das Reichsjustizministerium, Berlin, 1931.

[14] Lawrence M. Friedman, *A History of American Law*, Simon and Schuster Inc., New York, 1985.

[15] Olive Wendell Holmes, The Common Law, Boston: little, Brown, 1881.

[16] РоссийскоеЗаконодательство X-XX веков, Том 4 / Под ред, Манькова А. Г. М., 1986, с. 174.

[17] Фоцнцкий И. Я. Указ, срч, с. 34 – 35.

[18] Шифман М. Л. Прокурор в уголовном процессе. М., 1948, с. 20 – 23.

[19] История · Законодательства СССР и РСФСР, с. 364 – 365.

[20] Материалы X IX Всесоюзной конференции КПСС. М., 1988, с. 63.

［21］ СЗ рф,1995，Ио 47，ст. 4472.

［22］ 検察司法研究講師ガ日本シリーズの，検察資料の場合，語ァカデミー，昭和23。

后　　记

学术研究，有两种境界。孟子有云：“学问之道无他，求其放心而已矣。”① 此为学术的第一种境界，即“学问乃为己之学”。又王阳明有云：“夫道，天下之公道也；学，天下之公学也，非朱子可得而私也，非孔子可得而私也……”② 此为学术的另一种境界，即“学术乃天下之公器也”。然而于著者而言，至第二种境界似乎遥不可及，用知识充实自我的一己之学，却从未懈怠。正是在这种境界的支撑之下，我潜心研读、用心笔耕、小心求证，终于完成了这本22万余字的学术著作。回顾整个著作的研究、撰写过程，我思绪万千，感慨万千。

感谢我的导师西安交通大学法学院单文华教授始终给予我的无私关心、有力支持和悉心指导。本书从选题、写作到定稿，都凝聚了他的心血，是他深厚的民诉法学功底和对本书独到的见解不断启发着我，使本书涉及的诸多疑难问题得以一一解惑。感谢开题答辩和中期检查、毕业答辩的肖周录、王保民、胡德胜、王蓓、李万强教授，是他们对本书的极具专业性的宝贵意见引导我对本书的思考不断深化，使我受益匪浅。

感谢法学院的领导和同志们，是他们的严格管理和热情服务，使我在

---

① 杨伯峻：《孟子译注》，中华书局1981年版，第267页。

② （明）王守仁：《王阳明全集》（上），上海古籍出版社1992年版，第78页。

攻读博士学位期间丝毫不敢懈怠和疏忽，同时也使我在他们的激励帮助下不懈地跋涉前行。感谢我的工作单位G省检察院及其下辖市、县两级院同仁们的大力支持。在本书的研究、撰写过程中，我不止一次下基层调研，不止一次向全省三级院民行检察干警和法律政策研究骨干了解情况、收集数据和案例，层级对应式申诉等三项制度的成功试点都有赖于他们的积极配合。本书撰写、修改期间，汪振江、杨雅妮、郑高键、蒋为群、刘晓林教授以及于辰慧、丁俊彦等律师朋友也提出了宝贵意见，在此，一并向他们致以诚挚的谢意！

在职学习的过程是艰难的，感谢我的家人，是他们在本书的研究、成稿过程中的关心和支持，鼓励我始终坚持，永不懈怠，他们的理解与支持，是我完成本书写作的基础，更是我今后努力工作的不竭动力。

“文章千古事，得失寸心知。”囿于我的学识、水平有限，本书中难免有舛误之处。因此，我诚恳地期待广大读者予以批评指正。这些意见都将成为督促我精益求精、尽善尽美的动力。

路志强

2019年10月

图书在版编目(CIP)数据

中国民事检察监督制度的改革与完善研究 / 路志强著. -- 北京 : 法律出版社, 2019
(中国法学会后期资助项目文丛)
ISBN 978 - 7 - 5197 - 4017 - 7

Ⅰ. ①中… Ⅱ. ①路… Ⅲ. ①民事诉讼 - 司法监督 - 司法制度 - 研究 - 中国 Ⅳ. ①D925.104

中国版本图书馆 CIP 数据核字(2019)第 248673 号

中国民事检察监督制度的改革与完善研究
ZHONGGUO MINSHI JIANCHA JIANDU ZHIDU DE GAIGE YU WANSHAN YANJIU

路志强 著

责任编辑 黄倩倩 张 康
装帧设计 李 瞻

出版 法律出版社
总发行 中国法律图书有限公司
经销 新华书店
印刷 三河市龙大印装有限公司
责任校对 王晓萍
责任印制 陶 松

编辑统筹 学术·对外出版分社
开本 710 毫米×1000 毫米 1/16
印张 19.75
字数 248 千
版本 2019 年 12 月第 1 版
印次 2019 年 12 第 1 次印刷

法律出版社/北京市丰台区莲花池西里 7 号(100073)
网址/www.lawpress.com.cn
投稿邮箱/info@lawpress.com.cn
举报维权邮箱/jbwq@lawpress.com.cn
销售热线/400 - 660 - 8393
咨询电话/010 - 63939796

中国法律图书有限公司/北京市丰台区莲花池西里 7 号(100073)
全国各地中法图分、子公司销售电话:
统一销售客服/400 - 660 - 8393/6393
第一法律书店/010 - 83938432/8433 西安分公司/029 - 85330678 重庆分公司/023 - 67453036
上海分公司/021 - 62071639/1636 深圳分公司/0755 - 83072995

书号:ISBN 978 - 7 - 5197 - 4017 - 7
定价:79.00 元

中国法学会后期资助项目文丛

文丛说明

为进一步落实中央《关于加强中国特色新型智库建设的意见》，充分发挥中国法学会作为党和政府联系法学法律界桥梁和纽带的作用，着力实现中国法学会作为国家法治建设领域核心智库的发展目标，为专家学者开展法学研究和成果转化提供支持，不断丰富和发展中国特色社会主义法治理论体系，中国法学会特决定设立后期资助项目，对具有重要理论和实践价值的优秀法学研究成果予以后期资助，纳入“中国法学会后期资助项目文丛”出版。2015 年中国法学会后期资助项目设立以来，累计立项 80 余项成果，已交付出版 60 余部。今后每年我们还将评选确定一定数量的后期资助项目并予以出版。

中国法学会研究部

2019 年 11 月

中国法学会后期资助项目文丛

BOOK SERIES FUNDED BY CHINA LAW SOCIETY

1. 《行政程序法典化研究》姜明安 等著
2. 《解读青年马克思的黑格尔法哲学批判》姚远 著
3. 《清代“杀一家三人”律、例辨析》吴杰 著
4. 《中央地方关系中的民主集中制研究》苗泳 著
5. 《证券内幕交易构成要件比较研究》曹理 著
6. 《欧洲婚姻财产法的未来》樊丽君 译
7. 《德国刑法教义学上的客观处罚条件》王钰 著
8. 《结果加重犯的基本原理与认定规则研究》邓毅丞 著
9. 《刑事诉讼中法院职权调查问题研究》林铁军 著
10. 《人民陪审员角色研究》刘方勇 著
11. 《非典型劳动者权益保护研究》班小辉 著
12. 《创新与反垄断——互联网企业滥用行为之法律规制研究》仲春 著
13. 《不得援引国家豁免的商业交易诉讼研究》纪林繁 著
14. 《国家侵权的国际私法问题研究》李华成 著

15.《法律的空间意象性》朱垭梁 著

16.《罗马体育法要论》赵毅 著

17.《〈大清律例〉律目研究》张田田 著

18.《陕派律学家事迹纪年考证》闫晓君 著

19.《论行政法上的意思表示——兼论行政行为构成中的意识要件》田勇军 著

20.《新农村建设中保障农民政治参与权利的制度创新研究》蔡振亚 王为东 著

21.《国家赔偿法研究述评》上官丕亮 主编

22.《个人信息与权利配置——个人信息自决权的反思和出路》刘金瑞 著

23.《从“大陆”走向“混合”的路易斯安那民法典》李宁 著

24.《防控网络恐怖活动立法研究》皮勇 著

25.《背信犯罪：当代社会的白领犯罪》刘荣 译

26.《刑事诉讼中的鉴定意见质证制度研究》王跃 著

27.《互联网规制的国际贸易法律问题研究》孙南翔 著

28.《相关市场界定研究——以技术许可协议为视角》周围 著

29.《外资并购国家安全审查制度的平衡机制研究》杨静 著

30.《司法改革背景下裁判文书说理繁简分流研究》罗灿 著

31.《当代中国法制的政治逻辑》瞿郑龙 著

32.《美国行政法规的司法审查研究》杨蕾 著

33.《非上市公司股份交易法律问题研究》黄爱学 著

34.《中国商事立法研究》张保红 著

35.《日本民事再审事由研究——以判例分析为中心》翟志文 著

36.《论民法教义体系与家庭法的对立与融合：现代家庭法的谱系生成》刘征峰 著

37.《香港与内地刑事法制冲突问题研究》马正楠 著

38.《刑事程序性法律后果研究》马永平 著

39.《抢劫罪量刑经验研究》赵学军 著

40.《生态安全义务履行与人的致灾性法律控制》王建平 著

41.《税法的分配功能研究》侯卓 著

42.《裁判结果透明化的制度审思和完善路径》胡玉明 著

43.《德国判例使用方法研究》高尚 著

44.《现代性视域下的法律数字研究》高一飞 著

45.《商周刑罚制度研究》魏晓立 著

46.《面向行政任务的听证程序构造》石肖雪 著

47.《我国物流法律私法体系之建构——以方法论为视角》张敏 著

48.《再保险法》杨帆 译

49.《金融稳定法论》袁达松 著

50.《中国民事检察监督制度的改革与完善研究》路志强 著

51.《规范论在刑法解释中的作用》李世阳 著

52.《北京市盗窃罪量刑实证研究——以2736份判决书为样本》董晓华 著

53.《德国证据禁止规则研究——法典与判例的有效融合》张袁 著

54.《中国主权观的演进与发展》杨永红 著

55.《中国涉外商事仲裁裁决撤销：机制与实证》张春良 等著

56.《国际投资背景下的跨国公司与人权保护》隽薪 著